南宋及南宋都城临安研究系列丛书
专题研究

杭州市社会科学院 编

申绪璐 著

人能弘道
——二程语录与洛学门人研究

浙江省哲学社会科学重点研究基地课题
课题编号：13JDNS02Z

《南宋及南宋都城临安研究系列丛书》
编辑委员会

主　　编　王国平

执行主编　何善蒙　何忠礼

执行副主编（以姓氏笔画为序）
　　　　　朱学路　孙璐　杨毅　张旭东
　　　　　范立舟　周小忠　徐吉军

编撰办公室工作人员（以姓氏笔画为序）
　　　　　尹晓宁　李辉　魏峰

序　言

徐　规

　　靖康之变，北宋灭亡。建炎元年（1127）五月初一日，宋徽宗第九子、钦宗之弟赵构在应天府（河南商丘）即帝位，重建宋政权。不久，宋高宗在金兵的追击下一路南逃，最终在杭州站稳了脚跟，并将此地称为行在所，成为实际上的南宋都城。

　　南宋自立国起，到最终为元朝灭亡（1279），国祚长达一百五十三年之久。对于南宋社会，历来评价甚低，以为它国力至弱，君臣腐败，偏安一隅，一无作为。但是近代以来，一些具有远见卓识的史学家却有不同看法，如著名史学大师陈寅恪先生在二十世纪四十年代初指出：

　　　　华夏民族之文化，历数千载之演进，造极于赵宋之世。[①]

著名宋史专家邓广铭先生更认为：

　　　　宋代是我国封建社会发展的最高阶段，两宋期内的物质文明和精神文明所达到的高度，在中国整个封建社会历史时期之内，可以说是空

[①] 陈寅恪：《金明馆丛稿二编》，生活·读书·新知三联书店2001年出版。

前绝后的。①

很显然,对宋代的这种高度评价,无论是陈寅恪还是邓广铭先生,都没有将南宋社会排斥在外。我以为,一些人所以对南宋贬抑至深,在很大程度上是出于对患有"恐金病"的宋高宗和权相秦桧一伙倒行逆施的义愤,同时从南宋对金人和蒙元步步妥协,国土日朘月削,直至灭亡的历史中,似乎也看到了它的懦弱和不振。当然,缺乏对南宋史的深入研究,恐怕也是其中的一个原因。

众所周知,南宋历史悠久,国土虽只及北宋的五分之三,但人口少说也有五千万人左右,经济之繁荣,文化之辉煌,人才之众多,政权之稳定,是历史上任何一个偏安政权所不能比拟的。因此,对南宋社会的认识,不仅要看到它的统治集团,更要看到它的广大人民群众;不仅要看到它的军事力量,更要看到它的经济、文化和科学技术等各个方面,看到它的人心之所向。特别是由于南宋的建立,才使汉唐以来的中华文明在这里得到较好的传承和发展,不至于产生大的倒退。对于这一点,人们更加不应该忽视。

北宋灭亡以后,由于在淮河、秦岭以南存在着南宋政权,才出现了北方人口的大量南移,再一次给中国南方带来了充足的劳动力、先进的技术和丰富的生产经验,从而推动了南宋农业、手工业、商业和海外贸易的显著的进步。

与此同时,南宋又是中国古代文化最为光辉灿烂的时期。它具体表现为:

一是理学的形成和儒学各派的互争雄长。

南宋时候,程朱理学最终形成,出现了以朱熹为代表的主流派道学,以胡安国、胡宏、张栻为代表的湖湘学,以谯定、李焘、李石为代表的蜀学,以陆九渊为代表的心学。此外,浙东事功学派也在尖锐复杂的民族矛盾和阶级矛盾的形势下崛起,他们中有以陈傅良、叶适为代表的永嘉学派,以陈亮、唐

---

① 邓广铭:《关于宋史研究的几个问题》,载《社会科学战线》1986 年第 2 期。

仲友为代表的永康学派,以吕祖谦为代表的金华学派。理宗朝以前,各学派之间互争雄长,呈现出一派欣欣向荣的景象。

二是学校教育的大发展,推动了文化的普及。

南宋学校教育分中央官学、地方官学、书院和私塾村校,它们在南宋都获得了较大发展。如南宋嘉泰二年(1202),仅参加中央太学补试的士人就达三万七千余人,约为北宋熙宁初的二百五十倍。[①] 州县学在北宋虽多次获得倡导,但只有到南宋才真正得以普及。两宋共有书院三百九十七所,其中南宋占三百十所,[②]比北宋的三倍还多,著名的白鹿洞、象山、丽泽等书院,都是各派学者讲学的重要场所。为了适应科举的需要,私塾村校更是遍及城乡。学校教育的大发展,有力地推动了南宋文化的普及,不仅应举的读书人较北宋为多,就是一般识字的人,其比例之大也达到了有史以来的高峰。

三是史学的空前繁荣。

通观整个南宋,除了权相秦桧执政时期,总的说来,文禁不密,士大夫熟识政治和本朝故事,对国家和民族有很强的责任感,不少人希望借助于史学研究,总结历史上的经验和教训,以供统治集团作为参考。另一方面,南宋重视文治,读书应举的人比以前任何时候都多,对史书的需要量极大,许多人通过著书立说来宣扬自己的政治主张,许多人将刻书卖书作为谋生的手段。这样就推动了南宋史学的空前繁荣,流传下来的史学著作,尤其是本朝史,大大超过了北宋一代,南宋史家辈出,他们治史态度之严肃,考辨之详赡,一直为后人所称道。四川、两浙东路、江南西路和福建路都是重要的史学中心。四川以李焘、李心传、王称等人为代表。浙东以陈傅良、王应麟、黄震、胡三省等人为代表。江南西路以徐梦莘、洪皓、洪迈、吴曾等人为代表,福建路以郑樵、陈均、熊克、袁枢等人为代表。他们既为后世留下了宝贵的史料,也创立了新的史学体例,史书中反映的爱国思想也对后世史家产生了

---

① 徐松辑:《宋会要辑稿》崇儒一之三九,中华书局1987年影印本。
② 参见曹松叶《宋元明清书院概况》,载《中山大学语言历史研究所周刊》第十集,第111—115期,1929年12月至1930年出版。

重大影响。

四是公私藏书十分丰富。

南宋官方十分重视书籍的搜访整理,重建具有国家图书馆性质的秘书省,规模之宏大,藏书之丰富,远远超过以前各个朝代。私家藏书更是随着雕板印刷业的进步和重文精神的倡导而获得了空前发展。两宋时期,藏书数千卷且事迹可考的藏书家达到五百余人,生活于南宋的藏书家有近三百人,[1]又以浙江为最盛,其中最大的藏书家有郑樵、陆宰、叶梦得、晁公武、陈振孙、尤袤、周密等人,他们藏书的数量多达数万卷至十数万卷,有的甚至可与秘府、三馆等。

五是文学、艺术的繁荣。

南宋是中国古代文学、艺术繁荣昌盛的时代。词是两宋最具代表性的文学形式,据唐圭璋先生所辑《全宋词》统计,在所收作家籍贯和时代可考的八百七十三人中,北宋二百二十七人,占百分之二十六;南宋六百四十六人,占百分之七十四,李清照、辛弃疾、陆游、姜夔、刘克庄等都是南宋杰出词家。宋诗的地位虽不及唐代,但南宋诗就其数量和作者来说,却大大超过了北宋。由北方南移的诗人曾几、陈与义;有"中兴四大诗人"之称的陆游、杨万里、范成大、尤袤;有同为永嘉(浙江温州)人的徐照、徐玑、翁卷、赵师秀;有作为江湖派代表的戴复古、刘克庄;有南宋灭亡后作"遗民诗"的代表文天祥、谢翱、方凤、林景熙、汪元量、谢枋得等人。此外,南宋的绘画、书法、雕塑、音乐舞蹈以及戏曲等,都在中国文化史上占有一定的地位。

在日常生活中,南宋的民俗风情,宗教思想,乃至衣、食、住、行等方面,对今天的中国也有着深刻影响。

南宋亦是我国古代科学技术发展史上最为辉煌的时期,正如英国学者李约瑟所说:"对于科技史家来说,唐代不如宋代那样有意义,这两个朝代的气氛是不同的。唐代是人文主义的,而宋代较着重科学技术方面……每当

---

[1] 参见《中国藏书通史》第五编第三章《宋代士大夫的私家藏书》,宁波出版社2001年出版。

人们在中国的文献中查找一种具体的科技史料时,往往会发现它的焦点在宋代,不管在应用科学方面或纯粹科学方面都是如此。"①此话当然一点不假,不过如果将南宋与北宋相比较,李约瑟上面所说的话,恐怕用在南宋会更加恰当一些。

首先,中国四大发明中的三大发明,即指南针、火药和印刷术而言,在南宋都获得了比北宋更大的进步和更广泛的应用。别的暂且不说,仅就将指南针应用于航海上,并制成为罗盘针使用这一点来看,它就为中国由陆上国家向海洋国家的转变创造了技术上的条件,意义十分巨大。再如,对人类文明有重大贡献的活字印刷术虽然发明于北宋,但这项技术的成熟与正式运用却是在南宋。其次,在农业、数学、医药、纺织、制瓷、造船、冶金、造纸、酿酒、地学、水利、天文历法、军器制造等方面的技术水平都比过去有很大进步。可以这样说:在西方自然科学东传之前,南宋的科学技术在很大程度上代表了中国封建社会科学技术的最高水平。

南宋军事力量虽然弱小,但军民的斗争意志却异常强大。公元1234年,金朝为宋蒙联军灭亡以后,宋蒙战争随即展开。蒙古铁骑是当时世界上最为强大的军队,它通过短短的二十余年时间,就灭亡了西夏和金,在此前后又发动三次大规模的西征,横扫了中亚、西亚和俄罗斯等大片土地,前锋一直打到中欧的多瑙河流域。但面对如此劲敌,南宋竟顽强地抵抗了四十五年之久,这不能不说是世界战争史上的一个奇迹。从中涌现出了大量可歌可泣的英雄人物,反映了南宋军民不畏强暴的大无畏战斗精神,他们与前期的岳飞精神一样,成为中华民族宝贵的精神财富。

古人有言:"以古为镜,可以知兴替。"近人有言:"古为今用,推陈出新。"前者是说,认真研究历史,可为后人提供历史上的经验和教训,以少犯错误;后者是说,应该吸取历史上一切有益的东西,通过去粗取精,改造、发展,以造福人民,总之,认真研究历史,有利于加强精神文明的建设,也有利于将我国建设成为一个和谐的、幸福的社会。我觉得南宋可供我们借鉴反

---

① 《中国科学技术史·导论》中译本,科学出版社、上海古籍出版社1990年出版。

思和保护利用的东西实为不少。

以前,南宋史研究与北宋史研究相比,显得比较薄弱,但随着杭州市社会科学院主持的50卷《南宋史研究丛书》编撰出版工作的基本完成,这一情况发生了一些令人欣喜的改变。但历史研究没有穷尽,关于南宋和南宋都城临安的研究,尚有许多问题值得进一步探讨,也还有一些空白需要填补。近日,欣闻杭州市社会科学院南宋史研究中心拟进一步深化和扩大南宋史研究,同时出版"博士文库",加强对南宋史研究后备人才的培养,对杭州凤凰山皇城遗址综保工程,也正从学术上予以充分配合和参与,此外还正在点校和整理部分南宋史的重要典籍。组织编撰《南宋及南宋都城临安研究系列丛书》,对于开展以上一系列的研究,我认为很有意义。我相信,在汲取编撰《南宋史研究丛书》成功经验的基础上,新的系列丛书一定会进一步推动我国南宋史研究的深入开展,对杭州乃至全国的精神文明建设都有莫大的贡献,故乐为之序。

2010年11月于杭州市道古桥寓所

目　录

序言……………………………………………………徐　规（1）
序………………………………………………………范立舟（1）
前言　二程弟子与洛学思想之传播……………………………（1）
第一章　河南学者……………………………………………（6）
　　第一节　河南学者及其所传语录…………………………（6）
　　第二节　河南学者所录二程思想…………………………（23）
　　第三节　结语………………………………………………（68）
第二章　关中学者……………………………………………（69）
　　第一节　关中学者及其所传语录…………………………（70）
　　第二节　关中学者所录二程思想…………………………（87）
　　第三节　结语………………………………………………（123）
第三章　谢良佐………………………………………………（124）
　　第一节　谢良佐与《程氏遗书》卷三……………………（124）
　　第二节　《上蔡语录》及其思想研究……………………（142）
　　第三节　结语………………………………………………（172）
第四章　福建学者……………………………………………（173）
　　第一节　游酢与《程氏遗书》卷四………………………（173）
　　第二节　杨时弟子与二程语录……………………………（186）

第三节　结语……………………………………………（211）
第五章　永嘉学者……………………………………………（212）
　　　第一节　刘安节与《程氏遗书》卷十八 ………………（212）
　　　第二节　鲍若雨与《程氏遗书》卷二十三 ……………（219）
　　　第三节　结语……………………………………………（237）
第六章　江南学者……………………………………………（238）
　　　第一节　江南学者与《程氏遗书》卷二十二 …………（238）
　　　第二节　邹柄与《程氏遗书》卷二十四 ………………（289）
　　　第三节　结语……………………………………………（297）
第七章　张绎、尹焞……………………………………………（298）
　　　第一节　张绎与《程氏遗书》卷二十一 ………………（298）
　　　第二节　尹焞生平与程颐的思想 ………………………（313）
　　　第三节　结语……………………………………………（327）
结语　二程语录与洛学思想之魅力…………………………（329）
附录：《程氏遗书》《程氏外书》相关人物索引 ……………（333）
主要参考文献…………………………………………………（341）
后记……………………………………………………………（345）

序

范立舟

程颢(1032—1085)、程颐(1033—1107)在宋明理学史上的思想地位无论如何地高估均不为过。传统上把宋代理学划分为四个地域性的学派:濂、洛、关、闽。濂学与洛学学统上的关联性尽管存在争议,但那种密切的关系肯定是存在的;关学与二程之洛学相互影响;闽学则是洛学的继承者和弘扬者。由此可见,濂、洛、关、闽四个学派,洛学占据主流位置。洛学较之同时代的濂、关之学,进一步摆脱了佛、道之影响而在理论上自成体系,奠定了理学道德形上学体系的基石,所以洛学成为宋明理学的主脉。犹如牟宗三所说的那样,宋明理学是一种"内圣之学",而构成"内圣之学"的理论基础就是道德的形上学。在牟宗三看来,周濂溪、张横渠、程明道三人则是这种道德形上学的创立者。二程在与宋学以及理学各派别的相互交往中,既以义理说经,批评汉学考据之狭隘,体现出宋学的一般特征;又把经学理学化,以《四书》及四书之学取代六经在经学中的主体地位,将宋代义理之学发展为理学,创立了"天理"为核心的思想体系,代表了宋代理学发展的主要趋势。

《二程语录》(含《河南程氏遗书》《河南程氏外书》)是后世研究二程思想的重要文本文献。《二程语录》中隐含着大量的程氏兄弟在与弟子问答过程中经思想碰撞而激发的天才火花,它们对二程思想体系的形成有着重要的作用,而这些《语录》本身也是二程理学思想的主要依据。一种新思想的跨时代、跨地域的发展与传播离不开具有共同志向的学者群体,二程弟子对洛学思想的推波助澜之功更无需辨明。理学史上有"程门四先生"之说——在程门的众多弟子中，谢良佐、杨时、游酢、吕大临传播洛学最为有力，思想的深度及其对洛学的学理开拓最有成就。显而易见的，这四位也在《二程语录》的成书及其通过问答对程氏兄弟思想见解的启示和思想体系的形成等诸多方面居功至伟。两宋理学的集大成者朱熹高度评价《二程语录》的学术与思想价值，将它与《论语》等量齐观，认为应该将《二程语录》与二程的其他著作相互比证、相互发明，就更能领会、把握其思想之精粹。

正因为《二程语录》是程颢、程颐兄弟讲学活动相关记录，对我们理解二程学术思想体系之建立有帮助，对我们扩展与加深对洛学传播的理解更有帮助。程氏兄弟在相当大的时间里聚徒讲学，门人将讲学与问答内容记录下来，整理编辑成语录，然后随着这些弟子的散去，语录也就随着散播在宋王朝统治的各个区域。正如清人全祖望所说的那样："洛学之入秦也，以三吕；其入楚也，以上蔡司教荆南；其入蜀也，以谢湜、马涓；其入浙也，以永嘉周、刘、许、鲍数君，而其入吴也，以王信伯。"可以毫不夸张地说，洛学和《二程语录》的传播在南宋已渗透到极为广大的地域，对当时主流文化的形塑起到关键的作用。

申绪璐副教授的这部学术专著，专注于分析《二程语录》中有名姓甚至时间、地点可考的各卷材料，将二程弟子分作早期以朱光庭、刘绚和李籲为代表的河南学者，以吕大临为代表的关中学者，以谢良佐、游酢、杨时为代表的元丰四年(1081)颍昌问学者，元祐期间(1086—1093)以周行己、刘安节、鲍若雨为代表的浙江永嘉学者，以及元符三年(1100)程颐自涪陵还洛之后南方学者以及洛阳学者张绎、尹焞。申绪璐的工作主要集中在从文献的角度分析《二程语录》的编撰学者与完成时间及其它们在学者间的传阅，也揭示出《二程语录》的相关材料出现后辈的学者的具体情形以及学者对其展开的讨论，以期反映这些语录的学术影响。通过程门弟子对《二程语录》的编撰、讨论与研究，促进了我们对二程门人以及洛学思想发展传播的认识。

清桐城派论学，主张义理、辞章、考据功夫并重，犹戴震之所述："古今学问之途，其大致有三：或事于理义，或事于制数，或事于文章。"今之治中国哲学者,于概念、范畴之辨析深入精微,但对思想发展的历史脉络却常有疏忽,以至于许多场面不能自圆其说。申绪璐的著作,深得考据精义,对史实的疏证扎实有力,在此基础上的理论阐发也显得鞭辟入里,意显而语质,刘勰所言"师心独见,锋颖精密",正是之谓也。

前言　二程弟子与洛学思想之传播

北宋程颢、程颐奠定的洛学思想至南宋朱熹集大成,成为中国乃至东亚近世社会的主导思想。中国哲学史作为一门近代学科成立以来,二程思想一直是其研究的重要内容,冯友兰《中国哲学史》、侯外庐《宋明理学史》、牟宗三《心体与性体》、唐君毅《中国哲学原论·原教篇》、劳思光《新编中国哲学史》、潘富恩《程颢程颐理学思想研究》、卢连章《程颢程颐评传》等著作中都有专门论述。海外二程的研究如葛瑞汉《二程兄弟的新儒学》、楠本正继《宋明儒学思想研究》、市川安司《程伊川的哲学》、土田健次郎《道学之形成》亦不断出现。近年来,陈来《宋明理学》《宋元明哲学史教程》、郭晓东《识仁与定性——工夫论视域下的程明道哲学研究》等著作亦影响着当前学界的二程研究。

"人能弘道,非道弘人",新思想的出现有待于特定的思想家,然而思想的跨时代、跨地域的发展传播离不开具有共同志向的学者群体。以北宋道学思想而言,①从北宋二程提出被后世称作洛学的思想,发展至南宋朱

---

① 本书主要以道学、洛学称二程及其学侣、门人的思想。已有学者注意到,虽然程颢曾说"吾学虽有所受,天理二字却是自家体贴出来"(《程氏外书》卷十二,程颢、程颐著:《二程集》,王孝鱼点校,北京:中华书局,1981年,第424页),但是程门弟子对于理、天理的使用远不如后世朱熹频繁。土田健次郎《道学之形成》(朱刚译,上海:上海古籍出版社,2010年)称作"道学",徐洪兴《思想的转型:理学发生过程研究》(上海:上海人民出版社,1996年初版,2016年再版)也特别说明,其使用的"理学"一词是指"义理之学",而非狭义的理气之学。徐洪兴的新著《唐宋之际儒学转型研究》(上海:上海人民出版社,2018年)中亦以"道学"称北宋的新儒学思想。

熹成为全国性的学术思潮,二程门人的"弘道"至关重要。然而与已为学界热点,甚至发展为专门研究领域的朱子后学、阳明后学的研究相比,程门后学的研究长期得不到应有的关注。究其原因,无外是与朱子后学尤其是阳明后学拥有丰富的文献材料相比,程门弟子的著作历经宋室南渡的靖康之难后大量散失,以至南宋朱熹时对程门四大弟子谢良佐、游酢的生平已不可详考,这是程门后学研究迟迟无法展开的主要原因。近年来出版的程门后学研究专著如王巧生《二程弟子心性论研究》和李敬峰《二程门人》,都首先努力对二程弟子的生平著述予以考辨,并投入大量精力汇集相关资料,为学界研究提供重要参考。对二程门人的研究方面除高令印《游酢评传》、刘京菊《承洛启闽——道南学派思想研究》、文碧方《关洛之间——以吕大临思想为中心》、陈海红《吕大临评传》、邸利平《道由中出——吕大临的道学阐释》等对游酢、杨时、吕大临有专门研究之外,其他人的生平思想鲜有专门著作。

从研究方法来看,哲学研究通用的本体论、心性论、工夫论的划分是行之有效的解读框架。但是在系统地阐明思想结构的同时,该方法亦有其局限性。唐君毅曾经指出,"依后贤之论以观先贤之学,恒为后后之人所不能免,而此则足乱昔贤之学之真"。① 由于宋明理学中朱子学的主导地位,对于北宋道学思想的研究,学者习惯以朱子的观念,即"后贤之论"以考察北宋学者,难免失其真。日本学者土田健次郎认为,中国思想史的研究习惯于"在各种框架内得到整齐的叙述","这样的'代入法',具备整齐形态的经学史就创建起来,但其与社会的关系则被巧妙地省略了"。因而"现在非常必要的是,首先通过对个别思想的产生状况进行具体的把握,来确认其实际形态"。② 在土田看来,回到"思想的产生状况"进行具体分析,仍然是必要的研究工夫。进而有关两宋之际道学思想的发展,陈来曾经指出"仁说及求仁之学是早期道学的主题,

---

① 唐君毅:《中国哲学原论·原教篇》,北京:中国社会科学出版社,2006年,第78页。
② 土田健次郎:《道学之形成》,朱刚译,上海:上海古籍出版社,2010年,第2—4页。

也是前期道学的核心话语,提供了道学从北宋后期到南宋前期发展的重要动力"。① 回到思想发生的具体环境,思想家无不有着独特的问题意识。对于洛学思想的产生而言,二程与门人的问学显然是最直接的思想产生现场。进而以语录的形式,二程与门人的问答被记录下来,成为洛学思想传播和研读的首要材料。通过二程语录研究具体的讲学现场,亦具有一定的学术价值。

如所周知,称作《河南程氏遗书》《河南程氏外书》②的二程语录最终由朱熹于南宋乾道四年(1168)整理完成。从北宋熙宁六年(1073)程颢归洛专心讲学至南宋朱熹整理完成的近百年时间中,二程语录各卷的编撰流传本身就是道学思想的发展传播史。本书将分析《程氏遗书》《程氏外书》中有名姓以及时间、地点可考的各卷材料,阐明不同时期,不同学者记录的二程思想特点。

二程弟子可分作早期以朱光庭、刘绚和李籲为代表的河南学者,以吕大临为代表的关中学者,以谢良佐、游酢、杨时为代表的元丰四年(1081)颍昌问学群体,元祐期间以周行己、刘安节、鲍若雨为代表的浙江永嘉学者,以及元符三年(1100)程颐自涪陵还洛之后的南方学者和洛阳学者张绎、尹焞。

二程最早的弟子是其周围以朱光庭、刘绚和李籲为代表的河南学者,《程氏遗书》卷一、卷十一至卷十四以及《程氏外书》卷一、卷二即为早期河南学者所记,这些是洛学思想早期传播的重要材料,第一章即将对此讨论。

熙宁十年(1077)张载于归乡途中去世,其弟子吕大临、苏昞等人继续向具有共同学术志趣的二程问学,关门学者留下的《程氏遗书》卷二和卷十五等材料,无论文献数量还是思想深度,在二程语录中都具有举足轻重的作用,第二章将讨论关中学者及其语录。然而元祐年间,刘绚、李籲以及吕大临等人相继去世,程颐深感传道之艰。从文献的角度分析,以上诸卷语录都应在此前完成并于学者间传阅。这些语录对二程思想的传播具有重要作

---

① 陈来:《论宋代道学论语的形成和转变》,收于陈来:《中国近世思想史研究》,北京:商务印书馆,2003年,第52页。
② 本书分别简称为《程氏遗书》《程氏外书》,统称二程语录。

用,程门后期学者已就其中的问题进行讨论,足见其影响。

元丰四年(1081),二程兄弟于颍昌办学,程门四大弟子的谢良佐、游酢、杨时三人同聚于此,堪称洛学史上的一大盛事。尤其杨时得道还乡,程颢发出"吾道南矣"之叹,中国思想史上重要的道南一脉由此而来。第三章围绕谢良佐所记《程氏遗书》卷三以及《上蔡语录》讨论谢良佐的生平与思想。

第四章讨论福建学者,该章首先讨论游酢的生平及其所记的《程氏遗书》卷四。杨时虽然得到二程的赞赏且晚年热心整理二程语录,但朱熹编撰的《程氏遗书》中没有杨时所录的内容,这也是由于杨时问学二程时间有限。然而杨时长子杨迪以及门人陈渊、罗从彦,分别留下了《程氏遗书》卷十九以及《程氏外书》卷三、卷四,该章将继续对此讨论。然而需要注意的是,就二程在世之时的影响力而言,谢良佐、游酢所记的语录不如早期的河南、关中学者。谢良佐的语录为晚年回忆,游酢所录的材料在思想方面无法与其他诸卷比肩。

元丰八年(1085)程颢突然去世,洛学思想的发展转由程颐一人承担。河南、关中学者以外,元祐年间浙江永嘉学者周行己、刘安节、鲍若雨等人赴洛问学,洛学思想的发展转入新的时期,理论更加成熟完善,第五章将讨论《程氏遗书》卷十八的整理者刘安节、卷二十三的记录者鲍若雨以及相关的洛学思想。

绍圣四年(1097)程颐送涪州编管,洛学一时中断。元符三年(1100)程颐返洛之后,洛学再次兴盛,河南、福建、永嘉、毗陵等地的年轻学者云集洛阳,这是洛学繁荣的最后时期。本书的第六、七两章将研究此一时期的讲学语录。第六章讨论毗陵学者唐棣记录的《程氏遗书》卷二十二以及邹浩之子毗陵邹柄编撰的《程氏遗书》卷二十四。第七章将着重讨论程颐晚年两大弟子张绎和尹焞。《程氏遗书》卷二十一为张绎所录,然而尹焞与杨时一样,《程氏遗书》中亦无其直接记录的内容。《程氏外书》卷十二中,朱熹集录了南宋初年尹焞的讲学中,门人冯忠恕、祁宽和吕坚中所记的二程思想,第七章亦将结合这些材料讨论尹焞的生平与思想。

为研究方便,本书对中华书局版《二程集》中的《程氏遗书》和《程氏外书》以卷为单位分别编号,叙述引用之时一般标记该卷第几条。本书附录还以年代和地域为单位,编列相关人物(不限二程弟子)在二程语录中的索引。本书希望回到二程的讲学现场,深化二程门人以及洛学发展传播的认识。

第一章　河南学者

二程长期在河南居住、活动，就地理条件而言显然河南学者问学最为便利。二程早期的弟子朱光庭、刘绚、李籲皆为洛人，都有二程语录留传，对于早期洛学思想的传播具有重要作用。然而学界对此三人的研究几为空白，原因亦不外于三人早逝，生平资料几无留传。全祖望感叹"刘、李诸公以早卒故，其源流未广"。① 本章将聚焦于李籲所记《程氏遗书》卷一、刘绚所记《程氏遗书》卷十一、卷十二、卷十三、卷十四以及朱光庭《程氏外书》卷一、卷二进行考察。这些资料反映了二程，尤其是程颢的道学思想。本章第一节考察以上诸卷的文献与传播问题，第二节试图探明早期河南学者所记的语录中，二程重视的仁、诚敬、忠恕以及默识等思想问题。

第一节　河南学者及其所传语录

按照朱熹所编《程氏遗书》的顺序，本节将依次对《程氏遗书》卷一及记录者李籲、《程氏遗书》卷十一、卷十二、卷十三、卷十四及记录者刘绚，和《程氏外书》卷一、卷二及朱光庭进行考察，分析早期河南学者以及各卷的具

---

① 黄宗羲原著、全祖望补修：《宋元学案》卷三十《刘李诸儒学案》，陈金生、梁运华点校，北京：中华书局，1986年，第1064页。

体情况。

一 李籲与《程氏遗书》卷一

《程氏遗书》卷一为李籲所录,原名《师说》。朱熹标注:"李籲字端伯,洛人。伊川先生曰:'《语录》,只有李籲得其意,不拘言语,无错编者。'故今以为首篇。"①程颐对李籲所记的肯定出自杨时长子杨迪所录《程氏遗书》卷十九的第 31 条:"旧曾看,只有李籲一本无错编者。他人多只依说时,不敢改动,或脱忘一两字,便大别。李籲却得其意,不拘言语,往往录得都是。不知尚有此语。"②程颐强调李籲不拘言语,反而相较于"不敢改动"之人更能录得二程原意。

李籲的生平所知不多,《伊洛渊源录》卷八"李校书"一条中记载如下:

> 名籲,字端伯,缑氏人。元祐中为秘书省校书郎,尝记二先生语一编,号《师说》,伊川称之。而《祭文》亦有传学之语,盖自刘博士外,它人无此言也。③

李籲为"缑氏人",缑氏位于今洛阳偃师,可知李与刘绚为同乡表兄弟,皆师事二程。据程颐所写祭文,李籲在刘绚去世半年之内亦突然过世,时间应为元祐二年(1087)底;其任秘书省校书郎为元祐元年、二年。朱熹所谓"尝记二先生语一编,号《师说》,伊川称之"即今本《程氏遗书》卷一。有关李籲、刘绚二人的关系,可参见程颐所写的《祭李端伯文》。

> 呜呼!自予兄弟倡明道学,世方惊疑,能使学者视效而信从,子与刘质夫为有力矣。质夫于子为外兄弟,同邑而居,同门而学,才器相类,

---

① 《二程集》,目录第 1 页。
② 《程氏遗书》卷十九,《二程集》,第 252 页。
③ 朱熹撰:《伊洛渊源录》卷八,戴扬本校点,朱杰人、严佐之、刘永翔主编:《朱子全书》第 12 册,上海:上海古籍出版社/合肥:安徽教育出版社,2010 年,第 1026 页。

志尚如一。予谓二子可以大受,期之远到,而半年之间,相继以亡,使予忧事道者鲜,悲传学之难。呜呼!天于斯文,何其艰哉!官制有拘,不克临穴,寄文为奠,以叙其哀。①

刘绚、李籲二人"为外兄弟,同邑而居,同门而学,才器相类,志尚如一"。二人共同师事二程,为二程早期弟子。程颐指出,"自予兄弟倡明道学,世方惊疑,能使学者视效而信从,子与刘质夫为有力矣"。在其他学者对于二程的观点感到惊讶怀疑之时,二人问学二程,才使其他学者"视效而信从",足见二人在程门早期弟子中的重要性。朱熹指出"《祭文》亦有传学之语,盖自刘博士外,它人无此言也",所指即"使予忧事道者鲜,悲传学之难"一句。《祭刘质夫文》中应为"方赖子致力以相辅,而不幸遽亡,使吾辈传学之难"。可见,二人的相继去世,对程颐产生不小的打击,程颐感伤:"天于斯文,何其艰哉!"程颐所谓"官制有拘,不克临穴"指当时程颐"管勾西京国子监"一职。

李籲早逝,所留资料不多,《宋元学案》的记载没有超出《伊洛渊源录》,暂引如下:

> 校书李端伯先生籲
>
> 李籲,字端伯,缑氏人。第进士。元祐中,为秘书省校书郎,卒。先生与刘质夫才器志尚颇相同。伊川云:"端伯相聚虽不久,未见他操履,然才识颖悟,自是不能已也。"又云:"明道语录,只有端伯本无错。他人多只依说时,不敢改,或脱忘一两字,便大别。端伯却得其意,不拘言语,往往录得都是。"先生殁,追悼之曰:"自予兄弟倡明道学,能使学者视效而信从者,籲与绚有力焉!"②

---

① 《程氏文集》卷十一,《二程集》,第643—644页。
② 黄宗羲原著、全祖望补修:《宋元学案》卷三十《刘李诸儒学案》,陈金生、梁运华点校,北京:中华书局,1986年,第1066页。

《伊洛渊源录》"李校书"的条目中录有"遗事"二条。其一:"李端伯相聚虽不久,未见他操履,然才识颖悟,自是不能已也。"见于吕大临所记《程氏遗书》卷二上第 205 条,此处"相聚虽不久"表明李籲问学二程时间并不长,因而二程特别指出"未见他操履"。另外在李籲为刘绚所作的墓志铭中,亦提到"余晚始闻善,赖君以告语者多矣",①刘绚将其所得的二程之学告知李籲,卢连章的《二程学谱》亦认为李籲由此从学二程,②与"晚始闻善"之说相应。其二为:

> 杨遵道问:"因见李籲录明道语云:'大则无所在,刚则不屈,以直道顺理而养之。'却与先生说别,如何?"伊川云:"先兄无此言。旧尝令学者不要如此编录,才听得转动便别。旧尝令学者不要如此编录,才听得,转动便别。旧见只有李籲本无错,他人多只依说时,不敢改动,或脱忘一两字,便大别。李籲却得其意,不拘言语,往往录得都是。不知尚有此语。"③

此处"李籲录明道语"出自《程氏遗书》卷一的"拾遗",原文为:

> 浩然之气,天地之正气,大则无所不在,刚则无所屈,以直道顺理而养,则充塞于天地之间。"配义与道",气皆主于义而无不在道,一置私意则馁矣。"是集义所生",事事有理而在义也,非自外袭而取之也。告子外之者,盖不知义也。(杨遵道所录伊川语中,辨此一段非明道语。)④

朱熹所注"杨遵道所录伊川语中,辨此一段非明道语",即指《程氏遗

---

① 《伊洛渊源录》卷八,《朱子全书》,第 1024 页。
② 卢连章:《二程学谱》,郑州:中州古籍出版社,1988 年,第 24 页。
③ 《伊洛渊源录》卷八,《朱子全书》,第 1027—1028 页。
④ 《程氏遗书》卷一,《二程集》,第 11 页。

书》卷十九的第31条。杨时长子杨迪字遵道。原文如下,与《伊洛渊源录》中朱熹的摘引有所出入。

"至大""至刚""以直",此三者不可阙一,阙一便不是浩然之气。如坤所谓"直方大"是也。但坤卦不可言刚,言刚则害坤体。然孔子于《文言》又曰:"坤至柔而动也刚。"方即刚也。因问:"见李籲录明道语中,却与先生说别。解'至刚'处云:'刚则不屈',则是于至刚已带却直意。又曰:'以直道顺理而养之',则是"以直"字连下句,在学者着工夫处说却。"先生曰:"先兄无此言,便不讲论到此。旧尝令学者不要如此编录,才听得,转动便别。旧曾看,只有李籲一本无错编者。他人多只依说时,不敢改动,或脱忘一两字,便大别。李籲却得其意,不拘言语,往往录得都是。不知尚有此语。只'刚则不屈',亦未稳当。"①

此处针对孟子所论浩然之气"其为气也,至大至刚,以直养而无害,则塞于天地之间。其为气也,配义与道;无是,馁也。是集义所生者,非义袭而取之也。行有不慊于心,则馁矣。我故曰,告子未尝知义,以其外之也"(《孟子·公孙丑上》)。程颐的断句是"至大至刚以直,养而无害",大、刚、直都是用来形容浩然之气。但杨迪提到,程颢的断句则为"至大至刚,以直养而无害",大、刚是形容浩然之气,程颢解释"刚则无所屈",刚已经包含直的含义,因而无需如程颐那样单独强调"以直","三者不可阙一"。由此,后一句的"以直养而无害",则针对学者的修养工夫而言。这样的一个差异还引出了程颐对于语录编撰的看法。

特别需要注意的是,《伊洛渊源录》中的"先兄无此言"一句,朱熹作了删减,出现相反的意思。《程氏遗书》原为"先兄无此言,便不讲论到此",似乎并不是朱熹所说"此一段非明道语"。程颐称"不知尚有此语",可以理解为从元祐初年李籲去世到崇宁初年杨迪问学的十五年间,程颐并没有注意

---

① 《程氏遗书》卷十九,《二程集》,第252页。

到此则材料,但对于程颢仅以"至大""至刚"形容浩然之气,以及"以直养而无害"为一句的观点是了解的。由此,程颐对门人提出自己的观点,即"'至大''至刚''以直',此三者不可阙一,阙一便不是浩然之气"。而且程颐最后还提道"只'刚则不屈',亦未稳当"。这一句亦在《伊洛渊源录》中被删除。然而此句可以推断,程颐反对的只是"刚则不屈"的解释,并没有否定程颢"至大至刚,以直养而无害"的断句,虽与程颐本人有所不同,但并不妨碍大意。

李籲的相关资料有限,除以上朱熹摘录两条以外,其所记的《程氏遗书》卷一中还有三条明确出现李籲的名字,现摘引如下:

> 籲曰:"此学(按,指佛学),不知是本来以公心求之,后有此蔽,或本只以利心上得之?"①
>
> 籲问:"每常遇事,即能知操存之意,无事时,如何存养得熟?"曰:"古之人,耳之于乐,目之于礼,左右起居,盘盂几杖,有铭有戒,动息皆有所养。今皆废此,独有理义之养心耳。但存此涵养意,久则自熟矣。敬以直内是涵养意。言不庄不敬,则鄙诈之心生矣;貌不庄不敬,则怠慢之心生矣。"②
>
> 籲言:"赵泽尝云:'临政是事不合着心,惟恕上合着心',是否?"曰:"彼谓着心勉而行恕则可,谓着心求恕则不可。盖恕,自有之理,举斯心加诸彼而已,不待求而后得。然此人之论,有心为恕,终必恕矣。"③

另外李籲与吕大临亦交往密切,《伊洛渊源录》所收吕大临的祭文中提到"识子于南山渭水之曲,知子于洛阳夫子之门"。④ 二人于关中结识的具

---

① 《程氏遗书》卷一,《二程集》,第3页。
② 《程氏遗书》卷一,《二程集》,第7页。
③ 《程氏遗书》卷一,《二程集》,第9页。
④ 《伊洛渊源录》卷八,《朱子全书》第1027页。

体时间待考。吕大临问学二程之后二人熟识。另外李籲记载,元祐二年(1087)刘绚去世之前,吕大临亦曾问疾。① 可见,二程早期的河南弟子与关中学者之间有着密切的交往。

《程氏遗书》卷一开头即为"伯淳先生尝语韩持国曰",②韩维所作《程伯纯墓志铭》中提道:

先生之罢扶沟,贫无以家。至颍昌筑室止焉。大夫(二程父)以清德退居,弟颐正叔乐道不仕,先生与正叔朝夕就养无违志。……予方守颍昌,遂得从先生游。先生不以老耄弃我,周旋启告,所以为益良厚。③

元丰四年(1081),程颢、程颐同寓许昌,服侍父亲。同年,韩维知颍昌府,与二程频繁交往。刘绚所记的语录中,程颢与韩维论性、论克己复礼以及志气之辨等,应当皆录于此时。

37 有人劳正叔先生曰:"先生谨于礼四五十年,应甚劳苦。"先生曰:"吾日履安地,何劳何苦? 他人日践危地,此乃劳苦也。"④

颍昌讲学之时,程颐49岁,与此则材料"先生谨于礼四五十年"相应。可以推断,《程氏遗书》卷一即为二程颍昌讲学的记录。

因李籲早逝,其所留材料有限。但作为二程早期弟子,他对于洛学的兴盛有着举足轻重的作用,如程颐所言其与刘绚二人"能使学者视效而信从"。而且《程氏遗书》卷一以"伯淳先生""正叔先生"称二程,应当在程颢元丰八年(1085)去世之前即已辑录完成,与吕大临所记《程氏遗书》卷二以"明""正"称二程不同。由于李籲在程颢亡故两年之后元祐二年(1087)去世,未

---

① 《伊洛渊源录》卷八,《朱子全书》,第1024页。
② 《程氏遗书》卷一,《二程集》,第1页。
③ 《程伯纯墓志铭》,《南阳集》卷二十九,《四库全书》本。
④ 《程氏遗书》卷一,《二程集》,第8页。

能再作修改。由此可知,元祐初年该卷已经完成并流传,15 年之后杨时的长子杨迪熟知其中的内容,甚至能够敏锐地发现二程兄弟的解释差异。该篇语录得到程颐的肯定,称赞保留了二程的意愿,无论从内容准确还是社会影响而言,《程氏遗书》卷一都有着重要的地位。

二 刘绚与《程氏遗书》卷十一、卷十二、卷十三、卷十四

《程氏遗书》中《明道语录》仅有四卷,即《程氏遗书》卷十一、卷十二、卷十三、卷十四,皆为刘绚所录。四卷中数量最多、共计 193 条的《程氏遗书》卷十一名为《师训》,与李籲所录名为《师说》相似。上文可知,刘绚与李籲二人为表兄弟,同为洛阳偃师缑氏人,据《伊洛渊源录》卷八"刘博士"条目所收李籲撰写的《墓志铭》,刘绚"元祐二年(1087)六月十二日卒于官","年才四十三而没",①可推知刘绚出生于庆历五年(1045)。据《程氏遗书》卷十二、卷十三、卷十四的题注,刘绚分别于元丰五年(1082)冬、六年八月见程颢于洛阳,六年九月再见程颢于汝州。此三卷语录皆可看作卷十一的增补,可以判断《程氏遗书》应在元丰四年(1081)二程颖昌讲学之后编辑完成。另外,元丰六年九月在汝州所记的《程氏遗书》卷十四中,出现韩维的名字。韩维提问"若有人便明得了者,伯淳信乎?"②可以推知韩维亦在汝州拜访程颢。刘绚、李籲二人,分别将自己所记的语录命名为《师训》《师说》。下面以李籲所撰《墓志铭》,对刘绚的相关信息予以介绍。

刘绚,字质夫,"先世常山人。曾祖讳怀宝,赠光禄少卿。祖讳舜卿,尚书虞部郎中致仕,赠金紫光禄大夫,以仕宦始家河南,其后因葬焉。父师旦,今为朝散大夫致仕;妣安仁君,余仲姑也"。③ 刘绚家族世代为官,后定居河南,刘绚的母亲李氏为李籲之仲姑。

"君生质明粹,长而温恭,自髫龀时已有老成器,结发即事明道先生程氏

---

① 《伊洛渊源录》卷八,《朱子全书》,第 1022、1024 页。《程氏遗书》卷十七朱熹标注"按元祐三年刘质夫卒"(《二程集》,目录第 4 页)。所记有误,应为元祐二年。
② 《程氏遗书》卷十四,《二程集》,第 141 页。
③ 《伊洛渊源录》卷八,《朱子全书》,第 1023 页。

兄弟受学焉。……明道常谓人曰：'他人之学，敏则有矣，未易保也。斯人之志，吾无疑焉。'"①刘绚自成人之后即从二程兄弟受学，此时二程兄弟三十余岁。二程也说过"刘质夫久于其事，自小来便在此"。②可见刘绚年轻之时就已从学二程，为二程较早的门人。刘绚"以祖荫得官"，历河南府寿安（今河南宜阳县）主簿，"元丰中移潞之长子令"，富弼曾言："刘绚，古县令也，举予之所见者一二，概可见矣。"③

元祐元年，以韩维谏"授京兆府府学教授"，又以王岩叟、朱光庭称"近春秋学废已久，绚少通《春秋》，宜为博士"，④任太学博士，元祐二年六月卒于官。李籲称其"自幼治《春秋》，其学祖于程氏，专以孔孟之言断经意，将没之时，尚以例类质于大夫"。可见当时刘绚即以《春秋》名于世，自幼专研《春秋》，并依照二程的思想以孔孟断《春秋》。另据李籲所述，"余晚始闻善，赖君以告语者多矣"。⑤李籲所谓的"晚始闻善"应当指元丰四年（1081）在颍昌受学二程，亦有刘绚引荐的作用，刘绚将自己对二程思想的理解"告语者多矣"。从受学先后来看，李籲所编《师说》应受刘绚《师训》的影响。

在程颐所写的《祭刘质夫文》中不难看出其对刘绚期望甚重。

> 呜呼！圣学不传久矣。吾生百世之后，志将明斯道、兴斯文于既绝，力小任重，而不惧其难者，盖亦有冀矣。以谓：苟能使知之者广，则用力者众，何难之不易也？游吾门者众矣，而信之笃、得之多、行之果、守之固，若子者几希。方赖子致力以相辅，而不幸遽亡，使吾辈传学之难，则所以惜子者，岂止游从之情哉？兹焉归葬，不克临穴，姑因薄奠，以叙其哀。⑥

---

① 《伊洛渊源录》卷八，《朱子全书》，第1023页。
② 《程氏遗书》卷二上，《二程集》，第45页。
③ 《伊洛渊源录》卷八，《朱子全书》，第1023、1024页。
④ 《伊洛渊源录》卷八，《朱子全书》，第1022页。
⑤ 《伊洛渊源录》卷八，《朱子全书》，第1024页。
⑥ 《程氏文集》卷十一，《二程集》，第643页。该文亦收于《伊洛渊源录》卷八。

程颐强调自己虽"志将明斯道,兴斯文于既绝",但力小任重,幸有刘绚等人的辅助才"不惧其难"。而且称赞刘绚对于洛学思想"信之笃、得之多、行之果、守之固"。然而刘绚的突然去世,程颐感叹"传学之难",益见程颐对刘绚的器重。

刘绚所留资料不多,《宋元学案》的介绍基本源于《伊洛渊源录》,特摘引如下:

> 博士刘质夫先生绚
>
> 刘绚,字质夫,其先常山人,后徙河南。祖舜卿,虞部郎中;父师旦,朝散大夫。先生以祖荫为寿安县主簿,移潞之长子令。督公逋,如期而集,迄去不笞一人。岁大旱,府遗吏视伤,所蠲税十二三,先生力争不得,还其榜,请易之。富郑公叹曰:"刘绚,古县令也!"元祐初,侍郎韩公维、枢密王公岩叟相继以经明行修荐,为京兆府教授,又为太学博士。卒,年四十三。先生生质明粹,长而温恭,自髫龀时即事二程,受学焉。所受有本末,所知造渊微,知所止矣,孜孜焉不知其他也。天性孝弟乐善,而不为异端所惑;内日加重,而无交战之病。明道尝谓人曰:"他人之学,敏则有之,未易保也。斯人之至,吾无疑焉!"少通《春秋》,祖于程氏,专以孔、孟之言断经意,作传未就。既病,与李端伯言曰:"每瞀闷时,正坐端意,气即下。平居持养,气可忽乎!"同舍吕与叔过问疾,先生曰:"死生常理,无足言者。独念累吾亲尔!"①

另外,《伊洛渊源录》中记载刘绚的"遗事"五条,第一条"刘质夫久于其事,自小来便在此"出于吕大临所记《程氏遗书》卷二上第205条。第二条"质夫沛然"出自《程氏遗书》卷六第1条。第三条为《程氏外书》卷十二第85条,其文如下,

---

① 《宋元学案》卷三十《刘李诸儒学案》,第1065页。

85　昔刘质夫作《春秋传》，未成。每有人问伊川，必对曰："已令刘绚作之，自不须某费工夫也？"刘传既成，来呈伊川，门人请观。伊川曰："却须着某亲作。"竟不以刘传示人。伊川没后，方得见今世传解至闵公者。昔又有蜀人谢湜提学字持正，解《春秋》成，来呈伊川。伊川曰："更二十年后，子方可作。"谢久从伊川学，其传竟不曾敢出。①

　　此则语录为尹焞回忆程颐所说"已令刘绚作之，自不须某费工夫也"，朱熹稍做改动。《程氏遗书》的记载为"《春秋》之书，待刘绚文字到，却用功亦不多也"。表明程颐并未对《春秋》的解释投入太多精力。此书亦与《墓志铭》中所记"其学祖于程氏，专以孔孟之言断经意"相符，刘绚受二程影响以孔孟断《春秋》，但其解释未能令程颐满意。
　　《伊洛渊源录》所载第四条、第五条分别为：

　　今人多说曾见伊川，见曰他自某人处传得伊川学。焞昔见李端伯作《刘质夫墓志铭》，有记伊川语曰："斯人之志，吾无疑矣。"然质夫《春秋传》成，伊川却亲作，何邪？如孔子谓赐可以言《诗》，惟复三百篇皆与孔子见同。"惟复"指当时一事，今不可便谓子贡尽得孔子言《诗》之道。今要个刘质夫，岂可复得然。争说我得伊川学，哀哉！
　　明道平和简易，惟刘绚庶几似之。（见《侯子雅言》）②

　　侯仲良称刘绚似程颢，二人都"平和简易"。尹焞所谓"斯人之志，吾无疑矣"，上文所述实为程颢语，皆不见于《二程集》。尹焞指出即使如志笃如刘绚，亦不能尽得二程之学。由此批评当时之人自称"传得伊川学"是自夸过甚。
　　《伊洛源渊录》以外，《宋元学案》中还增补一条刘绚的资料。

---

①　《程氏外书》卷十二，《二程集》，第432—433页。
②　《伊洛渊源录》卷八，《朱子全书》，第1026页。

谢上蔡曰:诸君留意《春秋》之学,甚善。向见程先生言,须要广见诸家之说。其门人惟刘质夫得先生旨意为多。①

该条并未见于《上蔡语录》,出处待考,但亦见刘绚专于《春秋》之学已经广为人知。

以上资料之外,《程氏遗书》《程氏外书》中还有五条有关刘绚的记载,兹引如下。

22　世间有鬼神冯依言语者,盖屡见之。未可全不信,此亦有理。"莫见乎隐,莫显乎微"而已。尝以所求语刘绚,其后以其思索相示,但言与不是,元未尝告之。近来求得稍亲。②

1　绚问:"先生相别,求所以教。"曰:"人之相爱者,相告戒,必曰凡事当善处。然只在仗忠信,只不忠信,便是不善处也。"③

6　先生尝说:"某于《易传》,今却已自成书,但逐旋修改,期以七十,其书可出。韩退之称'聪明不及于前时,道德日负于初心',然某于《易传》,后来所改者无几,不知如何? 故且更期之以十年之功,看如何。《春秋》之书,待刘绚文字到,却用功亦不多也。今人解《诗》,全无意思,此却待出些文字。《中庸》书却已成。今农夫祁寒暑雨,深耕易耨,播种五谷,吾得而食之。今百工技艺作为器用,吾得而用之。甲胄之士披坚执锐以守土宇,吾得而安之。却如此闲过了日月,即是天地间一蠹也。功泽又不及民,别事又做不得,惟有补缉圣人遗书,庶几有补尔。"(陈长方见尹子于姑苏,问《中庸解》。尹子云:"先生自以为不满意,焚之矣。")④

41　问:"人之燕居,形体怠惰,心不慢,可否?"曰:"安有箕踞而心人不慢者,昔吕与叔六月中来缑氏,闲居中,某尝窥之,必见其俨然危

---

① 《宋元学案》卷三十《刘李诸儒学案》,第1066页。
② 《程氏遗书》卷二上,《二程集》第16页。
③ 《程氏遗书》卷十四,《二程集》,第140页。
④ 《程氏外书》卷十七,《二程集》,第174—175页。

坐,可谓敦笃矣。学者须恭敬,但不可令拘迫,拘迫则难久矣。"(尹子曰:"尝亲闻此,乃谓刘质夫也。")①

8 质夫曰:"尽心知性,佛亦有至此者。存心养性,佛本不至此。"先生曰:"尽心知性,不假存养,其惟圣人乎!"

9 质夫云:"频复不已,遂至迷复。"②

100 先生尝问伊川《春秋解》,伊川每曰:"已令刘绚去编集,俟其来。"一日,刘集成,呈于伊川,先生复请之。伊川曰:"当须自做也。"自涪陵归,方下笔,竟不能成书,刘集终亦不出。③

由上可见,刘绚的主要问题集中于《春秋》《孟子》与《周易》。二程对刘绚、李籲二人属意甚高,早期思想的宣传有赖二人之力。而且二人所记二程语录在当时已经流传,进一步促进洛学思想的传播。

三 朱光庭与《程氏外书》卷一、卷二

《程氏外书》卷一、卷二原为《朱公掞录拾遗》《朱公掞问学拾遗》,作为二程最早的门人,《程氏遗书》中却无朱光庭所记之语录,仅能以外书两卷补足缺憾。对此两卷,朱熹标注:"朱光庭字公掞,从二先生学,元祐中为给谏。此篇本与《师训》《入关》等篇相杂,疑朱公自记所闻,又抄诸人所记以附其后,今不可考,特拾其遗如此云。"④《师训》《入关》分别指《程氏遗书》卷十一刘绚所录的《师训》以及关中学者所记的《程氏遗书》卷十五《入关语录》。去除重复,还有69条。《程氏外书》卷二标注:"本别为一篇,而多与前篇重复,今已删去。"再去除与《程氏外书》卷一重复的内容后,又得72条。在《程氏遗书》编撰的后记中,朱熹提到"然尝窃闻之:伊川先生无恙时,门人

---

① 《程氏外书》卷十八,《二程集》,第191页。按,虽然尹焞认为该条所述不是吕大临而是刘绚,但其中提到"六月中来缑氏",而刘绚本为缑氏人,不应有"来缑氏"的表达,暂录此条待考。
② 《程氏外书》卷四,《二程集》,第373页。
③ 《程氏外书》卷十二,《二程集》,第436页。
④ 《二程集》,目录第8页。

尹焞得朱光庭所钞先生语,奉而质诸先生,先生曰:'某在,何必读此书。若不得某之心,所记者徒彼意耳。'"①此处"朱光庭所钞先生语",大概就是《程氏外书》的卷一、卷二。朱光庭在自己的记录之外,还抄录刘绚以及关中学者所记的材料。

据《伊洛渊源录》卷七"朱给事"中所收范祖禹所写《墓志》可知,"公讳光庭,字公掞,河南偃师人","绍圣元年三月辛丑晦以疾卒官,年五十八"。② 由此推其出生于景祐四年(1037)。"嘉祐二年登进士第",与程颢同年中举,此时朱光庭年仅21岁,足见其才华过人。有关其问学过程,《墓志》中记载"以枢臣荐,得召对。神宗问所治何经,公对以少从孙复授《春秋》"。"初,受学于安定先生,告以为学之本主于忠信,公终身力行之。后又从程伯淳、正叔二先生于洛阳,其所闻以格物致知为进道之门,正心诚意为入德之方,公服行之,造次不忘"。③ 朱光庭早年受学于胡瑗、孙复,后又于二程兄弟处问学。

程颐亦作有《祭朱公掞文》,其内容如下。

呜乎!道既不明,世罕信者。不信则不求,不求则何得?斯道之所以久不明也。自予兄弟倡学之初,众方惊异,君时甚少,独信不疑。非夫豪杰特立之士,能如是乎?笃学力行,至于没齿;志不渝于金石,行可质于神明;在邦在家,临民临事,造次动静,一由至诚。上论古人,岂易其比?謇謇王臣之节,凛凛循吏之风,着见事为,皆可纪述。谓当大施于时,必得其寿,天胡难忱,遽止于此。呜乎!哀哉!不幸七八年之间,同志共学之人相继而逝;(刘质夫、李端伯、吕与叔、范巽之、杨应之相继而逝也)今君复往,使予踽踽于世,忧道学之寡助;则予之哭君,岂特交朋之情而已?邙山之阳,归祔先宅;思平生之深契,痛音容之永隔。陈薄奠以将诚,庶英灵兮来格!④

---

① 《二程集》,目录第6页。
② 《伊洛渊源录》卷七,《朱子全书》,第1016、1018页。
③ 《伊洛渊源录》卷七,《朱子全书》,第1017、1018页。
④ 《程氏文集》卷十一,《二程集》,第644页。

程颐回忆，自己与兄长程颢"倡学之初，众方惊异"，但朱光庭"君时甚少，独信不疑"。而且对于二程所倡之道学，"笃学力行，至于没齿"。考虑二程兄弟仅长朱光庭四五岁，且其与程颢同年中举，朱光庭仍然如此服膺兄弟二人，一可见朱光庭本人志学之笃，又可知二程所倡之道学的吸引力。程颐提道，"不幸七八年之间，同志共学之人相继而逝"。刘绚、李籲去世于元祐二年（1087），至此时已是绍圣元年（1094），二程早年的门人相继过世，更使程颐"忧道学之寡助"，担心斯道不能明于世。

《宋元学案》中有关朱光庭的介绍亦不外《伊洛渊源录》，摘引如下：

> 学士朱先光庭
>
> 朱光庭，字公掞，偃师人。嘉祐二年进士，调万年簿。文潞公举应制科，会仁宗升遐，罢试。丁艰。服除，为修武令，改垣曲，以枢密臣荐召对。吕汲公大防守长安，辟签书判官。司马文正荐，召为左正言。历左司谏、右谏议、给事中。出知亳州，复召为给事中。后知潞州，迁集贤院学士。绍圣元年卒，年五十八。先生受学于泰山，告以为学之本，主于忠信，终身力行之（云濠案：范内翰为先生墓志云："神宗问所治何经，公对以少从孙复受《春秋》。"又云"初受学于安定先生，告以为学之本"云云。此传似误合为一）。后从二程于洛，闻格物致知为进道之门，正心诚意为入德之方，深信不疑。其为谏官，奋不顾身，以卫师门，遂名洛党之魁。盖杰然自拔于流俗者也。[①]

《伊洛渊源录》中收录"遗事"四条，第一条出自吕大临所录《程氏遗书》卷二上第142条："公掞昨在洛有书室，两旁各一牖，牖各三十六隔，一书天道之要，一书仁义之道，中以一榜，书'毋不敬，思无邪'。中处之，此意亦好。"[②]

另外三事为：

[①]《宋元学案》卷三十《刘李诸儒学案》，第1068页。
[②]《程氏遗书》卷二上，《二程集》，第35页。

朱公掞上殿,神考欲再举安南之师,公掞对"愿陛下禽兽畜之"。(见《龟山语录》)

十一月三日,朱给事封还刘丞相之麻制,以"挚有功大臣,不当无名而去。言者若指臣为朋党,愿被斥而不辞"。六日,中丞郑雍攻朱,乞正党与之罪。八日,公掞以本官再知亳州。吕相以其召而不至,又不悦其封还麻制,故但以本官出,帘中殊不怒也。(见王彦霖《系年录》)

自熙宁、元祐、靖国间,事变屡更。当其时,固有名盖天下,致位庙堂,得行所学者,然夷考其事,犹有憾焉。如张天祺、朱公掞等,可谓奋不顾身,尽忠许国,而议论亦多过矣。乃知理未易穷,义未易精,言未易知,心未易尽,圣贤事业未易到也。(见《胡文定公集》)①

《程氏外书》中还有几条有关朱光庭的记录,摘引如下:

24 朱公掞以谏官召过洛,见伊川,显道在坐,公掞不语。伊川指显道谓之曰:"此人为切问近思之学。"②

朱光庭为谏官,应为元祐之事。其见程颐之时谢良佐亦在场,程颐称其"为切问近思之学"。据此条材料来看,似乎朱公庭与谢良佐二人之前并无密切交往,考虑到朱公庭年长 13 岁,这一情况有可能存在。

64 朱公掞来见明道于汝,归谓人曰:"光庭在春风中坐了一个月。"③

15 元丰八年,神宗升遐,遗诏至洛。程宗丞伯淳为汝州酒官,以檄来举哀府治,既罢,谓留守韩康公之子宗师兵部曰:"颢以言新法不便,忤大臣,同列皆谪官,颢独除监司,颢不敢当。念先帝见知之恩,终

---

① 《伊洛渊源录》卷七,《朱子全书》,第 1020 页。
② 《程氏外书》卷十一,《二程集》,第 412 页。
③ 《程氏外书》卷十二,《二程集》,第 429 页。

无以报。"已而泣。兵部问:"今日朝廷之事如何?"宗丞曰:"司马君实、吕晦叔作相矣。"兵部曰:"二公果作相,当何如?"宗丞曰:"当与元丰大臣同。若先分党与,他日可忧。"兵部曰:"何忧?"宗丞曰:"元丰大臣皆嗜利者,若使自变其已甚害民之法则善矣。不然,衣冠之祸未艾也。君实忠直,难与议。晦叔解事,恐力不足耳。"既而皆验。宗丞论此时,范醇夫、朱公掞、杜孝锡、伯温同闻之。①

45　朱公掞为御史,端笏正立,严毅不可犯,班列肃然。苏子瞻语人曰:"何时打破这敬字?"②

57　温公薨,朝廷命伊川先生主其丧事。是日也,祀明堂礼成,而二苏往哭温公,道遇朱公掞,问之。公掞曰:"往哭温公,而程先生以为庆吊不同日。"二苏怅然而反,曰:"鏖糟陂里叔孙通也。"(言其山野。)自是时时谑伊川。他日国忌,祷于相国寺,伊川令供素馔。子瞻诘之曰:"正叔不好佛,胡为食素?"正叔曰:"礼,居丧不饮酒食肉。忌日,丧之余也。"子瞻令具肉食,曰:"为刘氏者左袒。"于是范淳夫辈食素,秦、黄辈食肉。吕申公为相,凡事有疑,必质于伊川。进退人才,二苏疑伊川有力,故极口诋之云。③

13　先生离京,曾面言,令光庭说与淳夫,为资善堂见畜小鱼,恐近冬难畜,托淳夫取来,投之河中。数次朝中不遇,故因循至此,专奉手启,幸便为之。④

以上诸条资料可见朱光庭不仅对于二程兄弟服膺甚深,虽然仅比二程年小四五岁,但各个方面皆遵从二程。然而朱氏于绍圣元年(1094)突然去世,未能深入发展二程思想。

---

①　《程氏外书》卷十二,《二程集》,第422页。
②　《程氏外书》卷十一,《二程集》,第414页。
③　《程氏外书》卷十一,《二程集》,第415—416页。
④　《朱给事与范太史帖》,《程氏外书》卷十二,《二程集》,第422页。按,应为元祐二年(1087)事。

第二节　河南学者所录二程思想

　　本节讨论朱光庭、刘绚、李籲三人所传二程语录中的道学思想。与第一节不同，本节依照三人的年龄以及问学先后顺序进行讨论。诚敬、忠恕、仁是三人所录的共同思想，亦可看作程颢以及程颐早期的道学主张。在此之外，李籲之弟李参所记的《程氏外书》卷四的语录材料，亦将于本节一并分析。

一　朱光庭所记二程思想

　　朱熹指出《程氏外书》卷一《朱公掞录拾遗》与刘绚所录的《师训》和关中学者所录的《入关语录》多有相杂，去其重复后得此。①《程氏外书》卷二《朱公掞问学拾遗》自为一篇，去其与卷一《朱公掞录拾遗》的重复后得此。换言之，在朱光庭编撰二程语录之时，已经见到《师训》与《入关语录》两篇，摘录相关条目并与自己所记和在一起。但是与《师训》所记为程颢语和《入关语录》所记为程颐语不同，朱光庭所记兼有二程兄弟二人之语，且以"伯淳""正叔"的标记予以区分。这一点不仅有别于《师训》和《入关语录》两卷，且与吕大临所记的《程氏遗书》卷二《元丰己未吕与叔东见二先生语》不同。《程氏遗书》卷二中亦有通过标注的形式区分二程，但是其所用为"明""正"。"明"即"明道"，程颢之号，去世之后普遍流传开来。朱光庭所录仍以程颢之字"伯淳"作标记，那么《程氏外书》的卷一、卷二的内容应当在元丰八年（1085）程颢去世之前即已完成，并有可能开始流传，也是二程语录中成书较早一篇。以下对朱光庭所记的二程思想中诚敬、忠恕和仁三个方面予以分析，既可了解程颐五十余岁的思想，亦因该卷较早传播，更可了解二

---

①　从文献编撰的角度，避免资料重复，朱熹删去重复的部分。但是从思想研究的角度来看，被删去的部分同样具有一定的意义，作为二程早年弟子，抄录的资料表明朱光庭对其内容的认可，是二程思想的重要内容，同样有其价值。

程思想对当时以及其后一段时期的影响。

（一）诚敬

朱光庭所记与刘绚的《师训》亦有不少共同之处。刘绚所录《师训》中，程颢对于为学之工夫有乾道、坤道的区分。

> 185 "忠信所以进德,修辞立其诚所以居业"者,乾道也。"敬以直内,义以方外"者,坤道也。①

朱光庭所记的语录中,再次出现这样区分的话语。

> 5 忠信为基本,所以进德也;辞修诚意立,所以居业也;此乃乾道,由此二句可至圣人也。(淳)②
>
> 56 《坤》六二《文言》云云,坤道也。诚为统体,敬为用。敬则内自直。诚合内外之道,则万物流形,故义以方外。③
>
> 8 "君子敬以直内,义以方外",为学本。④

程颢强调"忠信为基本"，"辞修诚意立"，以此"进德""居业"，是为乾道，修而可至圣人。第二则材料的"《坤》六二《文言》云云"，即《文言》中的"直，其正也；方，其义也。君子敬以直内，义以方外，敬义立而德不孤"。程颢进而提出"诚为统体，敬为用"，两则材料合在一起即可看出，程颢认为"诚"为乾道、为统体，"敬"为坤道、为用，是为学之本。只要学者做到诚敬，则内在天理的发用自然"直"，作用于外物无不合义。

> 16 "神也者,妙万物而为言",若上竿弄瓶,至于斲轮,诚至则不可

---

① 《程氏遗书》卷十一,《二程集》,第133页。
② 《程氏外书》卷一,《二程集》,第351页。
③ 《程氏外书》卷二,《二程集》,第364页。
④ 《程氏外书》卷一,《二程集》,第351页。

得而知。上竿初习数尺,而后至于百尺,习化其高。矧圣人诚至之事,岂可得而知?(淳)①

此则材料虽然引用《周易·说卦》"神也者,妙万物而为言",但整条内容都在说诚,"诚至则不可得而知","圣人诚至之事"。事实上,刘绚所记的《程氏遗书》卷十一《师训》中,程颢指出"《中庸》言诚便是神"。②《中庸》之言应该是指"(至诚)可以赞天地之化育,则可以与天地参矣"。程颢以练习杂技之人"上竿"为例,"初习数尺,而后至于百尺,习化其高",其最终之所为即令人感到不可思议。"圣人诚至之事",同样不可思议。在程颢看来,只要保持至诚,自然能够"赞天地之化育","与天地参"。

72 荀子曰:"养心莫善于诚。"周茂叔谓:"荀子元不识诚。"伯淳曰:"既诚矣,心焉用养邪?荀子不知诚。"③

程颢所说"既诚矣,心焉用养邪?荀子不知诚。"一样的内容在吕大临所记《程氏遗书》卷二中亦有出现,④诚已经是心纯于天理的状态,是养心工夫的完成而非手段,由此周敦颐与程颢都指出荀子不识诚。

65 大学之道,在明其明德。明德,乃止于至善也。知既至,自然意诚。颜子有不善未尝不知,知之至也;知之至,故未尝复行。他人复行,知之不至也。(正叔)⑤

此条注明为程颐所说"知既至,自然意诚"。刘绚所记的《程氏遗

---

① 《程氏外书》卷一,《二程集》,第352页。
② 《程氏遗书》卷十一,《二程集》,第119页。
③ 《程氏外书》卷二,《二程集》,第365页。
④ "孟子言'养心莫善于寡欲',欲寡则心自诚。荀子言'养心莫善于诚',既诚矣,又何养?此已不识诚,又不知所以养。"(《程氏遗书》卷二上,第39条,《二程集》,第18页。)
⑤ 《程氏外书》卷二,《二程集》,第365页。

书》卷十一中程颢亦明确提出"知至则便意诚,若有知而不诚者,皆知未至尔"。① 知至便意诚可以说是二程的共同观点。程颐进而与"颜氏之子,其殆庶几乎! 有不善未尝不知,知之未尝复行也"(《周易·系辞下》)相联系,认为颜子"知之未尝复行"则是已经达到意诚。

对于坤道之敬,二程提出其应保持在一切的行为中。

    57 圣人斋戒,敬也,以神明其德。恶人斋戒,亦敬也,故可以事上帝。②

无论圣人还是恶人斋戒,都可以持敬。区别在于有德之圣人能够以斋戒之敬"神明其德"(《周易·系辞上》),恶人亦能如孟子所说"斋戒沐浴,则可以祀上帝"(《孟子·离娄下》)。敬之工夫有其普遍的作用。

    68 敬则自然"俨若思,安定辞",其德可以安民。(伯淳)③

刘绚所说的《师训》中,程颢即提出"毋不敬,俨若思,安定辞,安民哉"(《礼记·曲礼》)为君德、君道,甚至称其为天德、天道。④ 但其前提则是持敬,敬则自然安民,以成就儒家理想的天德、天道。

    25 民亦人也,"务人之义"乃知也。鬼神不敬则是不知,不远则至于渎,敬而远之所以为知。(伯淳)⑤

对于"务民之义,敬鬼神而远之,可谓知矣"(《论语·雍也》)。程颢强

---

① 《程氏遗书》卷十一,《二程集》,第133页。
② 《程氏外书》卷二,《二程集》,第365页。
③ 《程氏外书》卷二,《二程集》,第365页。
④ 《程氏遗书》卷十一,《二程集》,第117、118页。
⑤ 《程氏外书》卷二,《二程集》,第361页。

调不敬即不知,亦即不诚。不远则亵渎不恭,皆为不知。以敬而至诚,这样的务民之智亦是二程工夫论思想的重要内容。

二程以诚为乾德、敬为坤德,诚敬是为学工夫的基本。诚是心纯于天理的状态,敬则是不受外物情欲干扰,这是学者工夫的入手之处。

(二) 忠恕

程颢提出"忠信为基本,所以进德也",而在具体的为学行为上,敬之工夫以外,二程强调的就是忠恕。忠有时又称之为"忠信"。

17　人必以忠信为本,"无友不如己者",无忠信者也。"子以四教:文、行、忠、信。""忠信,礼之本",人无忠信,则不可以为学。①

对于孔子所言"主忠信,无友不如己者"(《论语·学而》),二程将其解释为无友"无忠信者",忠信是为学、立身之根本。"子以四教:文、行、忠、信。"(《论语·述而》)二程将其与《礼记》所言"先王之立礼也,有本有文。忠信,礼之本也;义理,礼之文也"(《礼记·礼器》)相联系,指出"人无忠信,则不可以为学",不可以行礼。

37　知性善以忠信为本,此先立其大者。(伯淳)②

程颢提出"性善以忠信为本",人之善性的发用,有赖于忠信的工夫。人无忠信,不可以行礼,不可以为学,亦无所谓性善之发用,因而"以忠信为本",程颢称其为"此先立其大者"。

7　忠者天下大公之道,恕所以行之也。忠言其体,天道也;恕言其用,人道也。(正叔)③

---

① 《程氏外书》卷一,《二程集》,第352页。
② 《程氏外书》卷二,《二程集》,第362页。
③ 《程氏外书》卷二,《二程集》,第360页。

上文的讨论中,二程以诚为乾道,敬为坤道,诚为体,敬为用。此处程颐提出忠为体,恕为用,忠为天道,恕为人道。忠是大公普遍之道,人之具体的践行则有待于恕。对于忠、恕有表示虽然有别于程颢,但亦可看出在二程兄弟的思想中,忠恕工夫具有重要的地位。

47 "自反而忠",而横逆者犹若是,君子曰"又何难焉。"此一事已处了,若圣人哀矜,又别一事。(正叔)①

孟子所说"自反而忠",对横逆者"以何难焉"出自《孟子·离娄下》。程颐提出与对人忠恕不同,圣人对于其亲爱、贱恶、畏敬、哀矜、傲惰则"好而知其恶,恶而知其美"(《大学》),严于律己修身。

35 《皇华》"送之以礼乐",君不能自行,故遣使以谕诚意于四方。若无忠信,安得诚意? 言此诗是如此,不必诗中求。②

43 《白华》,自是沤之为菅;白茅,自是为束,各自为用。如后妾各自有职分,之子却远此义理,云结为雨露,所以均被菅茅。王之遇妃妾,贵贱亦当均被,我天运艰难,故"之子不犹"。"硕人",幽王也。"樵彼桑薪",薪之善者也。申后宜待之以礼,今反薄。鼓"声闻于外",我之诚意反不能感动于君,此有鹜得所之不若也。鸳鸯戢翼,其常如此。扁石,登高以升车,今舍此履卑,如舍申适褒。③

以上两条对于《诗经》的解释中,二程提出自己的观点:"若无忠信,安得诚意?"对于"鼓钟于宫,声闻于外"(《诗经·小雅·白华》),二程提出以诚意感动君主。忠信为诚意之前提,二程特别重视君臣相与之时的忠信、诚意。

---

① 《程氏外书》卷二,《二程集》,第 363 页。
② 《程氏外书》卷一,《二程集》,第 354 页。
③ 《程氏外书》卷一,《二程集》,第 355 页。

作为整体的原则二程提出诚敬,不仅具体的为学、行礼则需要忠恕,而且为政、教化无不需要忠恕,忠恕是更加具体的行为要求。

(三) 仁

刘绚所录的《师训》中,程颢称"仁者不忧"为"乐天者也"。朱光庭所记的语录中,相关论述再次出现。

> 19 仁者在己,何忧之有?凡不在己,逐物在外,皆忧也。"乐天知命故不忧",此之谓也。若颜子箪瓢,在他人则忧,而颜子独乐者,仁而已。①

二程认为,人之忧虑就是逐于外物,被外物所扰。"仁者不忧"是因为"仁者在己","乐天知命",安于天理而不逐外物。二程举出孔子对颜子的称赞:"贤哉!回也。一箪食,一瓢饮,在陋巷。人不堪其忧,回也不改其乐。贤哉!回也。"(《论语·雍也》)在困苦的生活环境中,颜子能够不改其乐,正是因为安于内在之仁,不逐外物。

> 21 "里仁为美",里人之所止。(伯淳)②

对于《论语·里仁》首章"里仁为美,择不处仁,焉得知?"程颢将"仁"解释为"人之所止",等同于孟子所说"居仁由义,大人之事备矣"(《孟子·尽心上》)。"里仁"即理想的君子能够安于人之所安,即内心之仁。

> 13 大率把捉不定,皆是不仁。去不仁则仁存。③

二程所谓"把捉不定",即人心仍被外物所牵扰,不能安于仁。"去不仁

---

① 《程氏外书》卷一,《二程集》,第352页。
② 《程氏外书》卷二,《二程集》,第361页。
③ 《程氏外书》卷一,《二程集》,第352页。

则仁存",只要不逐于外物,就能纯于内在之仁,完全依理而动,这也是上文讨论的"诚敬""忠信"的工夫境界。

  15　仁载此四事,由行而宜之谓义,履此之谓礼,知此之谓智,诚此之谓信。①
  3　"知及之,仁不能守之",无得也。有始有卒,先后之序也。②

  对于义、礼、智、信,二程提出其根本皆在于仁。义是仁之具体化的行为,"行而宜之"。礼是对仁的践履,智是知仁,诚信是表示对仁完全地发挥和呈现。在此,孟子区分的恻隐、善恶、辞让、是非的仁、义、礼、智四端,在二程看来仁是根本,义、礼、知、信都是从不同的方面形容仁之作用。
  智只是对于仁的知晓、察识,因而孔子强调"知及之,仁能守之"(《论语·卫灵公》),能够将知晓、察识之仁通过行而宜之之义、践履之礼在具体的事物中落实,才可谓"有始有卒,先后之序"。
  对于子贡问博施济众,孔子回答:"何事于仁,必也圣乎!尧、舜其犹病诸!夫仁者,己欲立而立人,己欲达而达人。能近取譬,可谓仁之方也已。"(《论语·雍也》)一方面二程强调仁是内在品质,而博施济众的外在功业需要一定的时机、环境,而且不可能一蹴而就。另一方面,二程强调此章中孔子提出的"仁之方"。

  28　"能近取譬",反身之谓也。(伯淳)③
  2　子贡问为仁,孔子告以为仁之资,非极力言仁也。(正叔)④

  程颢将"能近取譬"的"仁之方"与孟子所谓"万物皆备于我矣,反身而

---

① 《程氏外书》卷一,《二程集》,第352页。
② 《程氏外书》卷二,《二程集》,第360页。
③ 《程氏外书》卷二,《二程集》,第362页。
④ 《程氏外书》卷二,《二程集》,第360页。

诚,乐莫大焉"(《孟子·尽心上》)相联系,认为"能近取譬"就是从周围之事出发同时反思自身内在之理,这是重要的识仁、为仁之方。程颐亦提出,本章资料中子贡问"博施于民而能济众"之"为仁",孔子答以"能近取譬"的"为仁之资",并没有"极力言仁"。换言之,孔子最为重视的是门人识仁、为仁之践履,而非空言"仁"。

  27 圣乃仁之成德。谓仁为圣,譬犹雕木为龙。木乃仁也,龙乃圣也,指木为龙可乎?故博施济众乃圣之事,举仁而言之,则能近取譬是也。(伯淳)①

对于圣与仁之关系,程颢明确提出"圣乃人之成德"。程颢对"雕木为龙"作比喻,"木乃仁",木本身尚未形象,因而不可直接称其为龙。只有完全地依据仁,不断地扩充努力,才有可能达到龙之圣。博施济众之圣可谓仁的一个可贵表现,对于学者而言,如何不断地扩充努力,则需要落实在"能近取譬"的仁之方。在二程看来,相对于仁之本体,孔子更加重视具体践行的"仁之方"。

与刘绚的《师训》不同,朱光庭所录资料亦有明确标记的程颐语,通过与程颢的相关说法对照,亦可发现二人解释的不同。

  104 "仁者其言也讱",难其出也。②
  31 司马牛问仁。子曰:"仁者其言也讱。"司马牛多言,故及此。然圣人之言,亦止此为是。(正叔)③

第一条为程颢的解释,第二条为朱光庭所录程颐语。对于孔子所说"仁者,其言也讱""为之难,言之得无讱乎?"(《论语·颜渊》)程颢认为是为仁

---

① 《程氏外书》卷二,《二程集》,第362页。
② 《程氏遗书》卷十一,《二程集》,第126页。
③ 《程氏外书》卷二,《二程集》,第362页。

难,故其言难出。而程颐则认为因"司马牛多言",孔子故有此语。程颐同时指出,"其言也讱"也是孔子对于仁之表现的一个确切描述。

  78 以己及物,仁也。推己及物,恕也。(违道不远是也。)忠恕一以贯之。忠者天理,恕者人道。忠者无妄,恕者所以行乎忠也。忠者体,恕者用,大本达道也。此与"违道不远"异者,动以天尔。①

  55 仁推之及人,若"老吾老以及人之老",于民则可,于物则不可。统而言之则皆仁,分而言之则有序。(正叔)②

与程颢"以己及物,仁也。推己及物,恕也"的区分不同,程颐更加仔细地辨别,推仁及之则可,推仁于物则不同。虽然从形而上的角度而言,人与物皆源于同一天理,但在现实为仁的过程中,人与物毕竟有所不同。如果不注意区分的话,则有可能陷入墨子的兼爱之弊。这里亦可看出,程颢的思想偏向"以己及物"的一体之仁,而程颐更加注意仁之践行过程的差等之序。

  54 "舜明于庶物,察于人伦",然后由仁义行。(正叔)③

程颐提出"舜明于庶物,察于人伦"(《孟子·离娄下》)就是其"由仁义行"的前提,如前文程颐所说"知既至,自然意诚","舜明于庶物,察于人伦"即为知之至,自然能够"由仁义行",践行天道。

综上可见,朱光庭作为二程的早期弟子,其所记的二程资料与刘绚多有贯通之处,可见二人对二程理解的一致性。以上分析之外,有关默识问题,朱光庭亦有记载。"默而识之,吾不得而见之矣,得见善问者斯可矣。治其器必求其用,学道者当如何尔?学始于不欺暗室。"④二程强调"默而识之"

---

① 《程氏遗书》卷十一,《二程集》,第124页。
② 《程氏外书》卷二,《二程集》,第364页。
③ 《程氏外书》卷二,《二程集》,第364页。
④ 《程氏遗书》卷十一,《二程集》,第351页。

"不欺暗室",这是学者个体的工夫修养。其次二程强调"善问",作为默识工夫的辅助,二程没有否认问学工夫作用,但这并非根本。总之,朱光庭所传的二程语录中,仁、诚敬、忠恕、默识等思想皆有体现,这些是二程思想的基础。

二 刘绚所记程颢的思想

《程氏遗书》卷十一至卷十四为刘绚所记程颢的思想,从中可以明确程颢的观念主张。上文已经分析,刘绚、朱光庭所记的二程思想有共通之处。以下仍将从默识、诚、敬、忠恕和仁五个方面的考察,希望确认程颢的道学思想主张,这是考察二程兄弟思想异同的基础。

(一) 默识

程颢的思想中,"默识"的工夫非常重要。程颢提出"颜子默识,曾子笃信,得圣人之道者,二人也"。① 颜渊得孔子之道重要标识就是其能默识。"默识"源于孔子所说"默而识之,学而不厌,诲人不倦,何有于我哉?"(《论语·述而》)不过程颢认为,作为最受孔子称赞的弟子,颜子的重要品质就是"默而识之"。对于许多难以通过语言表达的思想,程颢反复要求学者默识。

> 12 "天地设位而易行其中",何不言人行其中?盖人亦物也。若言神行乎其中,则人只于鬼神上求矣。若言理、言诚亦可也,而特言易者,欲使人默识而自得之也。②

对于《周易·系辞上》的"天地设位而易行其中"一句,程颢提出何以孔子不说"人"、不说"神"、不说"理"、不说"诚",而特别使用"易"字,其中之差别需要人"默识而自得之"。程颢亦指出一些不同,"人亦物",人行乎其中的说法容易使人们将天地之道等同于具体之物。如果使用"神"字的话,

---

① 《程氏遗书》卷十一,《二程集》,第 119 页。
② 《程氏遗书》卷十一,《二程集》,第 118 页。

人们容易"只于鬼神上求"。那么为什么不用"理"或"诚"来形容天地之道呢？显然从"易"有三义，即不易、变易、简易三方面而言，其所蕴含的思想非"理"或"诚"所能体现。对此，程颢特别强调学者"默识而自得"，体味到其中之差别。

　　13　《系辞》曰："形而上者谓之道，形而下者谓之器。"又曰："立天之道曰阴与阳，立地之道曰柔与刚，立人之道曰仁与义。"又曰："一阴一阳之谓道。"阴阳亦形而下者也，而曰道者，惟此语截得上下最分明，元来只此是道，要在人默而识之也。①

对于《周易·系辞上》"形而上者谓之道，形而下者谓之器"，"一阴一阳之谓道，继之者善也，成之者性也"，以及《周易·说卦》的"立天之道曰阴与阳，立地之道曰柔与刚，立人之道曰仁与义"，程颢提出阴、阳属气，为什么《周易》要阴阳与道连在一起说呢？显然这其中的差别，蕴含着道学本体的基本思想，"元来只此是道"。虽然对于其中的差别，后来程颐、朱熹做出过明确的说明，但程颢反复要求学者"默而识之"。

　　177　"《诗》、《书》、执礼皆雅言。"雅素所言也，至于性与天道，则子贡亦不可得而闻，盖要在默而识之也。②

《论语·述而》中记载"子所雅言：《诗》、《书》、执礼，皆雅言也。"程颢还举出子贡所说"夫子之文章，可得而闻也；夫子之言性与天道，不可得而闻也。"(《论语·公冶长》)孔子之"雅言"，门人可以得而闻，但是孔子的性与天道的思想，却是"不可得而闻"。程颢补充，不可得而闻的"性与天道"思想，需要学者"默而识之"。

---

① 《程氏遗书》卷十一，《二程集》，第118页。
② 《程氏遗书》卷十一，《二程集》，第132页。

13 或问:"《系辞》自天道言,《中庸》自人事言,似不同?"曰:"同。《系辞》虽始从天地阴阳鬼神言之,然卒曰:'默而成之,不言而信,存乎德行。'《中庸》亦曰:'鬼神之为德,其盛矣乎!视之而不见,听之而不闻,体物而不可遗,使天下之人齐明盛服以承祭祀。洋洋乎如在其上,如在其左右。《诗》曰:"神之格思,不可度思,矧可射思。"夫微之显,诚之不可揜,如此夫!'是岂不同?"①

《程氏遗书》卷十四中刘绚提问,《周易·系辞》是讲论天道,《礼记·中庸》讲论人事,侧重有所不同。程颢指出,虽然《系辞》开头为"天尊地卑,乾坤定矣",但最后归结到"默而成之,不言而信,存乎德行",落实于人事。《中庸》开头虽然为"天命之谓性,率性之谓道,修道之谓教",但是亦提道"鬼神之为德,其盛矣乎!……夫微之显,诚之不可揜,如此夫!"《中庸》亦包含天道一面。以上资料中,程颢提到的《系辞》"默而成之,不言而信"、《中庸》"鬼神之为德,其盛矣乎!视之而不见,听之而不闻",以及与之类似《论语》中孔子所说"天何言哉?四时行焉,百物生焉,天何言哉?"(《论语·阳货》)因为天地不言,视之不言,听之不闻,都暗示学者需要以"默识"的工夫,体认天地之化。这些资料从经典文本和本体论的角度,支持了默识工夫的必要性。

对于根本思想的体认,程颢反复教导刘绚要默而识之,这是也颜子的重要品质。天道的体认、默识是程颢工夫论重要方面。

(二) 诚

《中庸》上讲"诚者,天之道也;诚之者,人之道也"。孟子继而提道"诚者,天之道也。思诚者,人之道也"(《孟子·离娄上》)。上文曾经提出,程颢要求学者要"默识而自得"天道,而且天道"言理、言诚亦可"。

12 "天地设位而易行其中",何不言人行其中? 盖人亦物也。若

---

① 《程氏遗书》卷十四,《二程集》,第141页。

言神行乎其中，则人只于鬼神上求矣。若言理、言诚亦可也，而特言易者，欲使人默识而自得之也。①

此条资料可以见，虽然不同概念的偏重有所不同，但是作为天地之道的不同称谓，易、理、诚，甚至神都是可以的。《程氏遗书》卷十一中亦记录，"《中庸》言诚便是神"。② 可见，"诚者天之道"的观念继续在二程的思想中延续。

9 道，一本也。或谓以心包诚，不若以诚包心；以至诚参天地，不若以至诚体人物，是二本也。知不二本，便是笃恭而天下平之道。③

程颢提出"道，一本也"，从本源上而言道的存在只有一个。"以心包诚"或"以至诚参天地"，都已经在说形而下的工夫，所谈已非天道，故程颢称之为"二本"。"以诚包心""以至诚体人物"才是根本性的为学方法。回到一本之道，循道率性而为，才能做到《中庸》所说"笃恭而天下平"。

《中庸》中"自诚明，谓之性；自明诚，谓之教"是洛学思想诠释的重要材料。

自诚明，谓之性；自明诚，谓之教。诚则明矣，明则诚矣。唯天下至诚，为能尽其性；能尽其性，则能尽人之性；能尽人之性，则能尽物之性；能尽物之性，则可以赞天地之化育；可以赞天地之化育，则可以与天地参矣。其次致曲。曲能有诚，诚则形，形则著，著则明，明则动，动则变，变则化。唯天下至诚为能化。④

---

① 《程氏遗书》卷十一，《二程集》，第118页。
② 《程氏遗书》卷十一，《二程集》，第119页。
③ 《程氏遗书》卷十一，《二程集》，第117—118页。
④ 朱熹：《四书章句集注》，北京：中华书局，1983年，第32—33页。

对于其中至诚"可以赞天地之化育",程颢提出,

44　至诚可以赞化育者,可以回造化。①

183　至诚可以赞天地之化育,则可以与天地参。赞者,参赞之义,"先天而天弗违,后天而奉天时"之谓也,非谓赞助。只有一个诚,何助之有?②

"赞"非"赞助",而为"参赞"之义,"天地之化育"本身自然而然地发生,人以至诚的状态参与、参赞天地化育的过程。至诚的状态就是与天地为一体,摒除一切私欲的纷扰,以天地之道参赞其间。

100　自明而诚,虽多由致曲,然亦有自大体中便诚者,虽亦是自明而诚,谓之致曲则不可。③

对于"其次致曲,曲能有诚",程颢认为"致曲"工夫就是"自明诚,谓之教"的一种手段,程颢又提出亦有一种情况,"自大体中便诚者",本身已经有诚明的显现,由之不断予以扩充、纯粹以至诚。然而这与通过外物致曲以至诚的过程,有所不同。虽然都称之明,但致曲之明为形而下的具体事物之明,自明而诚则是本体之明。这样的区别需要学者特别注意。

对于《大学》中的"知至而意诚",程颢提出,

184　知至则便意诚,若有知而不诚者,皆知未至尔。知至而至之者,知至而往至之,乃吉之先见,故曰"可与几"也。知终而终之,则"可与存义"也。("知至至之"主知,"知终终之"主终。)④

---

① 《程氏遗书》卷十一,《二程集》,第120页。
② 《程氏遗书》卷十一,《二程集》,第133页。
③ 《程氏遗书》卷十一,《二程集》,第126页。
④ 《程氏遗书》卷十一,《二程集》,第133页。

程颢将《大学》的"知至而意诚"与《周易·乾卦》"知至至之,可与几也。知终终之,可与存义也"相联系,知至之后必然能达到意诚,意诚则能达到"可与几","可与存义",这都是意诚之后的为学效验。

  186 "修辞立其诚",文质之义。①
  185 "忠信所以进德,修辞立其诚所以居业"者,乾道也。"敬以直内,义以方外"者,坤道也。②

对于《周易·乾卦》的"修辞立其诚"一句,程颢强调其为"文质之义",由外在之文的修辞以达到内在之质的诚。忠信进德,修辞立诚以确立内在德性,程颢称之为"乾道"。"敬以直内,义以方外"将内在之性呈现于外,程颢称之为"坤道"。

  113 圣人言忠信者多矣,人道只在忠信。不诚则无物,且"出入无时,莫知其乡"者,人心也。若无忠信,岂复有物乎?③

对于《周易·乾卦》的"忠信所以进德",程颢强调"人道只在忠信"。《孟子》中的"出入无时,莫知其乡"一句,程颢指出这是描述人心。如果不能以忠信进德、修辞立诚而确立心之本体,人心之活动失去约束和引导,即不可能循道率性地对待外物,以致"不诚无物"。

  35 "万物皆备于我矣,反身而诚,乐莫大焉。"④
  134 "万物皆备于我矣,反身而诚,乐莫大焉。"不诚则逆于物而不顺也。⑤

---

① 《程氏遗书》卷十一,《二程集》,第133页。
② 《程氏遗书》卷十一,《二程集》,第133页。
③ 《程氏遗书》卷十一,《二程集》,第127页。
④ 《程氏遗书》卷十一,《二程集》,第120页。
⑤ 《程氏遗书》卷十一,《二程集》,第129页。

在《程氏遗书》卷十一中,刘绚特别记录孟子所说"万物皆备于我矣,反身而诚,乐莫大焉。"(《孟子·尽心上》)作为单独一条而出现,也可见程颢对此句的重视。程颢指出,如果不能够做到"反身而诚",就会"逆于物而不顺"。此处所说的"逆于物"即"不诚无物"的体现,都表明人之所为不能与事物之理相吻合。

程颢认为只有至诚才能不逆于物,这在祭祀方面尤为重要。

81 "祖考来格"者,惟至诚为有感必通。①

120 祭者所以尽诚。或者以礼为一事,人器与鬼器等,则非所以尽诚而失其本矣。②

《尚书·益稷》中所说"祖考来格",程颢指出如《尚书·大禹谟》所说"至诚感神",祭祀之时只有保持内心至诚的状态才能与祖先感通。

101 "体群臣"者,体察也,心诚求之,则无不察矣,忠厚之至也。故曰:"忠信重禄,所以劝士。"言尽其忠信而厚其禄食,此所以劝士也。③

不仅祭祀,程颢指出君臣相与之际只有以至诚"体群臣",才能"无不察"。具体而言如何达到至诚,程颢强调"敬者人事之本,敬则诚"。④

31 学在诚知诚养。⑤

73 皆实理也,人知而信者为难。孔子曰:"朝闻道,夕死可矣。"死生亦大矣,非诚知道,则岂以夕死为可乎?⑥

----

① 《程氏遗书》卷十一,《二程集》,第 124 页。
② 《程氏遗书》卷十一,《二程集》,第 127 页。
③ 《程氏遗书》卷十一,《二程集》,第 126 页。
④ 《程氏遗书》卷十一,《二程集》,第 127 页。
⑤ 《程氏遗书》卷十一,《二程集》,第 119 页。
⑥ 《程氏遗书》卷十一,《二程集》,第 123 页。

诚作为内心纯于天理的状态，如上所述程颢还以"诚知诚养"，心"诚知道"之类的说法，表示认知修养的纯粹、最高状态。诚表示人心与天理的完全合一，程颢认为这不仅是人心的本然状态，也是天道在人的本然呈现。

  7 释氏本怖死生，为利岂是公道？唯务上达而无下学，然则其上达处，岂有是也？元不相连属，但有间断，非道也。孟子曰："尽其心者，知其性也。"彼所谓"识心见性"是也。若"存心养性"一段事则无矣。彼固曰出家独善，便于道体自不足。（一作已非矣。）或曰："释氏地狱之类，皆是为下根之人设此，怖令为善。"先生曰："至诚贯天地，人尚有不化，岂有立伪教而人可化乎？"①

  程颢提出"至诚贯天地"，无论对己对人，都应以诚。程颢提出，佛学之人"本怖死生"，是为己之私利，故决称不上为公道。孟子所说"尽其心者，知其性也"，这与佛教所说"识心见性"相同。但是下学工夫的"存其心，养其性"（《孟子·尽心上》），则不见于佛学。不在日用常行上用功，已不识道，已不能诚乎天理。对于佛教中地狱使恐怖而为善的说法，程颢指出，不能以诚对己，自然不能以诚待人，亦不可能达到教而化人的目的。

  由《中庸》《周易》《孟子》等材料，程颢强调自己"诚"的思想。一方面程颢肯定修辞立其诚和自明诚的下学而上达工夫，另一方面程颢更重视至诚感通、赞天地化育，由本体直接发用的行为，挺立诚之本体的一本之学，人之行为才能具备真实的意义。

  （三）敬

  "默识"是学者体道最根本的工夫，"敬"则是学者在日用常行中始终应当遵守的。程颢认为，敬之工夫本身就是上达天道的重要手段。

---

① 《程氏遗书》卷十三，《二程集》，第139页。

111　诚者天之道,敬者人事之本(敬者用也)。敬则诚。①

167　"中者,天下之大本。"天地之间,亭亭当当,直上直下之正理,出则不是,唯敬而无失最尽。②

与《中庸》的"诚者天之道"相对,程颢将"敬"看作人事之本,由敬即可上达天道。《中庸》提出"中者,天下之大本。"程颢指出"中"即"天地之间","直上直下之正理",人们应当始终遵循此理,"出则不是",无论何时不能偏离。如何保持始终遵循天地之正理,程颢提出"唯敬而无失最尽"。敬之工夫在学者修养过程中具有重要作用。

1　"毋不敬,俨若思,安定辞,安民哉",君德也。君德即天德也。③

16　"毋不敬,俨若思,安定辞,安民哉",君道也。君道即天道也。"出门如见大宾,使民如承大祭",此仲弓之问仁而仲尼所以告之者,以仲弓为可以事斯语也。"雍也可使南面",有君之德也。"毋不敬",可以对越上帝。④

以上两条的记录基本一致。对于《礼记·曲礼》"毋不敬,俨若思,安定辞。安民哉!"程颢强调此句为君德、君道同时也是天德、天道,应为普遍遵守。程颢特别强调其中的"毋不敬",从"出门如见大宾,使民如承大祭"(《论语·颜渊》),"雍也可使南面"(《论语·雍也》),表明孔子认为冉雍、冉仲弓已经能够做到"毋不敬"。只有敬之工夫才可以"对越上帝",践行天道。

15　"天地设位而易行乎其中",只是敬也。敬则无间断,体物而不

---

① 《程氏遗书》卷十一,《二程集》,第127页。
② 《程氏遗书》卷十一,《二程集》,第132页。
③ 《程氏遗书》卷十一,《二程集》,第117页。
④ 《程氏遗书》卷十一,《二程集》,第118页。

可遗者,诚敬而已矣,不诚则无物也。《诗》曰:"维天之命,于穆不已,於乎不显,文王之德之纯","纯亦不已",纯则无间断。①

程颢强调,学者只有以敬之工夫才能践行天道"体物而不可遗"。学者能在日用常行中"无间断"地践行天道,只有始终保持诚敬的状态。

11 学要在敬也、诚也,中间便有个仁,"博学而笃志,切问而近思,仁在其中矣"之意(敬主事)。②

另一角度而言,只要学者能够以诚敬的状态——刘绚还特别注释要在具体的事情上保持诚敬——自然能够践行仁道。子夏所说"博学而笃志,切问而近思"(《论语·子张》),只要能在具体的学问过程中保持诚敬,仁道自然在其中体现。

3 "敬以直内,义以方外,敬义立而德不孤"(德不孤,与物同故不孤也)。③

18 "敬以直内,义以方外",合内外之道也(释氏,内外之道不备者也)。④

112 "敬以直内",则"义以方外"。"义以为质",则"礼以行之,孙以出之,信以成之"。孙,顺也,不止于言。⑤

185 "忠信所以进德,修辞立其诚所以居业"者,乾道也。"敬以直内,义以方外"者,坤道也。⑥

---

① 《程氏遗书》卷十一,《二程集》,第119页。
② 《程氏遗书》卷十四,《二程集》,第141页。
③ 《程氏遗书》卷十一,《二程集》,第117页。
④ 《程氏遗书》卷十一,《二程集》,第118页。
⑤ 《程氏遗书》卷十一,《二程集》,第127页。
⑥ 《程氏遗书》卷十一,《二程集》,第133页。

《周易·文言》中有"敬以直内,义以方外,敬义立而德不孤"。该句也是程颢阐发敬之工夫思想的重要材料。以上几条资料中,程颢提出能够做到"敬以直内",自然会有"义以方外"之功,以此"合内外之道"。在此,程颢还专门指出,佛教之弊即"内外之道不备",尤其缺少"义以方外"的方面。程颢认为能够"敬以直内",以敬之工夫展现内在之道,自然"义以方外",达到"义以为质,礼以行之,孙以出之,信以成之"(《论语·卫灵公》)。具体事物上的敬是日用常行中一切行为的根本。

41 孟子曰:"仁也者人也,合而言之道也。"《中庸》所谓"率性之谓道"是也。仁者,人此者也。"敬以直内,义以方外",仁也。若以敬直内,则便不直矣。行仁义岂有直乎?"必有事焉而勿正"则直也。夫能"敬以直内,义以方外",则与物同矣。故曰:"敬义立而德不孤。"是以仁者无对,放之东海而准,放之西海而准,放之南海而准,放之北海而准。①

程颢认为,孟子所说"仁也者人也,合而言之道也"(《孟子·尽心下》)即《中庸》的"率性之谓道",人率性而为,践行仁道。如何践行?即通过"敬以直内,义以方外"。此处程颢强调"敬以直内"不同于"以敬直内","以敬直内"即有意识地去行道,孔子所说"敬以直内"则是对待事物之时,自然而然地依照内在本性而为,即孟子所说"必有事焉而勿正",以此达到道学理想的与物同体,合内外之道。敬以直内以践行内在之道,这样的行为能得到东海、西海、南海、北海,即所有人的认可,实现所谓"仁者无敌"(《孟子·梁惠王上》)的理想。

程颢还从不同的方面谈论敬的工夫。

34 敬胜百邪。②

---

① 《程氏遗书》卷十一,《二程集》,第120页。
② 《程氏遗书》卷十一,《二程集》,第119页。

107　操约者,敬而已矣。①

110　子曰:"语之而不惰者,其回也与!"颜子之不惰者,敬也。②

第二则材料的"操约"应当是指"操则存,舍则亡"(《孟子·告子上》)以及"博学于文,约之以礼"(《论语·颜渊》),无论操存还是约礼,程颢认为都落实在敬的工夫上。孔子称赞颜渊,"语之而不惰"(《论语·子罕》),程颢认为颜子能始终"不惰",就在于敬。甚至程颢提出"敬胜百邪",持敬的工夫可以排除各种私欲纷扰对于内心必胜的干扰。以上所引,足见程颢对于敬之工夫的重视。

171　学只要鞭辟近里,着己而已,故"切问而近思",则"仁在其中矣"。"言忠信,行笃敬,虽蛮貊之邦行矣。言不忠信,行不笃敬,虽州里行乎哉! 立则见其参于前也,在舆则见其倚于衡也,夫然后行。"只此是学质美者,明得尽,查滓便浑化,却与天地同体。其次惟庄敬持养,及其至则一也。③

对于孔子告诉子张的"言忠信,行笃敬"(《论语·卫灵公》),程颢认为最理想的状态是"学质美者,明得尽,查滓便浑化,却与天地同体",其次则要"庄敬持养",最终能达到的是一样的。当然现实中一般学者难以达到理想的状态,显然"庄敬持养"就是最为重要的工夫。

程颢在推崇诚之工夫的同时,强调在具体的发用过程中"敬以直内",以此始终保持心不被外物所扰,践行人事,保持人之行为始终合于天理。对于敬之工夫的重视,程颢、程颐兄弟二人一以贯之。

(四) 忠恕

由上可见,《程氏遗书》卷十一的一个特点是从经典中摘录原文,直接将

---

① 《程氏遗书》卷十一,《二程集》,第126页。
② 《程氏遗书》卷十一,《二程集》,第127页。
③ 《程氏遗书》卷十一,《二程集》,第132页。

其作为一条。这些摘录没有任何直接的解释,唯一可以得到的信息只是程颢重视这些说法,《论语·里仁》的"夫子之道,忠恕而已矣"亦在本卷单独记录。① 如何理解忠恕,程颢提出,

  56 忠信者以人言之,要之则实理也。②
  179 尽己之谓忠,以实之谓信。发己自尽为忠,循物无违谓信,表里之义也。③
  78 以己及物,仁也。推己及物,恕也(违道不远是也)。忠恕一以贯之。忠者天理,恕者人道。忠者无妄,恕者所以行乎忠也。忠者体,恕者用,大本达道也。此与"违道不远"异者,动以天尔。④

"忠信"是形容人行为,指人的行为实于天理,完全地"尽己"呈现本性。尽己之忠作用于外物,自然能够"循物无违",完全地符合外物之理,"实之"可称之"信"。第三条材料说"以己及物,仁也",从该条的整个内容来看,称之为"忠"亦可。程颢区分"以己及物"和"推己及物"的不同,"以己及物"是"动以天",真实地循理率性而为,称之为"忠"。"推己及物"即以己之情对待他人,"己所不欲勿施于人",称之为"恕"。程颢认为,恕可以看作"行乎忠",即将内在天理呈现于外的一种方式,但是毕竟与"忠"的直接呈现仍有所不同,只能称其"违道不远"。

  185 "忠信所以进德,修辞立其诚所以居业"者,乾道也。"敬以直内,义以方外"者,坤道也。⑤
  113 圣人言忠信者多矣,人道只在忠信。不诚则无物,且"出入无

---

① 《程氏遗书》卷十一,《二程集》,第117页。
② 《程氏遗书》卷十一,《二程集》,第121页。
③ 《程氏遗书》卷十一,《二程集》,第133页。
④ 《程氏遗书》卷十一,《二程集》,第124页。
⑤ 《程氏遗书》卷十一,《二程集》,第133页。

时,莫知其乡"者,人心也。若无忠信,岂复有物乎?①

171 学只要鞭辟近里,着己而已,故"切问而近思",则"仁在其中矣"。"言忠信,行笃敬,虽蛮貊之邦行矣。言不忠信,行不笃敬,虽州里行乎哉!立则见其参于前也,在舆则见其倚于衡也,夫然后行。"只此是学质美者,明得尽,查滓便浑化,却与天地同体。其次惟庄敬持养,及其至则一也。②

程颢提出,"人道只在忠信",人之为人就应当将内在本性呈现于外,"成己成物",这样的过程亦可称之为忠信之道。"学只要鞭辟近里,着己而已",在切问近思等为学过程中呈现本性。对于"言忠信,行笃敬"之者,程颢称其为"学质美者,明得尽,查滓便浑化,却与天地同体",正是学者修养的理想层次。

191 子夏问政,子曰:"无欲速,无见小利。"子夏之病,常在近小。子张问政,子曰:"居之无倦,行之以忠。"子张常过高而未仁,故以切己之事答之。③

70 "臧武仲之知,公绰之不欲,卞庄子之勇,冉求之艺",备此数者,而"文之以礼乐,亦可以为成人矣"。又曰:"今之成人者何必然?见利思义,见危授命,久要不忘平生之言,亦可以为成人矣"者,只是言忠信也。忠信者实也,礼乐者文也。语成人之名,自非圣人,谁能当之?孟子曰:"唯圣人然后可以践形。"如此,方足以称成人之名。④

一方面程颢指出"人道只在忠信",另一方面程颢指出"忠信"才是真正"切己之事"。孔子评价子张(颛孙师)、子夏(卜商)二人"师也过,商也不

---

① 《程氏遗书》卷十一,《二程集》,第127页。
② 《程氏遗书》卷十一,《二程集》,第132页。
③ 《程氏遗书》卷十一,《二程集》,第134页。
④ 《程氏遗书》卷十一,《二程集》,第123页。

及",进而提出"过犹不及"(《论语·先进》)。"子张常过高而未仁",因而对于子张问政,孔子提出:"居之无倦,行之以忠。"(《论语·颜渊》)"行之以忠"正是切己之事。

程颢认为"子路问成人。子曰:'若臧武仲之知,公绰之不欲,卞庄子之勇,冉求之艺,文之以礼乐,亦可以为成人矣。'曰:'今之成人者何必然?见利思义,见危授命,久要不忘平生之言,亦可以为成人矣。'"(《论语·宪问》)一章"只是言忠信"。与礼乐之文相比,孔子希望门人首先关注知、勇、义、命等内在之实,之后再"文之以礼乐,亦可以为成人"。"成人"二字,人格的圆满完善,程颢看来非常重要,只有理想的圣人"方足以称成人之名"。程颢举出孟子所说"形色,天性也。惟圣人然后可以践形"(《孟子·尽心上》),完全地发用呈现天性,就是儒家理想的圣人境界。

> 76 孔子闻卫乱,曰:"柴也其来乎!由也其死矣。"二者盖皆适于义。孔悝受命立辄,若纳蒯聩则失职,与辄拒父则不义;如辄避位,则拒蒯聩可也;如辄拒父,则奉身而退可也。故子路欲劝孔悝无与于此,忠于所事也。而孔悝既被胁矣,此子路不得不死耳。然燔台之事,则过于勇暴也。公子郢志可嘉,然当立而不立,以致卫乱,亦圣人所当罪也,而《春秋》不书,事可疑耳。①
>
> 101 "体群臣"者,体察也,心诚求之,则无不察矣,忠厚之至也。故曰:"忠信重禄,所以劝士。"言尽其忠信而厚其禄食,此所以劝士也。②

忠信就是充分地践行内在天道,循理率性而性,这样的要求具体到君臣相与之际,亦出现"忠君爱国"的说法。以上两条资料中,程颢也是在这种语境中强调"忠于所事""尽其忠信",可以看作忠信之道在政治方面的表现。

---

① 《程氏遗书》卷十一,《二程集》,第 123—124 页。
② 《程氏遗书》卷十一,《二程集》,第 126 页。

1 绚问:"先生相别,求所以教。"曰:"人之相爱者,相告戒,必曰凡事当善处。然只在仗忠信,只不忠信,便是不善处也。"①

程颢向刘绚告诫,与人相处"只在仗忠信,只不忠信,便是不善处也",不能完全地以内心之道处置事物,与外物之理违背即不善处。忠信同样是要求学者所为应当实于内心之理,以此行道。

相较于诚敬,忠恕、忠信是更加具体的行事原则。充分发挥内心之理,以此而为,这是基本的为学处事态度。

(五) 仁

仁是儒家思想中最为重要的概念,对于仁之概念诠释也是洛学中最重要内容。程颢有关仁的讨论中,生生论仁和仁之体、仁之方的区分是其重要的两个方面。

41 医家言四体不仁,最能体仁之名也。②

42 "天地之大德曰生","天地絪缊,万物化醇","生之谓性",(告子此言是,而谓犬之性犹牛之性,牛之性犹人之性,则非也。)万物之生意最可观,此元者善之长也,斯所谓仁也。人与天地一物也,而人特自小之,何耶?③

程颢特别称赞医家所说"四体不仁",即对于手足的疼痛麻痹,无法感受,因而称之为不仁。程颢指出,人对于外物没有感通,缺乏恻隐之心,就像对于自己的手足麻痹一样,皆为不仁。程颢引用《周易·系辞下》的"天地之德曰生","天地絪缊,万物化醇",以及《孟子·告子上》的"生之谓性",以此强调天地之本性就是生生,天地创生万物的生意即仁之必端。程颢强调"人与天地一物",仁也作为人之本性之首,其内在的倾向就是不断地创生,

---

① 《程氏遗书》卷十四,《二程集》,第140页。
② 《程氏遗书》卷十一,《二程集》,第120页。
③ 《程氏遗书》卷十一,《二程集》,第120页。

即成己成物。程颢指出学者一定要坚守自我之善性,而不可自贬自弃,回避生生之仁。

95 "孝弟也者,其为仁之本与!"言为仁之本,非仁之本也。①

40 "己欲立而立人,己欲达而达人,能近取譬者,可谓仁之方也已。"博施而能济众,固仁也;而仁不足以尽之,故曰:"必也圣乎!"②

对于《论语·学而》的第二章有子所说"孝弟也者,其为仁之本与",程颢明确指出应当"为仁"连读,孝悌的行为是践行仁道的根本,"为仁之本",而不可将具体的孝悌行为看作形而上的"仁之本"。《论语·雍也》中孔子提出:"能近取譬,可谓仁之方也已。"程颢对此非常重视。"为仁之本"的孝悌也是为仁之方,而非仁本身。第二条材料中,在程颢看来仁是表示人的内在德性,而"博施济众"的功业除了内在德性本身,还需要外在的时机和条件,在这一点上,可以说"仁不足以尽之",只能称之以"圣"。

78 以己及物,仁也。推己及物,恕也(违道不远是也)。忠恕一以贯之。忠者天理,恕者人道。忠者无妄,恕者所以行乎忠也。忠者体,恕者用,大本达道也。此与"违道不远"异者,动以天尔。③

16 "毋不敬,俨若思,安定辞,安民哉",君道也。君道即天道也。"出门如见大宾,使民如承大祭",此仲弓之问仁而仲尼所以告之者,以仲弓为可以事斯语也。"雍也可使南面",有君之德也。"毋不敬",可以对越上帝。④

以上资料中,程颢提出"以己及物,仁也",并以其区分"推己及物"之

---

① 《程氏遗书》卷十一,《二程集》,第 125 页。
② 《程氏遗书》卷十一,《二程集》,第 120 页。
③ 《程氏遗书》卷十一,《二程集》,第 124 页。
④ 《程氏遗书》卷十一,《二程集》,第 118 页。

恕。"以己及物"就是直接将内在本性发用于外,循理率性而为,亦可称作"动以天尔"。相比于推己及物的恕道,以己及物之仁是程颢理想的工夫境界。对于仲弓问仁,孔子提出"出门如见大宾,使民如承大祭"(《论语·颜渊》),仁道在政治领域的具体表现,也可以看作一种为仁之方。

> 109 无妄,震下乾上。圣人之动以天,贤人之动以人。若颜子之有不善,岂如众人哉?惟只在于此间尔,盖犹有己焉。至于无我,则圣人也。颜子切于圣人,未达一息尔。"不迁怒,不贰过,无伐善,无施劳","三月不违仁"者,此意也。①

对于周易"无妄"卦,程颢提出"圣人动以天",圣人之行为完全是循天理而动,即所谓圣人无我。但是贤人之动,仍不免有己意的纷扰,颜子"其心三月不违仁"(《论语·雍也》),亦有时候未能完全以理而动,程颢认为"颜子切于圣人,未达一息尔"。

> 41 孟子曰:"仁也者人也,合而言之道也。"《中庸》所谓"率性之谓道"是也。仁者,人此者也。"敬以直内,义以方外",仁也。若以敬直内,则便不直矣。行仁义岂有直乎?"必有事焉而勿正"则直也。夫能"敬以直内,义以方外",则与物同矣。故曰:"敬义立而德不孤。"是以仁者无对,放之东海而准,放之西海而准,放之南海而准,放之北海而准。②

对于孟子所说"仁也者人也"(《孟子·尽心下》),程颢提出这就是《中庸》的"率性之谓道",即人率性而为,践行呈现内在之仁。上文亦有分析,程颢特别强调"敬以直内",端庄恭敬呈现内在之道。儒家思想最大的特点

---

① 《程氏遗书》卷十一,《二程集》,第 126 页。
② 《程氏遗书》卷十一,《二程集》,第 120 页。

在于,率性而为之时,一定是针对具体的事物,即孟子所谓"必有事焉"。在具体的事情上遵循内在理率性而为,外在呈现出的行为必然符合事物之理,程颢提出"是以仁者无对,放之东海而准,放之西海而准,放之南海而准,放之北海而准",遵循内在之理的行为也必然能符合外在之理,合内外之道与物同,得到所有人的认可。

94 "仁者不忧",乐天者也。①

96 "仁者不忧,知者不惑,勇者不惧",德之序也。"知者不惑,仁者不忧,勇者不惧",学之序也。知以知之,仁以守之,勇以行之。②

106 "知仁勇三者,天下之达德",学之要也。③

孔子提出"君子道者三","仁者不忧,知者不惑,勇者不惧"(《论语·宪问》)。"仁者不忧",程颢举出《周易·系辞上》的"乐天知命,故不忧"。仁者能够真正地合于天理,践行天道,因而乐天不忧。另外,对于《论语·子罕》中提出"知者不惑,仁者不忧,勇者不惧",孔子说言仁、知、勇的顺序与《宪问》中的相反,程颢认为仁、知、勇之序乃成德之人的表现。知、仁、勇的排列则是"学之序"。"知以知之"故能不惑,"仁以守之"故能不忧,最后"勇以行之"而能不惧,这是学者培养德性,践行本性的顺序。《中庸》提出"知仁勇三者,天下之达德也",程颢指出三者不仅是君子之德,同时也是君子为学之要、为学之序。

102 "敬鬼神而远之",所以不黩也,知之事也。"先难后获",先事后得之义也,仁之事也。若"知者利仁",乃先得后事之义也。④

---

① 《程氏遗书》卷十一,《二程集》,第125页。
② 《程氏遗书》卷十一,《二程集》,第125页。
③ 《程氏遗书》卷十一,《二程集》,第126页。
④ 《程氏遗书》卷十一,《二程集》,第126页。

樊迟问知,孔子提出"敬鬼神而远之",问仁,孔子回答"仁者先难而后获,可谓仁矣。"(《论语·雍也》)对于"先难后获",程颢解释为"先事后得",依理义而动,率性而为,这为"仁之事",亦即所谓为仁之方。与此相对,"知者利仁"(《论语·里仁》)则是先计较为仁之功利,然后行动,显然这与完全依理而动的"仁者安仁""先难后获"不同。

  104 "仁者其言也讱",难其出也。①

  司马牛问仁,孔子回答:"仁者,其言也讱。"进而补充:"为之难,言之得无讱乎?"(《论语·颜渊》)学者依仁而动本身就已经十分困难,需要排除各种外物、己意的纷扰,因而对此言语修辞的表达自然无暇多顾,似乎为仁者"讱于言",其言难出。

  程颢以觉训仁,提出万物之生意最可观,与之同时程颢强调仁之道体现在具体的事物中。虽然具体的为仁不能等同于仁之道本身,但是仁道的践行离不开形而下的日用常行,体现在学者的一言一行之中。

  13 《系辞》曰:"形而上者谓之道,形而下者谓之器。"又曰:"立天之道曰阴与阳,立地之道曰柔与刚,立人之道曰仁与义。"又曰:"一阴一阳之谓道。"阴阳亦形而下者也,而曰道者,惟此语截得上下最分明,元来只此是道,要在人默而识之也。②

  14 "立天之道曰阴与阳,立地之道曰柔与刚,立人之道曰仁与义,兼三才(一之也。)而两之。"(不两则无用。)③

  以上两条资料中程颢提到《周易·说卦》中的"立人之道曰仁与义",亦见程颢对此材料的重视。程颢提出"不两则无用",仁义可看作立人之道的

---

① 《程氏遗书》卷十一,《二程集》,第126页。
② 《程氏遗书》卷十一,《二程集》,第118页。
③ 《程氏遗书》卷十一,《二程集》,第118页。

具体展现。

2 "一阴一阳之谓道",自然之道也。"继之者善也",出道则有用,"元者善之长"也。"成之者"却只是性,"各正性命"者也。故曰:"仁者见之谓之仁,知者见之谓之知,百姓日用而不知,故君子之道鲜矣。"如此,则亦无始,亦无终,亦无因甚有,亦无因甚无,亦无有处有,亦无无处无。①

"一阴一阳之谓道,继之者善也,成之者性也。仁者见之谓之仁,知者见之谓之知,百姓日用而不知,故君子之道鲜矣!"(《周易·系辞上》)程颢提出天道仁、知展现在百姓的日用常行中。程颢使用"亦无始,亦无终,亦无因甚有,亦无因甚无,亦无有处有,亦无无处无"的说法,亦是强调天道的普遍性不能用具体时间有无来形容。

171 学只要鞭辟(一作约。)近里,着己而已,故"切问而近思",则"仁在其中矣"。"言忠信,行笃敬,虽蛮貊之邦行矣。言不忠信,行不笃敬,虽州里行乎哉! 立则见其参于前也,在舆则见其倚于衡也,夫然后行。"只此是学质美者,明得尽,查滓便浑化,却与天地同体。其次惟庄敬持养,及其至则一也。②

3 "博学而笃志,切问而近思",何以言"仁在其中矣?"学者要思得之,了此,便是彻上彻下之道。③

11 学要在敬也、诚也,中间便(一作更)有个仁,"博学而笃志,切问而近思,仁在其中矣"之意(敬主事)。④

---

① 《程氏遗书》卷十二,《二程集》,第135页。
② 《程氏遗书》卷十一,《二程集》,第132页。
③ 《程氏遗书》卷十四,《二程集》,第140页。
④ 《程氏遗书》卷十四,《二程集》,第141页。

程颢三次强调子夏所说"博学而笃志,切问而近思,仁在其中矣"(《论语·子张》),在切实之学中鞭辟近里,彻上彻下,践行仁道,这是程颢理想之为学。为学之时保持诚敬,使天理作主宰亦是仁道的体现。程颢对子夏所说"博学而笃志,切问而近思"的重视就在于该句能够体现其彻上彻下,在日用常行中践行仁道的思想。

1 "纯亦不已",天德也;"造次必于是,颠沛必于是","三月不违仁"之气象也;又其次,则"日月至焉"者矣。①

191 子夏问政,子曰:"无欲速,无见小利。"子夏之病,常在近小。子张问政,子曰:"居之无倦,行之以忠。"子张常过高而未仁,故以切己之事答之。②

对于"君子无终食之间违仁,造次必于是,颠沛必于是"(《论语·里仁》)。程颢认为这就是颜渊"其心三月不违仁"(《论语·雍也》)的气象,颜渊能够在日用常行中践行仁道。程颢认为孔子对子张所说"居之无倦,行之以忠"(《论语·颜渊》)是批评子张"过高而未仁",子张不能在日常的政事中践行仁道。

131 居仁由义,守礼寡欲。③

10 知之明,信之笃,行之果,知仁勇也。若孔子所谓成人,亦不出此三者。臧武仲知也,孟公绰仁也,卞庄子勇也。④

孟子所说"居仁由义"(《孟子·离娄上》《孟子·尽心上》),程颢认为就体现在具体的"守礼寡欲"之中。孔子所说"臧武仲之知,公绰之不欲,卞

---

① 《程氏遗书》卷十二,《二程集》,第135页。
② 《程氏遗书》卷十一,《二程集》,第134页。
③ 《程氏遗书》卷十一,《二程集》,第128页。
④ 《程氏遗书》卷十三,《二程集》,第139页。

庄子之勇"(《论语·宪问》)对应的就是知、仁、勇的成人之德。程颢认为不欲就是仁,日常生活的"守礼寡欲"就是践行仁道。

综上所述,仁既是天道的表现,亦是学者道德实践的重要方面。学者体仁进而在生活中践行仁,这是二程思想的根本。仁、默识、诚敬、忠恕等概念,程颢皆给予充分的阐释,这些概念奠定了洛学思想的基础,洛学的思想体系基本形成。

三 李籲所记二程思想

程颐称赞李籲所记如实反映兄弟二人的思想,对于李籲所记《程氏遗书》卷一中诚敬、忠恕以及仁的讨论可以和以上朱光庭、刘绚所记相互印证,确认二程道学的基本思想。

(一)诚敬

如前文所述,《周易·文言》的"忠信,所以进德也;修辞立其诚,所以居业也"特别被程颢所强调,以下有关苏昞(字季明)的问答中,程颢直接提出此句。

> 5 苏季明尝以治经为传道居业之实,居常讲习,只是空言无益,质之两先生。伯淳先生曰:"'修辞立其诚',不可不子细理会。言能修省言辞,便是要立诚。若只是修饰言辞为心,只是为伪也。若修其言辞,正为立己之诚意,乃是体当自家'敬以直内,义以方外'之实事。道之浩浩,何处下手?惟立诚才(一作方。)有可居之处,有可居之处则可以修业也。'终日乾乾',大小大事,却只是'忠信所以进德'为实下手处,'修辞立其诚'为实修业处。"①

张载弟子苏昞问学二程,提出自己"以治经为传道居业之实",但是感觉"居常讲习,只是空言无益",经典的讲习无法转化为心性修养的提升。程颢

---

① 《程氏遗书》卷一,《二程集》,第2页。

提出学者为学应当以"修辞立其诚"为准则。经典的学习不是"修饰言辞为心",而应当"立己之诚意",即通过经典的学习使内心体认、纯于天理。立诚进而落实于"敬以直内,义以方外"(《周易·文言》),即与外物感应之时,持敬以排除外物干扰,使内心纯于天理,以使自己的行为合于道,应对外物。对于乾卦九三所言"君子终日乾乾"所行之事,程颢强调就是《文言》中孔子所说应对事物之时"忠信"以养德,学习经典之时涵养诚意。

49　诚者合内外之道,"不诚无物"。①

"合内外之道"是二程思想的重要思想,此则材料所言针对《中庸》所说"诚者,天之道也;诚之者,人之道也",以及"诚者自成也,而道自道也。诚者物之终始,不诚无物"。内之道即天之道,外之道即人之道,诚则贯通天人。二程指出,只有以诚敬的状态,保持内心纯于天理,才能符合天理要求地应对事物。无论何时何地应对何事物,诚敬以至内心纯于天理的状态都是最为重要的。

46　射中鹄,舞中节,御中度,皆诚也。古人教人以射、御、象勺,所养之意如此。②

以上所列"射中鹄,舞中节,御中度",二程强调其达到皆有赖于内心之诚。《中庸》提道:"射有似乎君子,失诸正鹄,反求诸其身。"射不中鹄,应当反求自身,具体而言即射之时是否操持诚敬。《礼记·内则》所言:"十有三年学乐,诵《诗》,舞勺,成童舞象,学射御。"二程指出都是以此培养人之诚敬。

---

①　《程氏遗书》卷一,《二程集》,第9页。
②　《程氏遗书》卷一,《二程集》,第9页。

28 家祭,凡拜皆当以两拜为礼。今人事生,以四拜为再拜之礼者,盖中间有问安之事故也。事死如事生,诚意则当如此。至如死而问安,却是渎神。若祭祀有祝、有告、谢神等事,则自当有四拜六拜之礼。①

29 古人祭祀用尸,极有深意,不可不深思。盖人之魂气既散,孝子求神而祭,无尸则不飨,无主则不依。故《易》于涣、萃,皆言"王假有庙",即涣散之时事也。魂气必求其类而依之。人与人既为类,骨肉又为一家之类。己与尸各既已洁齐,至诚相通,以此求神,宜其飨之。后世不知此,(一本有道字。)直以尊卑之势,遂不肯行尔。(古人为尸者,亦自处如何,三代之末,已是不得已而废。)②

在人的各种行为中,二程尤为强调祭祀之时的诚意。以上两条资料中,二程强调"事死如事生,诚意则当如此"。"至诚相通,以此求神,宜其飨之"。二程指出,祭祀用尸,是用以汇集魂气,祭祀之时只有至诚才能感通祖先之气。只有完全排除外在干扰,内心纯于天理,才有感通的可能。

上文提到,程颢表示至诚的工夫进一步要落实于"敬以直内"。

33 籲问:"每常遇事,即能知操存之意,无事时,如何存养得熟?"曰:"古之人,耳之于乐,目之于礼,左右起居,盘盂几杖,有铭有戒,动息皆有所养。今皆废此,独有理义之养心耳。但存此涵养意,久则自熟矣。敬以直内是涵养意。言不庄不敬,则鄙诈之心生矣;貌不庄不敬,则怠慢之心生矣。"③

李籲提问,有事之时应当操持其心,那么无事之时如何做工夫呢?对此二程强调无事之时应当以理义养心。同时始终注意言貌庄敬,勿生鄙诈、怠

---

① 《程氏遗书》卷一,《二程集》,第6页。
② 《程氏遗书》卷一,《二程集》,第6—7页。
③ 《程氏遗书》卷一,《二程集》,第7页。

慢之心。"存此涵养意,久则自熟。"二程是以敬的工夫,无论有事无事,皆注意内心不被外物干扰,纯乎天理。

  62 "必有事"者,主养气而言,故必主于敬。"勿正",勿作为也。"心勿忘",必有事也。"助长",乃正也。①

  如上所述"必有事焉而勿正,心勿忘,勿助长也"(《孟子·公孙丑上》)这句特别被二程重视。"必有事"与"心勿忘"相同,"勿正"与"勿助长"相同。养气一定要针对具体事物而为,此时心"主于敬",纯乎天理即是最为关键。另一方面在心作用于具体事物之时,心之妄动同样由于不能主敬,皆应注意克服。

  1 伯淳先生尝语韩持国曰:"如说妄说幻为不好底性,则请别寻一个好底性来,换了此不好底性着。道即性也。若道外寻性,性外寻道,便不是。圣贤论天德,盖谓自家元是天然完全自足之物,若无所污坏,即当直而行之;若小有污坏,即敬以治之,使复如旧。所以能使如旧者,盖为自家本质元是完足之物。若合修治而修治之,是义也;若不消修治而不修治,亦是义也;故常简易明白而易行。禅学者总是琼森事。至如山河大地之说,是他山河大地,又干你何事?至如孔子,道如日星之明,犹患门人未能尽晓,故曰'予欲无言'。如颜子,则便默识,其他未免疑问,故曰'小子何述',又曰'天何言哉?四时行焉,百物生焉',可谓明白矣。若能于此言上看得破,便信是会禅,也非是未寻得,盖实是无去处说,此理本无二故也。"②

  此条材料作为《程氏遗书》的第一条,而且程颢提出"道即性也。若道

---

① 《程氏遗书》卷一,《二程集》,第12页。
② 《程氏遗书》卷一,《二程集》,第1页。

外寻性,性外寻道,便不是"这一道学基础性论断而更加重要。程颢指出人之德性"元是天然完全自足之物",若受外物影响而"小有污坏",即当"敬以治之,使复如旧"。此处所谓"污坏"是指人心受外物干扰,"使得如旧"的方法亦只是人心持敬,去除外在干扰以纯于天理,使"天然完全自足"的本性能够不受影响地展现出来。

此则材料也是《程氏遗书》中首次出现颜子默识。在程颢看来,对于难以用言语形容的天道本体,孔子表示"予欲无言"(《论语·阳货》)。何以孔子要说"予欲无言",作为孔子最优秀的弟子,颜子便能默识其意。在二程看来,因为道之本体难言,默识自得是非常重要的为学方法。

(二) 忠恕

上文的讨论中,程颢提到"'终日乾乾',大小大事,却只是'忠信所以进德'为实下手处,'修辞立其诚'为实修业处"。① 在面对他人和外物之时,忠信是重要的行为准则。与诚敬一样,忠信同样表示内心纯于天理。

15 "忠信所以进德","终日乾乾",君子当终日"对越在天"也。盖"上天之载,无声无臭",其体则谓之易,其理则谓之道,其用则谓之神,其命于人则谓之性,率性则谓之道,修道则谓之教。孟子去其中又发挥出浩然之气,可谓尽矣。故说神"如在其上,如在其左右",大小大事而只曰"诚之不可揜如此夫"。彻上彻下,不过如此。形而上为道,形而下为器,须着如此说。器亦道,道亦器,但得道在,不系今与后,己与人。②

此段材料中二程提出天道"无声无臭",从不同的方面而言可以称作易、道、神、性等。除此以外,孟子又提出"浩然之气",可以说是完全纯于理之气。对于学者而言,"器亦道,道亦器",应当"终日乾乾",下学上达以"对越

---

① 《程氏遗书》卷一,《二程集》,第2页。
② 《程氏遗书》卷一,《二程集》,第4页。

在天"。具体而言即忠信进德,在实际的事务中,以忠信为原则而处理,并以此培养品德。

42 孔子曰:"其如示诸斯乎。"指其掌。《中庸》便曰:"明乎郊社之礼、禘尝之义,治国其如示诸掌乎!"盖人有疑孔子之语,《中庸》又直指郊禘之义以发之。曾子曰:"夫子之道,忠恕而已矣。"《中庸》以曾子之言虽是如此,又恐人尚疑忠恕未可便为道,故曰:"忠恕违道不远,施诸己而不愿,亦勿施于人。"此又掠下教人。①

二程在此指出,《中庸》作为儒学传道之书,更加具体地解释《论语》中孔子的思想。《论语》中曾子对门人说明孔子的一贯之道,提出"夫子之道,忠恕而已矣"(《论语·里仁》)。《中庸》中进而说明"忠恕违道不远,施诸己而不愿,亦勿施于人"。忠恕之道即孔子所说"己所不欲,勿施于人"。忠恕是人们日常生活中,更加具体的准则。

48 籲言:"赵泽尝云:'临政事不合着心,惟恕上合着心',是否?"曰:"彼谓着心勉而行恕则可,谓着心求恕则不可。盖恕,自有之理,举斯心加诸彼而已,不待求而后得。然此人之论,有心为恕,终必恕矣。"②

58 尝与赵汝霖论为政,切忌临事着心。曰:"此诚是也,然唯恕上合着心。"③

李籲提到"切忌临事着心","唯恕上合着心"。按照孟子所说"心勿忘,勿助长",二程非常警惕临事之时的刻意妄为。因而对于避免"临事着心",二程是等同的。另外保持本心符合天理,注意以恕而行,二程认为亦是非常

---

① 《程氏遗书》卷一,《二程集》,第8页。
② 《程氏遗书》卷一,《二程集》,第9页。
③ 《程氏遗书》卷一,《二程集》,第11页。

必要。二程提道"着心勉而行恕则可,谓着心求恕则不可",此处"着心行恕"努力保持本心纯于天理,依恕道而为。"着心求恕"又使心陷于助长之弊,心为外在事物纷扰而不能纯于天理,这正是二程始终反对的。

(三) 仁

在李籲所记的《程氏遗书》卷一中,讨论仁的材料只有四条,重要的只有两条。其中一条讨论仁德与道的关系,另外一条是有关工夫论的"求仁之方"。

4 王彦霖问:"道者一心也,有曰'仁者不忧',有曰'知者不惑',有曰'勇者不惧',何也?"曰:"此只是名其德尔,其理一也。得此道而不忧者,仁者之事也;因其不忧,故曰此仁也,知、勇亦然。不成却以不忧谓之知,不惑谓之仁也?凡名其德,千百皆然,但此三者,达道之大也。"(道为总名,见卷十五)①

王彦霖问道,作为万物本原只是天道,那为何会有"仁者不忧,知者不惑,勇者不惧"(《论语·宪问》)的不同表现呢?二程指出此处的仁、智、勇表示具体之德,而背后之理是一致的。得道者有不忧、不惑、不惧的不同表现,所以分别称其为仁、智、勇。二程指出,得道之人当然还有其他方面的不同表现,但是"知仁勇三者,天下之达德"(《中庸》),这三者才是最重要的。

14 语仁而曰"可谓仁之方也已"者,何也?盖若便以为仁,则反使不识仁,只以所言为仁也。故但曰"仁之方",则使自得之以为仁也。②

此处所谓的"仁之方"即孔子对子贡所说"夫仁者,己欲立而立人,己欲达而达人。能近取譬,可谓仁之方也已"(《论语·雍也》)。二程严格区分

---

① 《程氏遗书》卷一,《二程集》,第2页。
② 《程氏遗书》卷一,《二程集》,第4页。

"为仁之方"不同于本体之仁,学者应当以此为仁、求仁,最终以识仁之本体。以上两条材料都没有直接讨论仁之本体,但如上所见,二程最重视的是由仁之德、仁之方开始做工夫,不仅求仁工夫要通过仁之德、仁之方,本体之道的践行同样需要仁之德、仁之方。

以下两则材料虽未直接讨论仁,但是二程对老子、对王安石的批评亦皆源于其仁的思想。

  20 韩愈亦近世豪杰之士。如《原道》中言语虽有病,然自孟子而后,能将许大见识寻求者,才见此人。至如断曰:"孟氏醇乎醇。"又曰:"荀与杨择焉而不精,语焉而不详。"若不是它见得,岂千余年后便能断得如此分明也?如杨子看老子,则谓"言道德则有取,至如捱提仁义,绝灭礼学,则无取"。若以老子"剖斗折衡","圣人不死,大盗不止",为救时反本之言,为可取,却尚可恕。如老子言"失道而后德,失德而后仁,失仁而后义,失义而后礼",则自不识道,已不成言语,却言其"言道德则有取",盖自是杨子已不见道,岂得如愈也?①

二程称赞韩愈,虽然《原道》中的表达仍有不当之处,但韩愈是孟子之后唯一见道之人。韩愈提出荀子和扬雄"择焉而不精,语焉而不详"。二程即以扬雄为例,扬雄在《法言》中提道:"老子之言道德,吾有取焉耳。及捶提仁义,绝灭礼学,吾无取焉耳。"扬雄认为《老子》中有关道德论述有可取之处,但是要去除人伦日用中的仁义、礼学,则不能取法。但是与之不同,二程认为老庄之学中要"剖斗折衡"、去除智伪,对于智伪之学焰炽的特殊环境而言,亦有可取之处,尚可接受。但是"失道而后德,失德而后仁,失仁而后义,失义而后礼",此句不仅说老子,包括扬雄已"不识道"。在二程看来,仁、义、甚至礼都是本原之道的具体表现,无道就不可能有仁、有义、有礼,同样能够做到仁、义、礼,本身就是道的体现。由此二程认为,老子、扬雄都已不

---

① 《程氏遗书》卷一,《二程集》,第5页。

识体用之道。

  23　先生尝语王介甫曰:"公之谈道,正如说十三级塔上相轮,对望而谈曰,相轮者如此如此,极是分明。如某则戆直,不能如此,直入塔中,上寻相轮,辛勤登攀,逦迤而上,直至十三级时,虽犹未见相轮,能如公之言,然某却实在塔中,去相轮渐近,要之须可以至也。至相轮中坐时,依旧见公对塔谈说此相轮如此如此。"介甫只是说道,云我知有个道,如此如此。只它说道时,已与道离。它不知道,只说道时,便不是道也。有道者亦(一作言。)自分明,只作寻常本分事说了。孟子言"尧、舜性之",舜"由仁义行",岂不是寻常说话?至于《易》,只道个"立人之道,曰仁与义",则和"性"字、"由"字,也不消道,自已分明。阴阳、刚柔、仁义,只是此一个道理。①

  以上材料中,不仅二程批评王安石"不知道,只说道时,便不是道",同时二程"直入塔中,上寻相轮"正是"下学而上达"的工夫论思想的体现。二程比喻,王安石远远望见塔上之相轮,知道其有,但是无法见得明晰。二程自己则是直入塔中,下学上达,逐渐体道。通过这样的工夫虽不能对人言相轮如何,但是最终可以真正地有见于道。二程指出,对于道体本身不能真正体得之人,亦无法言道。综合二程思想来看,道体本身恰恰是难以言说的,因而有道者"只作寻常本分事说了"。二程指出,孟子提道"尧、舜性之",舜"由仁义行",这些都不过是尧、舜按照内在的本性自然而然之为。《周易·说卦》中提道"立人之道,曰仁与义",二程认为甚至连性字都不用说,只要做到仁、义,就是已然知道、行道。无论阴阳、刚柔、仁义,都是本然之道的具体表现。

  由上分析分析,仁作为天道体现的首要方面,不仅当为学者所求,更需要学者自觉地践行。在道德践行的过程中,诚敬、忠恕作为二程早期特别强

---

① 《程氏遗书》卷一,《二程集》,第5—6页。

调的工夫思想,简言之即本心排除外物干扰,纯于本性以践行天道。二程借助不同的材料反复诠释,以强调其思想。

四 李参所记程颐思想

《程氏外书》卷四《程氏学拾遗》为"李参录",共 9 条。目录中的朱熹注记:"参,端伯之弟,学于伊川先生。此书十卷,其五卷乃刘质夫《春秋解》,其五卷杂有端伯、质夫、《入关》诸篇。"①由此可知,李参为《程氏遗书》卷一的记录者李籲弟,但仅受学于程颐。《程氏学拾遗》原书共 10 卷,其中五卷为刘绚的《春秋解》,另外五卷虽为二程语录,但与《程氏遗书》卷一李籲所录《端伯传师说》,卷十一到卷十四刘绚所录《师训》,以及卷十五的《入关语录》相有重复,这些应当是李参个人的抄录整理。去其重复,还剩余 9 条。

该卷的 9 条资料中,第 8 条、第 9 条皆出现刘绚,再考虑李参特别抄录刘绚的《春秋解》五卷,可见刘绚与李籲兄弟之间的密切关系。该卷第 8 条中,刘绚提出"尽心知性,佛亦有至此者。存心养性,佛本不至此"。对于孟子所说"尽其心者,知其性也。知其性,则知天矣。存其心,养其性,所以事天也"(《孟子·尽心上》),刘绚认为"尽心知性"以"知天",体认本然之性,佛教中亦有此工夫。但是形而下的"存心养性"以"事天",这方面的工夫原本就不是佛教关心的内容。对此,二程回答:"尽心知性,不假存养,其惟圣人乎!"②形而上的尽心知性知天与形而下的存心养性事天,二者缺一不可。如果说可以免除的话,那么只有理想中的圣人可以达到。当然,刘绚与程颐二人在说"存心养性"时,应该还联系到孟子所说的"君子所以异于人者,以其存心也。君子以仁存心,以礼存心"(《孟子·离娄下》)。学者应当以仁之要求、礼之规定而为,以此涵养心性。第 8 条是刘绚与二程的问答,但该卷第 9 条为"质夫云:'频复不已,遂至迷复。'"③刘绚有关《周易·复卦》的

---

① 《二程集》,目录第 8 页。
② 《程氏外书》卷四,《二程集》,第 373 页。此则材料中的回答为"先生曰",虽然朱熹标注李参问学程颐,似乎此处的"先生"指程颐,但是也不能完全排除刘绚问学程颢,后被李参抄录的可能。
③ 《程氏外书》卷四,《二程集》,第 373 页。

卦辞提出，虽然六三爻为"频复，厉，无咎"，但如果不能谨守中道，"频复不已，遂至迷复"，就会出现上六爻的"迷复，凶"。不过严格来说，此则材料完全是刘绚个人所言，不应被收入二程的语录。

李参所录其他的 7 则材料中，第 7 则材料是对汉晋儒教的品评，程颐认为汉儒"亦皆笃行君子"，而"晋人高尚，不足道矣"。① 可见程颐对汉儒笃行的称赞和晋人不重实行的批评。除此以外，第 1 则讨论《大学》"格物"，第 3 则讨论《论语》的"唯仁者能好人、能恶人"（《论语·里仁》）。剩下的 4 则都是对于《孟子》相关材料的解释。这里亦反映了"四书"解释在二程思想中的重要性。以下继续对此 6 条材料进行分析。

  4 "天下之言性也，则故而已矣。故者，以利为本。"故者，旧也，言凡性之初，未尝不以顺利为主。谓之利者，唯不害之谓也。一篇之义，皆欲顺利之而已。②

对于孟子所说"天下之言性也，则故而已矣。故者，以利为本"（《孟子·离娄下》），历来解释难有定论。程颐以"旧"解释"故"；对于"利"，程颐解释为"顺利"，而不以"功利"解释。"顺利"，即"不害"，人之本性与万物本源于同一天理，所以本性之发用与万物原本不相妨碍，程颐称之为"顺利"。孟子提到，"禹之行水也，行其所无事也。如智者亦行其所无事，则智亦大矣"。不以私智穿凿，依本性而为，"行其所无事"，这就可称作"顺利"，亦为性之发用的本然样子。

  2 "惟圣人可以践形"者，人生禀五行之秀气，头圆足方以肖天地，则形色天性也，惟圣人为能尽人之道，故可以践形。人道者，君臣、父子、兄弟、夫妇之类皆是也。③

---

① 《程氏外书》卷四，《二程集》，第 373 页。
② 《程氏外书》卷四，《二程集》，第 372 页。
③ 《程氏外书》卷四，《二程集》，第 372 页。

对于孟子所说"形色,天性也。惟圣人然后可以践形"(《孟子·尽心上》),程颐指出"人生禀五行之秀气,头圆足方",这与古人天圆地方的认识相同,人之形色与天地之性相符,这意味着人之本性亦与天地之性、本然之道一致。圣人践形,程颐指出就是圣人"尽人之道",人道就表现为君臣、父子、兄弟、夫妇之间伦理。对于孟子所说的"践形",程颐解释是尽人伦之道。

3 "唯仁者能好人,能恶人。"仁者用心以公,故能好恶人。公最近仁。人循私欲则不忠,公理则忠矣。以公理施于人,所以恕也。①

此则材料中出现的程颐以公训仁,这是程颐思想的基本特征。对于孔子所说"唯仁者能好人,能恶人"(《论语·里仁》),程颐指出仁者能够做到的原因在于"用心以公"。程颐又将公称做"公理",人能无私欲则行为符合公理,此亦称作"忠"。无私欲之心,以公理待人,此称作"恕"。可见,公又称作公理,此时人心不受私欲干扰,亦是仁之发用的本然状态。这一状态,在不同的情况下又可称为忠、称为恕,皆指本心纯于天理。

1 "格物"者,格、至也,物者、凡遇事皆物也,欲以穷至物理也。穷至物理无他,唯思而已矣。"思曰睿,睿作圣",圣人亦自思而得,况于事物乎?②

该卷的第1则材料解释《大学》的"格物",程颐训"格"为"至",训"物"为"事","凡遇事皆物也,欲以穷至物理也",这与后世朱子学的格物论没有不同。但是如何"穷至物理",程颐却提出"唯思而已",并举出《尚书·洪范》

---

① 《程氏外书》卷四,《二程集》,第372页。
② 《程氏外书》卷四,《二程集》,第372页。

中的"思曰睿,睿作圣",特别指出"圣人亦自思而得"。虽然"格物"的观点与后世定论没有不同,但是程颐最后的重点却在于学者"自思",显示出程颐不同的思想特色。这样的思想在另外一则材料中亦有体现。

> 6 "人心之所同然者何也?谓理也,义也。"何谓理?何谓义?学者当深思。①

孟子指出"心之所同然者何也?谓理也,义也"(《孟子·告子上》)。程颐进一步要求学者对于人心所同然的理、义,"当深思"。此处的深思与上文的自思,二者的含义是一样的,都要求学者反躬内心的本然之理。这样的"思"不仅是向内体天理,甚至是对外格物穷理的重要手段。对于程颐的格物思想,思的方面亦应给予注意。

该卷的第5则材料是解释孟子的:"文王视民如伤,望道而未之见。武王不泄迩,不忘远。"(《孟子·离娄下》)程颐认为,周文王"望天下有治道太平而未得见",武王则是不"远迩之人之事",②不忘文王之道。以上即为朱熹参校之后,李参在《程氏学拾遗》中独有的9条资料。虽然数量不多,但几乎都是通过对"四书"的解释以提出洛学观念。以上几条资料涉及以公训仁、践形尽道以及格物致知等二程思想的主要方面,亦反映了李参对于道学思想的理解和把握。

该卷材料中"公最近仁"以及"凡遇事皆物也,欲以穷至物理也"的观点都具有程颐的思想特征。但是朱熹已将刘绚、李籲以及关中学者所记的语录删除,该卷仅反映了程颐的思想。诚敬、忠恕等程颢强调的工夫思想,在程颐的思想中有所淡化,而更强调概念体系的建构,体现了洛学前后期侧重的不同。然而不难想象,李参所记的原本中并没有排斥程颢的思想,兄弟二人的观点是一同被接受。

---

① 《程氏外书》卷四,《二程集》,第372页。
② 《程氏外书》卷四,《二程集》,第372页。

第三节 结　语

朱光庭、刘绚、李籲等河南学者作为二程的第一批门人,其留传的语录明显反映了二程,尤其是程颢的诚敬、忠恕、默识以及仁的道学思想。然而以上诸人皆过早去世,未能充分地发展传播二程的道学思想。《程氏遗书》后来的记载可见,宋哲宗绍圣年间开始,以上诸人的语录已经流传。不仅杨时长子杨迪所记的《程氏遗书》中和程颐明确讨论李籲所记的语录,元祐末年开始受学程颐的尹焞亦提到其获得朱光庭所记的语录,可见这些语录在当时士人中的流传情况。《程氏遗书》卷一、卷十一、卷十二、卷十三、卷十四和《程氏外书》卷一、卷二作为最早开始流传的洛学资料,对洛学思想的传播具有重要意义。

第二章　关中学者

熙宁十年(1077)张载归乡途中于潼关去世,关中学者转入与张载同调的二程门下,关洛合流,极大地推动了北宋道学思想的发展。吕大临所记的《程氏遗书》卷二,无论语录数量还是思想深度都首屈一指,与河南学者刘绚、李籲所记一样,该卷也在社会上广泛流传。明儒冯从吾认为,"所述有《东见录》,录二程先生语。二先生微言粹语,多载录中。其有功于程门不小,故朱文公称其高于诸公,大段有筋骨"。① 近人牟宗三亦强调吕大临所录于《程氏遗书》中"既重要而分量又最多"。②

早在嘉祐元年(1056),张载与二程于京师相见论学,"共语道学之要"。③ 开启关学、洛学的交往。熙宁十年(1077),张载返乡途中与二程的最后一次论学,即为张载弟子苏昞所录《程氏遗书》卷十。但记录者苏昞年仅二十余岁,对张载以及二程思想理解有限。而在十余年之后《程氏遗书》卷十八的记录中,已见苏昞学识之进步。《程氏遗书》卷十五的"入关语录"再次体现出关中学者对于道学思想的深刻把握,是研究程颐思想的重要材料。本章即将对关中学者及其所记的二程语录进行讨论,第一节考察关中学者所记的《程氏遗书》卷二、卷十以及卷十五的文献问题,第二节讨论卷二与卷十五体现的洛学思想。

---

① 冯从吾:《关学编》卷一,北京:中华书局,1987年,第12页。
② 牟宗三:《心体与性体》中册,上海:上海古籍出版社,1999年,第1页。
③ 吕大临:《横渠先生行状》,《张载集》附录,章锡琛点校,北京:中华书局,1978年,第381页。

第一节　关中学者及其所传语录

以吕大临为代表的关中学者在张载去世之后,继续问学程颢、程颐,并留下《程氏遗书》卷二上下的 269 条、《程氏遗书》卷十的 35 条以及《程氏遗书》卷十五的 197 条,无论语录数量还是内容深度,关中学者的问学记录皆占有举足轻重的地位。时间顺序上,熙宁十年(1077)所记的《程氏遗书》卷十是可以确定的二程最早语录,也是张载去世之前的最后论学。朱熹亦注明"此最在诸录之前"。但是记录者苏昞时年二十余岁,该卷记录的理论深度有所不足,而且"以杂有横渠议论",①所以朱熹改在"二先生语"的最后。《程氏遗书》卷二为程门四大弟子的吕大临所记,时间为元丰二年(1079),但是朱熹表明"然亦有己未后事"。② 考证可见,该卷所记不仅有朱熹所说元丰二年以后之事,甚至还有以前之事的记载。另外仅就《程氏遗书》卷二上而言,从记录体例又可为前后两部分,后半部分或为其他关中学者所记。《程氏遗书》卷十五的记录时间,朱熹提出元丰庚申以及元祐辛未两说,并以其中出现吕大临的名字而否定元祐六年(1091)的辛未说,认为是元丰三年(1080)庚申所记,但从近年的学者有关吕大临的生平考证,元祐辛未说并不能轻易否定。另外,该卷列为"伊川先生语一",又有说法为"明道先生语",两说皆能找到文献的证据,然而"伊川先生语"的证据更加充分。

一　《程氏遗书》卷二文献考辨

《程氏遗书》卷二上标记为"元丰己未吕与叔东见二先生语",元丰己未即元丰二年(1079)。朱熹标注:"吕大临,字与叔,蓝田人,学于横渠张先生

---

① 《二程集》,目录第 2 页。
② 《二程集》,目录第 1 页。

之门,先生卒,乃入洛。己未,元丰二年,然亦有己未后事。"元丰二年程颢知扶沟县,程颐亦在扶沟,朱熹所说"入洛"有误。熙宁十年(1077)张载离世,之后其门人吕大临继续跟随二程继续问学,直至元祐八年(1093)去世。①《程氏遗书》卷二下"附东见后录"共45条,朱熹注明因"别本云亦与叔所记,故附其后"。②

如朱熹所言,卷二上虽注为"元丰己未"东见语,"然亦有己未后事"。如卷二上第208条"李宪本意,他只是要固兰会,恐覆其功,必不肯主这下事(元丰四年取兴、灵事)"。③ 此处所论为元丰四年宋朝讨伐西夏之事,明确注明元丰四年(1081)。第216条的最后亦注明所论为"元丰五年永乐城事"。④ 皆为朱熹所说元丰二年"己未后事"。

另外第205条二程评论各位学者。

> 205 和叔任道担当,其风力甚劲,然深潜缜密,有所不逮于与叔。蔡州谢良佐虽时学中因议州举学试得失,便不复计较。建州游酢,非昔日之游酢也,固是颖,然资质温厚。南剑州杨时虽不逮酢,然煞颖悟。林大节虽差鲁,然所问便能躬行。刘质夫久于其事,自小来便在此。李端伯相聚虽不久,未见它操履,然才识颖悟,自是不能已也。⑤

这里提到吕大钧、吕大临、谢良佐、游酢、杨时、林大节、刘绚和李籲共8人。杨时是元丰四年才于颍昌问学二程,这里所述显然亦为元丰二年后之事,大概就是二程在颍昌办学时所说。

---

① 有关吕大临的生卒年考证参见李如冰:《吕大临生卒年及有关问题考辨》,《宝鸡文理学院学报》,2009年第6期。邱利平《道由中出——吕大临的道学阐释》(北京:中华书局,2020年)与李敬峰《二程门人》(北京:中央编译出版社,2020年)皆采信该说。
② 《二程集》,目录第1页。
③ 《程氏遗书》卷二上,《二程集》,第45页。
④ 《程氏遗书》卷二上,《二程集》,第46页。
⑤ 《程氏遗书》卷二上,《二程集》,第44—45页。

然而卷二上所记不只元丰二年以后，甚至还有此前之事。如第 209 条："新进游、杨辈数人入太学，不惟议论须异，且动作亦必有异，故为学中以异类待之，又皆学《春秋》，愈骇俗矣。"①游酢、杨时入太学，最早是熙宁六年（1073），游酢、杨时二人礼部试落第，补太学生。之后杨时返乡，熙宁八年（1075）再次赴京师，第二年登进士第。此处所记为元丰之前的熙宁之事。

以上表明《程氏遗书》卷二上并非一时所记，另外从记录体例而言，卷二上的前后亦有不同。明显的不同有以下三点。

首先，《程氏遗书》卷二上的前半部分语录有以"明""正"的形式区分程颢、程颐的条目。"正"表示程颐之字"正叔"；"明"则为程颢之号"明道"，元丰八年（1085）程颢去世之后门人私谥。由此表明，吕大临元丰二年（1079）问学二程的记录，在元丰八年程颢去世之后又有编辑，此时改以"明"的形式注明为程颢语。然而该标记形式的最后一次出现是在第 75 条"禘，王者之大祭；祫，诸侯之大祭（明）"之后以"明""正"区分二人的标记形式没有出现。第 84 条"昨日之会"已由学者考证为元丰四年语，已非吕大临元丰二年问学所记。由此可作推测，在此之前的内容为吕大临最初所记，之后不断增补，最后编辑整理时合并在一起。

还需注意一点的是，75 条之前以"正"表示程颐所说，这与《程氏遗书》卷三谢良佐所记有所不同。谢良佐所编语录是以"右明道先生语"②和"右伊川先生语"③的形式区分。"伊川"之号在程颐晚年开始流行，而卷二仍以"正"以来表示，可见在该卷定稿之时，换言之元祐八年（1093）吕大临去世之时，"伊川"之号尚未流行。④

第二点不同是《程氏遗书》卷二上的前后部分对张载遗著《西铭》的指

---

① 《程氏遗书》卷二上，《二程集》，第 45 页。
② 《程氏遗书》卷三，《二程集》，第 62 页。
③ 《程氏遗书》卷三，《二程集》，第 67 页。
④ 另外，游酢所记的《程氏遗书》卷四以"明道"称程颢，但却以"侍讲"称程颐，亦可证元祐年间，"伊川"之号尚未流行。

称不同。该卷在第 75 条之前皆称《西铭》为《订顽》,如该卷第 16 条"《订顽》一篇,意极完备,乃仁之体也",①第 28 条"《订顽》意思,乃备言此体",②以及第 73 条"《订顽》之言,极纯无杂,秦、汉以来学者所未到"。③ 在此之后,如第 154 条改称《西铭》:"若《西铭》,则是《原道》之宗祖也。《原道》却只说到道,元未到得《西铭》意思。"④以及第 169 条:

> 169 伯淳言:"《西铭》某得此意,只是须得它子厚有如此笔力,它人无缘做得。孟子以后,未有人及此。得此文字,省多少言语。且教它人读书,要之仁孝之理备于此,须臾而不于此,则便不仁不孝也。"⑤

如所周知,以《西铭》称《订顽》源自程颐。据朱光庭回忆,"横渠学堂双牖,右书《订顽》,左书《砭愚》。伊川曰:'是起争端。'改之曰《东铭》《西铭》"。⑥ 第 154 条、第 169 条改称《西铭》,应当是受程颐影响。尤其是以上所引第 169 条明确记载为程颢语,称《订顽》的第 16 条、第 28 条下面也注明为程颢语,再次表明《程氏遗书》卷二上第 75 条的前后源于两种记录,同为程颢所说却有《订顽》和《西铭》的两种指称。对此亦可推断元丰二年吕大临问学二程之时,已经讨论张载的遗著《订顽》。元丰四年二程于颍昌授学时,为了避免争端,改称《西铭》。

最后一点是《程氏遗书》卷二上的后半部分对吕大临有大量称赞,作为记录者而言这些资料稍显突兀。如第 205 条"和叔任道担当,其风力甚劲,然深潜缜密,有所不逮于与叔"⑦以及第 215 条"吕与叔以气不足而养之,此

---

① 《程氏遗书》卷二上,《二程集》,第 15 页。
② 《程氏遗书》卷二上,《二程集》,第 17 页。
③ 《程氏遗书》卷二上,《二程集》,第 22 页。
④ 《程氏遗书》卷二上,《二程集》,第 37 页。
⑤ 《程氏遗书》卷二上,《二程集》,第 39 页。
⑥ 《程氏外书》卷十一,《二程集》,第 418 页。
⑦ 《程氏遗书》卷二上,《二程集》,第 44 页。

犹只是自养求无疾"。① 尤其是第一条称吕大临的兄长吕大钧（和叔）在"深潜缜密"方面不如吕大临，显然为他人所记。这也表明该在第 75 条前后，源自不同的关中学者所记。

由以上"明""正"的记载形式，《西铭》《订顽》的不同用法以及吕大临之字"正叔"的出现，可以判断该卷的第 75 条（"明"的标记形式最后一次出现）之后，第 84 条"昨日之会"之前，该卷分为两个记录版本。前一部分为元丰二年（己未，1079）吕大临东见二程所记，随后该部分在关中学者间流传。后一部分或为元丰四年二程在颍昌讲学，苏昞等人问学时所记。最后编辑之时，将"吕与叔东见二先生语"置于卷首，一起流传，被后人误作一本。朱熹所说"然亦有己未后事"，原因在此。由此进而推断，《程氏遗书》卷二下的 45 条，或有吕大临所记，或有其他关中学者增补，一并附于《东见录》而流传。卷二下的 45 条多出现征伐西夏的讨论，应为元丰四年之后所记。

有关该卷的流传，还有一点需要注意的是第 96 条提到"邢和叔后来亦染禅学，其为人明辩有才，后更晓练世事，其于学，亦日月至焉者也"。该条的小字注为："尹子曰：'明辩有才而复染禅学，何所不为也？'"② "尹子"当指尹焞，小字注应尹焞的门人所记，该卷在后来的流传中亦与尹焞及其门人有关。另外，据朱熹所注毗陵学者邹德久所传的《程氏遗书》卷二十四，亦附于卷二《东见录》之后，可见关中学者所记二程语录在两宋之际广为流传，成为二程思想传播的重要资料。

二 《程氏遗书》卷十文献考辨

《程氏遗书》卷十原名《洛阳议论》，苏昞所录。朱熹注明："熙宁十年，横渠先生过洛，与二先生议论。此最在诸录之前，以杂有横渠议论，故附于此。"③ 如朱熹所言"此最在诸录之前"，在现有《程氏遗书》中熙宁十年（1077）

---

① 《程氏遗书》卷二上，《二程集》，第 46 页。
② 《程氏遗书》卷二上，《二程集》，第 27 页。《程氏遗书》的"二先生语"中，还有游酢所记的第四卷亦出现"尹子"之语。
③ 《二程集》，目录第 2 页。

所录的该篇是可以确定年月的最早一卷。但朱熹以其"杂有横渠议论",且记录者苏昞此时从学张载,如程颐所言若不了解思想义理,"只依说时,不敢改动,或脱忘一两字,便大别"。① 故朱熹将其置于"二先生语"的最后。

虽然是张载与二程门下的重要学者,但是苏昞所留资料不多。《伊洛渊源录》卷九"苏学士"介绍,

> 名昞,字季明,武功人。亦横渠门人,而卒业于程氏者。元祐末,吕进伯荐之,自布衣召为博士,后坐上书邪党,窜鄱阳。今无以考其言行之详,特载吕公荐状如左云。②

与大多数关洛弟子一样,朱熹之时已无法"考其言行之详"。吕大临代其兄吕大忠所作的《奏状》中提到,"京兆府处士苏昞,德性纯茂,强学笃志,行年四十,不求仕进。"③元祐末苏昞"行年四十",推测其出生于皇祐末年,与谢良佐、游酢、杨时等人年龄相仿,《洛阳议论》记述之时不过二十余岁。"坐上书邪党",指元符三年(1100)的"元符上书"一事,苏昞被编管饶州(今江西鄱明县),客死他乡,终年五十余岁。

《宋元学案》中苏昞的记录中,有一条尹焞早年向苏昞求学的材料。

> 博士苏先生昞
>
> 苏昞,字季明,武功人。学于横渠最久,后师二程。和靖初为科举之学,先生谓之曰:"子以状元及第即学乎?抑科举之外更有所谓学乎?"和靖未达。他日会茶,先生举盏以示曰:"此岂不是学?"和靖有省,先生令诣二程受学。(梓材案:和靖未从明道,此二程当作小程。)元祐末,吕晋伯荐,自布衣召为太常博士。坐元符上书入党籍,编管饶州,卒。④

---

① 《程氏遗书》卷十九,《二程集》,第 252 页。
② 《伊洛渊源录》卷九,《朱子全书》第 12 册,第 1037 页。
③ 《伊洛渊源录》卷九,《朱子全书》第 12 册,第 1037 页。
④ 黄宗羲原著、全祖望补修:《宋元学案》卷三十一《吕范诸儒学案》,第 1112 页。

该事见于《程氏外书》卷十二,原文如下:

> 107 先生(尹焞)曰:"某才十七八岁,见苏季明教授。时某亦习举业,苏曰:'子修举业,得状元及第便是了也。'先生曰:'不敢望此。'苏曰:'子谓状元及第便是了否?唯复这学更有里。'"先生疑之,日去见苏,乃指先生见伊川。后半年,方得《大学》《西铭》看。①

苏昞官太学博士时,尹焞向其问学,苏昞告知"唯复这学更有里",后令尹焞去见程颐。半年后,令尹焞读《大学》《西铭》。不过,《宋元学案》所载"他日会茶,先生举盏以示曰:'此岂不是学?'和靖有省。"该记录暂不知出自何处。不过尹焞自己回忆"某才十七八岁,见苏季明教授",此处亦有出处。苏昞于元祐末年以吕大忠的举荐任博士,此时尹焞已20余岁。因此《宋元学案·和靖学案》中改作"年二十,为举子,因苏季明以见伊川"②似乎更准确。无论如何,苏昞引荐尹焞问学程颐有功于洛学。

《伊洛渊源录》中记载苏昞的遗事共3则,第1则为"季明安",此语出自《程氏遗书》卷六第1条"质夫沛然。择之茫然,未知所得。季明安"。③《伊洛渊源录》所记第2则如下:

> 苏季明以上章得罪,贬饶州。过洛,和靖馆之,伊川访焉。既行,伊川谓季明殊以迁贬为意。和靖曰:"然也。焞尝问季明:'当初上书,为国家计邪?为身计邪?若为国家计,自当忻然赴饶州;若为进取计,则饶州之贬犹为轻典。'季明以焞言为然。"先生曰:"名言名言。"(见《涪陵记善录》)④

---

① 《程氏外书》卷十二,《二程集》,第437页。
② 《宋元学案》卷二十七《和靖学案》,第1002页。
③ 《程氏遗书》卷六,《二程集》,第80页。
④ 《伊洛渊源录》卷九,《朱子全书》第20册,第1038页。

此处记载了苏昞被贬赴饶州,路过洛阳,于尹焞处居住,程颐来访之事。元符三年(1100)四月,程颐"以赦复宣德郎,任便居住",返回洛阳,此处所载为程颐已回洛阳之事,但此为程颐与苏昞的最后一面,不幸苏昞客死异乡。

有关苏昞上书被贬一事,胡安国亦有评论,即《伊洛渊源录》所载第3则。

> 后世司言责者,于人主前非所当言,代王言者,则颠倒错乱,只为他学无源流。如在伊川之门众矣,不知其要者,依旧无所得。如横渠声动关中,关中尊信如夫子,苏季明从横渠最久,以其文厘为十七篇,自谓最知大旨,及后来坐上书邪党,却是未如横渠。横渠有诗云:"中天宫殿欎岧峣,瓦缝参差切绛霄。葵藿野心虽万里,不无忠恋向清朝。"夫岂不欲行道于世,然在馆中半年即去,后十年复召用之,不半年又去,只为道不合即去也。朝廷事自有宰相执政,其次有谏官、御史,季明越职上书,得罪甚重,亦必有非所宜言者矣。(见《胡氏传家录》)①

可见对于苏昞上书获罪一事,胡安国也有不同的看法。胡安国认为应当如张载一样"道不合即去",但苏昞没有辞官,反而"越职上书",其行为亦有不当之处。不仅在气魄上苏昞不如张载,在洛学义理上苏昞亦无真得。②

以上三事以外,《程氏遗书》中还有6条与苏昞直接相关的材料。

> 5　苏季明尝以治经为传道居业之实,居常讲习,只是空言无益,质之两先生。伯淳先生曰:"'修辞立其诚',不可不子细理会。言能修省言辞,便是要立诚。若只是修饰言辞为心,只是为伪也。若修其言辞,

---

① 《伊洛渊源录》卷九,《朱子全书》第20册,第1038页。
② 虽然《程氏遗书》卷十中的道学思想讨论较少,但从十余年之后刘安节所录的《程氏遗书》卷十八可见,有关已发、未发以及中和问题苏昞已经可以与程颐进行细致的讨论,反映了苏昞的思想提升。

正为立己之诚意,乃是体当自家敬以直内,义以方外之实事。道之浩浩,何处下手?惟立诚才(一作方。)有可居之处,有可居之处则可以修业也。'终日乾乾'大小大事却只是忠信,所以进德为实下手处,修辞立其诚为实业处。"

正叔先生曰:"治经,实学也,'譬诸草木,区以别矣'。道之在经,大小远近,高下精粗,森列于其中。譬诸日月在上,有人不见者,一人指之,不如众人指之自见也。如《中庸》一卷书,自至理便推之于事。如国家有九经,及历代圣人之迹,莫非实学也。如登九层之台,自下而上者为是。人患居常讲习空言无实者,盖不自得也。为学,治经最好。苟不自得,则尽治五经,亦是空言。今有人心得识达,所得多矣。有虽好读书,却患在空虚者,未免此弊。"①

192 与叔、季明以知思闻见为患,某甚喜此论,邂逅却正语及至要处。世之学者,大敝正在此,若得他折难坚叩,方能终其说,直须要明辨。②

以上两则材料分别见于《程氏遗书》卷一和卷十五,可以看作是苏昞早年的问学记录。如第一卷考辨,李籲所录《程氏遗书》卷一为元丰四年(1081)二程在颍昌的讲学之语,苏昞亦不过30岁,对治经之学抱有极大的热情。然而二程对于"治经"之类的"知思闻见"保持警惕,强调通过治经以立诚、以自得,而非仅仅空言讲习。然而在程颐的入关语录中,吕大临与苏昞思想已经转变,"以知思闻见为患"。

82 苏季明问:"中之道与喜怒哀乐未发谓之中,同否?"曰:"非也。喜怒哀乐未发是言在中之义,只一个中字,但用不同。"或曰:"喜怒哀乐未发之前求中,可否?"曰:"不可。既思于喜怒哀乐未发之前求之,又却

---

① 《程氏遗书》卷一,《二程集》,第2页。
② 《程氏遗书》卷十五,《二程集》,第171页。

是思也。既思即是已发(思与喜怒哀乐一般)。才发便谓之和,不可谓之中也。"又问:"吕学士言:'当求于喜怒哀乐未发之前。'信斯言也,恐无着摸,如之何而可?"曰:"看此语如何地下。若言存养于喜怒哀乐未发之时,则可;若言求中于喜怒哀乐未发之前,则不可。"又问:"学者于喜怒哀乐发时固当勉强裁抑,于未发之前当如何用功?"曰:"于喜怒哀乐未发之前,更怎生求?只平日涵养便是。涵养久,则喜怒哀乐发自中节。"或曰:"有未发之中,有既发之中。"曰:"非也。既发时,便是和矣。发而中节,固是得中(时中之类),只为将中和来分说,便是和也。"①

83 季明问:"先生说喜怒哀乐未发谓之中是在中之义,不识何意?"曰:"只喜怒哀乐不发,便是中也。"曰:"中莫无形体,只是个言道之题目否?"曰:"非也。中有甚形体?然既谓之中,也须有个形象。"曰:"当中之时,耳无闻,目无见否?"曰:"虽耳无闻,目无见,然见闻之理在始得。"

曰:"中是有时而中否?"曰:"何时而不中?以事言之,则有时而中。以道言之,何时而不中?"曰:"固是所为皆中,然而观于四者未发之时,静时自有一般气象,及至接事时又自别,何也?"曰:"善观者不如此,却于喜怒哀乐已发之际观之。贤且说静时如何?"曰:"谓之无物则不可,然自有知觉处。"曰:"既有知觉,却是动也,怎生言静?人说'复其见天地之心',皆以谓至静能见天地之心,非也。复之卦下面一画,便是动也,安得谓之静?自古儒者皆言静见天地之心,唯某言动而见天地之心。"或曰:"莫是于动上求静否?"曰:"固是,然最难。释氏多言定,圣人便言止。且如物之好,须道是好;物之恶,须道是恶。物自好恶,关我这里甚事?若说道我只是定,更无所为,然物之好恶,亦自在里。故圣人只言止。所谓止,如人君止于仁,人臣止于敬之类是也。《易》之《艮》言止之义曰:'艮其止,止其所也。'言随其所止而止之,人多不能止。盖人万物皆备,遇事时各因其心之所重者,更互而出,才见得这事

---

① 《程氏遗书》卷十八,《二程集》,第200—201页。

重,便有这事出,若能物各付物,便自不出来也。"或曰:"先生于喜怒哀乐未发之前下动字,下静字?"曰:"谓之静则可,然静中须有物始得,这里便(一作最。)是难处。学者莫若且先理会得敬,能敬则自知此矣。"或曰:"敬何以用功?"曰:"莫若主一。"季明曰:"昞尝患思虑不定,或思一事未了,它事如麻又生,如何?"曰:"不可。此不诚之本也。须是习。习能专一时便好。不拘思虑与应事,皆要求一。"或曰:"当静坐时,物之过乎前者,还见不见?"曰:"看事如何?若是大事,如祭祀,前旒蔽明,黈纩充耳,凡物之过者,不见不闻也。若无事时,目须见,耳须闻。"或曰:"当敬时,虽见闻,莫过焉而不留否?"曰:"不说道非礼勿视勿听?勿者禁止之辞,才说弗字便不得也。"问:"《杂说》中以赤子之心为已发,是否?"曰:"已发而去道未远也。"曰:"大人不失赤子之心,若何?"曰:"取其纯一近道也。"曰:"赤子之心与圣人之心若何?"曰:"圣人之心,如镜,如止水。"①

127 苏季明问:"舜'执其两端',注以为'过不及之两端',是乎?"曰:"是。"曰:"既过不及,又何执乎?"曰:"执犹今之所谓持使不得行也。舜执持过不及,使民不得行,而用其中使民行之也。"又问:"此执与汤执中如何?"曰:"执只是一个执。舜执两端,是执持而不用。汤执中而不失,将以用之也。若子莫执中,却是子莫见杨、墨过不及,遂于过不及二者之间执之,却不知有当摩顶放踵利天下时,有当拔一毛利天下不为时。执中而不通变,与执一无异。"②

128 季明问:"'君子时中',莫是随时否?"曰:"是也。中字最难识,须是默识心通。且试言一厅则中央为中,一家则厅中非中而堂为中,言一国则堂非中而国之中为中,推此类可见矣。且如初寒时,则薄裘为中;如在盛寒而用初寒之裘,则非中也。更如三过其门不入,在禹、稷之世为中,若居陋巷,则不中矣。居陋巷,在颜子之时为中,若三过其

---

① 《程氏遗书》卷十八,《二程集》,第201—202页。
② 《程氏遗书》卷十八,《二程集》,第213页。

门不入,则非中也。"或曰:"男女不授受之类皆然"曰:"是也。男女不授受中也,在丧祭则不如此矣。"①

以上4条皆出自刘元承所编的《程氏遗书》卷十八,可见在此一段时期,关中学者如吕大临、苏昞等人对于"中之道"的讨论非常热心,这也可以看作是关中学者共同的理论兴趣,从南方而来的刘安节亦有详细记载。

三 《程氏遗书》卷十五文献考辨

《程氏遗书》卷十五之后为"伊川语录",《程氏遗书》卷十五到卷十八,以及卷二十四皆为程颐编管涪陵之前的记录。卷十九开始有"归自涪陵后事"。卷十五原名《入关语录》,朱熹标注为"关中学者所记",②该卷第192、193条所载"与叔、季明以知思闻见为患""康仲(一作拯)问"③,吕大临、苏昞、潘拯3人都是关中学者,现存有关潘拯的资料仅此一条。此外朱熹还标注:"按《集》,先生元丰庚申、元祐辛未,皆尝至关中。但辛未年吕与叔已卒,此篇尚有与叔名字,疑庚申年也。"④程颐元丰庚申(1080)、元祐辛未(1091)两次至关中,且以1091年吕大临已经去世为由,认为是庚申(1080)所记。朱熹所谓"此篇尚有与叔名字",即该卷第192条的"与叔、季明以知思闻见为患"一句,仅凭此条似乎不能断定吕大临就在讲学现场,仅由此条亦不足否定元祐辛未说。另有学者考证,吕大临应为元祐八年(1093)夏去世,朱熹"辛未年吕与叔已卒"的记述有误。⑤ 该卷记录于何时仍有待考证。

朱熹将该卷编为"伊川先生语一",但又标注"或云明道先生语"。⑥ 认为是程颢所说的最有力证据为以下一则材料。

---

① 《程氏遗书》卷十八,《二程集》,第214页。
② 《二程集》,目录第3页。
③ 《程氏遗书》卷十五,《二程集》,第171页。
④ 《二程集》,目录第3页。
⑤ 李如冰:《吕大临生卒年及有关问题考辨》,《宝鸡文理学院学报》2009年第6期。
⑥ 《二程集》,目录第3页。

119 明道尝谓人曰:"天下事只是感与应耳。"先生初闻之,以问,伊川曰:"此事甚大,人当自识之。"先生曰:"绥之斯来,动之斯和,是亦感与应乎?"曰:"然。"①

此条资料为吕坚中所记尹焞语,尹焞听闻程颢所言"天下事只是感与应耳",以之问程颐。《程氏遗书》卷十五中与此条对应的为:

69 天地之间,只有一个感与应而已,更有甚事?②

天地之间只是感应,两条语录表达的意思完全相同。虽然《程氏外书》中尹焞明确指明此为程颢语,但是作为二程兄弟共同的主张,这一可能亦不应否认。③ 从《程氏遗书》卷十五的内容分析,确定为"伊川先生语"的佐证材料更多。

84 仁之道,要之只消道一公字。公只是仁之理,不可将公便唤做仁。公而以人体之,故为仁。只为公,则物我兼照。故仁,所以能恕,所以能爱,恕则仁之施,爱则仁之用也。④

以公训仁可以说是程颐思想的标志,程颐强调"公而以人体之,故为仁"。并且指出"只为公,则物我兼照"。对于仁,可以从公的角度来理解,而不能仅仅以公为仁。否则"物我兼照",有可能陷入墨子的兼爱之弊,因而程颐特别提醒学者"不可将公便唤做仁"。对于仁与公的关系做出如此细致的分析,显然只能认作是程颐之语。

---

① 《程氏外书》卷十二,《二程集》,第440页。
② 《程氏遗书》卷十五,《二程集》,第152页。
③ 有关二程的感通思想可参见拙文《论二程"感而遂通"的思想——兼论斯洛特-加龙省的"移情"概念》,《现代哲学》2013年第6期。
④ 《程氏遗书》卷十五,《二程集》,第153页。此条资料同时表明《程氏遗书》卷十五为元祐六年(1091)所记,即程颐晚年的思想。

卷十五 132　梦说之事,是傅说之感高宗,高宗感傅说。高宗只思得圣贤之人,须是圣贤之人,方始应其感。若傅说非圣贤,自不相感。如今人卜筮,著在手,事在未来,吉凶在书策,其卒三者必合矣。使书策之言不合于理,则自不验。①

卷十八 182　问:"高宗得傅说于梦,文王得太公于卜。古之圣贤相遇多矣,何不尽形于梦卜乎?"曰:"此是得贤之一事,岂必尽然?盖高宗至诚,思得贤相,寤寐不忘,故朕兆先见于梦。如常人梦寐间事有先见者多矣,亦不足怪。至于卜筮亦然。今有人怀诚心求卜,有祷辄应,此理之常然。"又问:"高宗梦往求傅说耶?傅说来入高宗梦耶?"曰:"高宗只是思得贤人,如有贤人,自然应他感。亦非此往,亦非彼来。譬如悬镜于此,有物必照,非镜往照物,亦非物来入镜也。大抵人心虚明,善则必先知之,不善必先知之。有所感必有所应,自然之理也。"又问:"或言高宗于傅说,文王于太公,盖已素知之矣,恐群臣未信,故托梦卜以神之。"曰:"此伪也,圣人岂伪乎?"②

《程氏遗书》中商高宗梦感傅说一事仅见此两条的记载,程颐以此说明感应之说。《程氏遗书》卷十五"高宗只思得圣贤之人",这与卷十八的"盖高宗至诚,思得贤相"的叙述一致。对于卜筮之事,卷十五"如今人卜筮,著在手,事在未来,吉凶在书策,其卒三者必合矣",与卷十八"至于卜筮亦然。今有人怀诚心求卜,有祷辄应,此理之常然",程颐强调卜筮能应亦有其理。

卷十五 148　学《春秋》亦善,一句是一事,是非便见于此,此亦穷理之要。然他经岂不可以穷?但他经论其义,《春秋》因其行事,是非较着,故穷理为要。尝语学者,且先读《论语》《孟子》,更读一经,然后看《春秋》。先识得个义理,方可看《春秋》。《春秋》以何为准?无如《中

---

① 《程氏遗书》卷十五,《二程集》,第 161 条。
② 《程氏遗书》卷十八,《二程集》,第 227—228 页。

庸》。欲知《中庸》，无如权，须是时而为中。若以手足胼胝，闭户不出，二者之间取中，便不是中。若当手足胼胝，则于此为中；当闭户不出，则于此为中。权之为言，秤锤之义也。何物为权？义也。然也只是说得到义，义以上更难说，在人自看如何。①

卷十八 95 问："圣人之经旨，如何能穷得？"曰："以理义去推索可也。学者先须读《论》《孟》。穷得《论》《孟》，自有个要约处，以此观他经，甚省力。《论》《孟》如丈尺权衡相似，以此去量度事物，自然见得长短轻重。某尝语学者，必先看《论语》《孟子》。今人虽善问，未必如当时人。借使问如当时人，圣人所答，不过如此。今人看《论》《孟》之书，亦如见孔、孟何异？"②

卷十五提到"尝语学者，且先读《论语》《孟子》，更读一经，然后看《春秋》。先识得个义理，方可看《春秋》"。学者为学从《论语》《孟子》入手，这是程颐教导学者的基本思想，之后的"伊川先生语"中类似的表述反复出现。此处所引卷十八"学者先须读《论》《孟》。穷得《论》《孟》，自有个要约处，以此观他经，甚省力。……某尝语学者，必先看《论语》《孟子》"。两处都是强调学者先读《论语》《孟子》，知道孔子之义理，"有个要约处"后，再去读五经。从《论语》《孟子》入手思想，可以作为程颐一贯的观念。

卷十五 179 学禅者常谓天下之忙者，无如市井之人。答以市井之人虽日营利，然犹有休息之时。至忙者无如禅客。何以言之？禅者之行住坐卧，无不在道。存无不在道之心，此便是常忙。③

卷二十二上 74 富公尝语先生曰："先生最天下闲人。"曰："某做不得天下闲人。相公将谁作天下最忙人？"曰："先生试为我言之。"曰：

---

① 《程氏遗书》卷十五，《二程集》，第164页。
② 《程氏遗书》卷十八，《二程集》，第205页。
③ 《程氏遗书》卷十五，《二程集》，第169页。

"禅伯是也。"曰:"禅伯行住坐卧无不在道,何谓最忙?"曰:"相公所言乃忙也。今市井贾贩人,至夜亦息。若禅伯之心,何时休息?"①

毗陵人唐棣所录《程氏遗书》卷二十二的记载更加详细,程颐以禅僧为"天下最忙人",但富弼认为:"禅伯行住坐卧无不在道,何谓最忙?"程颐指出:"存无不在道之心,此便是常忙。"因为禅僧一直担心自己的行为有违佛教戒律,患得患失,所以程颐认为禅僧是比市井贾贩之人焦虑的"天下最忙人"。若以卷二十二的记录对照,卷十五的"何以言之?禅者之行住坐卧,无不在道"亦应为富弼所言。

更能够证明卷十五为"伊川语录"的是如下一个线索。

卷十八 78 或曰:"传记有言,太古之时,人有牛首蛇身者,莫无此理否?"曰:"固是。既谓之人,安有此等事?但有人形似鸟喙,或牛首者耳。《荀子》中自说。"问:"太古之时,人还与物同生否?"曰:"同。""莫是纯气为人,繁气为虫否?"曰:"然。人乃五行之秀气,此是天地清明纯粹气所生也。"或曰:"人初生时,还以气化否?"曰:"此必烛理,当徐论之。且如海上忽露出一沙岛,便有草木生。有土而生草木,不足怪。既有草木,自然禽兽生焉。"或曰:"先生《语录》中云:'焉知海岛上无气化之人?'如何?"曰:"是。近人处固无,须是极远处有,亦不可知。"曰:"今天下未有无父母之人。古有气化,今无气化,何也?"曰:"有两般。有全是气化而生者,若腐草为萤是也。既是气化。到合化时自化。有气化生之后而种生者。且如人身上着新衣服,过几日,便有虮虱生其间,此气化也。气既化后,更不化,便以种生去。此理甚明。"或问:"宋齐丘《化书》云:'有无情而化为有情者,有有情而化为无情者。无情而化为有情者,若枫树化为老人是也。有情而化为无情者,如望夫化为石是也。'此语如何?"曰:"莫无此理。枫木为老人,形如老人也,岂便变

---

① 《程氏遗书》卷二十二上,《二程集》,第293页。

为老人？川中有蝉化为花，蚯蚓化为百合（如石蟹、石燕、石人之类有之），固有此理。某在南中时，闻有采石人，因采石石陷，遂在石中，幸不死，饥甚，只取石膏食之。不知几年后，因别人复来采石，见此人在石中，引之出，渐觉身硬，才出，风便化为石。此无可怪，盖有此理也。若望夫石，只是临江山有石如人形者。今天下凡江边有石立者，皆呼为望夫石"（如呼马鞍牛头之类，天下同之）。"①

卷十八的此则材料提到一些神怪传说，程颐从客观之理的角度，否定了树化为人、人化为石的可能。材料的划线处"先生《语录》中云'焉知海岛上无气化之人？'"一句，就是来自《程氏遗书》卷十五，原文为：

> 卷十五 133　陨石无种，种于气。麟亦无种，亦气化。厥初生民亦如是。至如海滨露出沙滩，便有百虫禽兽草木无种而生，此犹是人所见。若海中岛屿稍大，人不及者，安知其无种之人不生于其间？若已有人类，则必无气化之人。②

程颐以其自己的推断，认为最初之人是气化而来，比如海中大一些岛屿，亦可能有人生活，这些人是在岛上气化而来。卷十五和卷十八中，"海上忽露出一沙岛，便有草木生。有土而生草木，不足怪。既有草木，自然禽兽生焉""至如海滨露出沙滩，便有百虫禽兽草木无种而生，此犹是人所见"。两处的叙述同样完全相同。卷十八的记录者永嘉人刘安节已经见到现为《程氏遗书》卷十五的《入关语录》，故在讨论此问题时，提到"焉知海岛上无气化之人"一句。

《程氏遗书》卷十八中，朱熹注明"所记有元祐五年遭丧后、绍圣四年迁谪前事"。③ 其中亦记有苏昞与程颐的问答。刘安节等人问学程颐之时，苏昞亦在河南，并且携带程颐元祐六年（1091）赴关中时所记的语录，其他学者

---

① 《程氏遗书》卷十八，《二程集》，第198—199页。
② 《程氏遗书》卷十五，《二程集》，第161页。
③ 《二程集》，目录第3页。

传阅之后提出相关问题,甚至摘录某些资料。

不仅《程氏遗书》中可以互证,二程高足杨时的《龟山语录》中多次论及的程颐语亦出自此卷。例如以下材料:

《龟山语录》卷四"《伊川语录》云:'以忠恕为一贯,除是曾子说方可信,若它人说,则不可信。'如何?"曰:"明道说,却不如此。"问明道说。曰:"只某所著新义,以忠恕为曾子所以告门人。便是明道说。"①

《程氏遗书》十五 曾子言夫子之道忠恕,果可以一贯,若使他人言之,便未足信,或未尽忠恕之道,曾子言之,必是尽仍是。②

杨时门人所问源自《程氏遗书》十五,而且门人称其为《伊川语录》。可见杨时及其周围的学者都将此卷看作程颐所说。另外,前文提到尹焞亦有关于该卷内容的提问,可见关中学者所记的《二程语录》已经在社会上流行并且成为洛学思想传播的重要材料。

第二节　关中学者所录二程思想

关中学者曾经受学张载,对于二程思想更易于接受,其记载的二程语录更充分地反映洛学思想。本节讨论吕大临记录的《程氏遗书》卷二以及其他关中学者记录的《程氏遗书》卷十五的道学思想。关中学者问学与早期河南学者重叠,各自记录的二程思想亦有贯通之处。

一　《程氏遗书》卷二思想研究

《程氏遗书》卷二所载的《识仁篇》是程颢思想之精粹,历来受到学界的

---

① 《杨时集》卷十三,第395页。
② 《程氏遗书》卷十五,《二程集》,第153页。朱熹标注此卷:"或云:'明道先生语。'"然由此可见,杨时即其门人已明确将该卷看作程颐所说。

重视,其重要性和思想意义勿庸多言。以下对于《程氏遗书》卷二的思想研究亦将以《识仁篇》为线索,并结合相同材料进一步阐发。

(一) 识仁

《识仁篇》是体现程颢思想的一篇重要材料,以下试图从《识仁篇》中的仁、诚、敬等概念,以及程颢表达这些思想所依据的先秦资料出发,分析其思想。作为程颢思想的集中反映,相关材料在其他地方皆有出现,进一步印证这些观念的一贯性和重要性。

> 28　学者须先识仁。仁者,浑然与物同体。义、礼、知、信皆仁也。识得此理,以诚敬存之而已,不须防检,不须穷索。若心懈则有防,心苟不懈,何防之有?理有未得,故须穷索。存久自明,安待穷索?
>
> 此道与物无对,大不足以名之,天地之用皆我之用。孟子言"万物皆备于我",须反身而诚,乃为大乐。若反身未诚,则犹是二物有对,以己合彼,终未有之,又安得乐?《订顽》意思,乃备言此体。以此意存之,更有何事?
>
> "必有事焉而勿正,心勿忘,勿助长",未尝致纤毫之力,此其存之之道。若存得,便合有得。盖良知良能元不丧失,以昔日习心未除,却须存习此心,久则可夺旧习。此理至约,惟患不能守。既能体之而乐,亦不患不能守也。(明)①

程颢指出,仁者与物同体,一方面万事万物作为天理的体现,本身就具有共同的本源。另一方面,如果能依仁而为,自然与外物之理相吻合,合内外之道。就五德中仁与义、礼、智、信的关系而言,二程亦提出仁是总名,仁德涵盖义、礼、智、信四德。同时,保有仁德之人,内心纯于天理之人自然亦会有义、礼、智、信的行为表现。当然,这些行为的体现首先是建立在已经"识仁",体得仁之本体的基础上。此处特别需要注意的是,程颢所谓"识

---

① 《程氏遗书》卷二上,《二程集》,第16—17页。

仁",确切地说应当为"默识",默识的观念反复被二程兄弟强调,有关这一点后文亦将予以讨论。

程颢指出,识得仁体之后,"不须防检,不须穷索","以诚敬存之",即心纯乎天理,不被外物所扰,自然所谓无不符合天理。此处程颢所描述的,只是体得天理,即学者修养工夫完成之后的状态。能达到此状态的一个重要标志就是"反身而诚",即学者能否真正地体得自身内在之理,由此产生的与物无对的喜悦之情,即"大乐"。否则外在所为与内心之理不合,"反身未诚",亦正是学者修养不足的表现。反躬自身,诚于天理,不仅是学者修养的重要工夫,同时也是能够识得天理的表现。

二程对《孟子·公孙丑上》的"必有事焉而勿正,心勿忘,勿助长也"非常推崇,这里能够真正地践行天理的状态。对于对天理"体而乐之"之人,以天理而为,自然会"勿忘、勿助长"。对于大多学者而言,仍须以亘久不失的"良知良能"存习本心,以去除"昔日习心"。可见,《识仁篇》强调的是学者体仁之后,"未尝致纤毫之力"的"存之之道"。当然对于普通学者而言,这可以看作努力的目标,实际为学中仍然需要依靠良心、本心以去除旧有的习气。

由第一章河南学者所记的语录可知,二程非常重视《论语》中的"默识",对于本然之天理,最终需要默识也自得。

117 天理云者,这一个道理,更有甚穷已?不为尧存,不为桀亡。人得之者,故大行不加,穷居不损。这上头来,更怎生说得存亡加减?是它元无少欠,百理具备。(胡本此下云:"得这个天理,是谓大人。以其道变通无穷,故谓之圣。不疾而速,不行而至,须默而识之处,故谓之神。")①

二程指出天理本身不会因人而有得失,人受天命以生,本身"元无少欠,

---

① 《程氏遗书》卷二上,《二程集》,第31页。

百理具备"。所谓"大人",能够真正地体得并践行此理,在现实社会中运用此理,"变通无穷",所以也称之为"圣"。另外天理本身"不疾而速,不行而至",称之为"神"的表现,需要"默而识之"。在二程看来,天理本身及其变化难以用言语形容,对此只能依靠学者在下学的过程中默识体认。

  151 学者用了许多工夫,下头须落道了,是入异教。只为自家这下元未曾得个安泊处,那下说得成熟?世人所惑者鬼神转化,它总有说,又费力说道理,又打入个无底之壑,故一生出不得。今日须是自家这下照得理分明,则不走作。形而下、形而上者,亦须更分明须得。虽则心有默识,有难名状处,然须说尽心知性知天,亦须于此留意。(此章一无"落道了是"四字。)①

  针对有学者用了许多工夫,却反入异教的问题,二程指出应当"自家这下照得理分明",只有首先体认本然之天理,"得个安泊处",才能不被异教所迷惑。如何体认天理?二程指出要对于形而上、形而下分明得。另外对于天理之"难名状处",除了孟子所说"尽其心者,知其性也。知其性,则知天矣"(《孟子·尽心上》),则需要学者"心有默识"。

  84 (韩)持国之为此学者三十年矣,其所得者,尽说得知有这道理,然至于"反身而诚",却竟无得处。它有一个觉之理,可以"敬以直内"矣,然无"义以方外"。其直内者,要之其本亦不是。譬之赞《易》,前后贯穿,都说得是有此道理,然须"默而成之,不言而信,存乎德行"处,是所谓自得也。谈禅者虽说得,盖未之有得。其徒亦有肯道佛卒不可以治天下国家者,然又须道得本则可以周遍。②

---

① 《程氏遗书》卷二上,《二程集》,第37页。
② 《程氏遗书》卷二上,《二程集》,第24页。

下文亦将对此则材料进行分析,二程认为韩维只是在言语上"知有这道理",不能"反身而诚",即非能够真正识道。真正识道如《周易·系辞上》最后一句所说"默而成之,不言而信,存乎德行",在二程看来,默成自得才能真正体道。

由上可见,程颢提出的识仁应为默识仁体,这是学者为为学的最终目标,识仁之后未致纤毫之力即可存得道之全体。为此,程颢也提出尽心知性知天等为学之方以达到默识仁体。

（二）诚

诚不仅是二程本体论思想的概念,也是二程工夫论思想的目标。"反身而诚"就是内心实有诸己,纯于天理的状态。

129 "不能反躬,天理灭矣。"天理云者,百理具备,元无少欠,故"反身而诚",只是言得已上,更不可道甚道。①

185 言"反身而诚,乐莫大焉",却是着人上说。②

二程明确指出"反身而诚"是就人而言,而且还与《礼记·乐记》的"不能反躬,天理灭矣"相联系,由此说明反身而诚就是己心纯于本然具备、元无少欠的天理。

131 观天理,亦须放开意思,开阔得心胸,便可见,打撲了习心两漏三漏子。今如此混然说做一体,犹二本,那堪更二本三本！今虽知"可欲之为善",亦须实有诸己,便可言诚,诚便合内外之道。今看得不一,只是心生。除了身只是理,便说合天人。合天人,已是为不知者引而致之。天人无间。夫不充塞则不能化育,言赞化育,已是离人而言之。③

---

① 《程氏遗书》卷二上,《二程集》,第 32 页。
② 《程氏遗书》卷二上,《二程集》,第 42 页。
③ 《程氏遗书》卷二上,《二程集》,第 33 页。

二程指出"观天理,亦须放开意思,开阔得心胸,便可见",即学者求道、体道不能被以往之所见束缚。对于孟子所说"可欲之谓善,有诸己之谓信,充实之谓美,充实而有光辉之谓大,大而化之之谓圣,圣而不可知之之谓神"(《孟子·尽心下》),二程强调学者不能仅仅停留在言语上的知晓,而是应当"实有诸己",达到诚之状态,由此自能与物无对,"合内外之道"。否则仅仅言语中谈论天理,说合天人,已经偏离了道。二程强调"天人无间",人之本性就是源于天理,无须言合。同样"不充塞则不能化育",《中庸》所说至诚"赞天地之化育","与天地参",亦需要人之行道,扩充其气而参赞,这都需要人的参与。二程强调理想的境界应当是人以至诚纯于天理的状态,依道而为,参赞天地。

4 志道恳切,固是诚意;若迫切不中理,则反为不诚。盖实理中自有缓急,不容如是之迫,观天地之化乃可知。(正)①

116 如天理底意思,诚只是诚此者也,敬只是敬此者也,非是别有一个诚,更有一个敬也。②

以上两则材料中,二程强调诚之关键在于天理。程颐指出,"志道恳切",有求道之志,但是如果不能依理而为的话,"反为不诚"。第二则材料中,二程再次强调无论诚敬,都是针对天理而言,即内心纯于理而不受外物干扰。诚、敬的工夫都不理脱离天理而言,诚敬工夫的根本目的亦不过是将内心的天理发用于外。

45 知、仁、勇三者,天下之达德,所以行之者一。一则诚也。止是诚实此三者,三者之外,更别无诚。③

---

① 《程氏遗书》卷二上,《二程集》,第13页。
② 《程氏遗书》卷二上,《二程集》,第31页。
③ 《程氏遗书》卷二上,《二程集》,第19页。

知、仁、勇三达德,二程认为都是天道的具体呈现,任何人不受私意干扰,都会有道德表现。不受私意干扰,以诚之状态发用天理,针对具体的外在情况自然会有知、仁、勇的不同表现。二程进而强调"三者之外,更别无诚",天理的发用离不开在具体事情上的诚,但是没有天理,亦无所谓诚。诚本身就是形容人心纯于天理的状态。

39 孟子言"养心莫善于寡欲",欲寡则心自诚。荀子言"养心莫善于诚",既诚矣,又何养?此已不识诚,又不知所以养。①

108 只着一个私意,便是馁,便是缺了它浩然之气处。"诚者物之终始,不诚无物。"这里缺了它,则便这里没这物。浩然之气又不待外至,是集义所生者。这一个道理,不为尧存,不为桀亡。只是人不到它这里,知此便是明善。②

如何做到诚,这在二程看来非常简单,"欲寡则心自诚"。人无法做到诚是由于外物的干扰,这样的干扰一般表现为欲望的形式。那么排除这样的干扰往往就体现在对于不合理之欲望的去除。因而孟子所说"养心莫善于寡欲。其为人也寡欲,虽有不存焉者,寡矣。其为人也多欲,虽有存焉者,寡矣"(《孟子·尽心上》)。可见孟子所说养心寡欲所存者,在二程看来就是《周易·文言》所说的"闲邪存其诚"。

第二则材料中,二程强调有私意便馁,便缺了浩然之气。二程紧跟着提出"不诚无物",馁则是"缺了它浩然之气处",在二程看来就是"不诚"。无法充分地展现天理,人之行为亦不能完全符合外在之理的要求,外在的行为事物丧失合理性,在此意义上可以称作"无物"。

93 与叔所问,今日宜不在有疑。今尚差池者,盖为昔亦有杂学。故

---

① 《程氏遗书》卷二上,《二程集》,第18页。
② 《程氏遗书》卷二上,《二程集》,第29页。

今日疑所进有相似处,则遂疑养气为有助。便休信此说。盖为前日思虑纷扰,今要虚静,故以为有助。前日思虑纷扰,又非义理,又非事故,如是则只是狂妄人耳。惩此以为病,故要得虚静。其极,欲得如槁木死灰,又却不是。盖人活物也,又安得为槁木死灰?既活,则须有动作,须有思虑。必欲为槁木死灰,除是死也。忠信所以进德者何也?闲邪则诚自存,诚存斯为忠信也。如何是闲邪?非礼而勿视听言动,邪斯闲矣。以此言之,又几时要身如枯木,心如死灰?又如绝四后,毕竟如何,又几时须如枯木死灰?敬以直内,则须君则是君,臣则是臣,凡事如此,大小大直截也。①

以上二程提出的工夫论方法,简言之即"非礼而勿视听言动"以闲邪,闲邪以存诚,存诚则自然忠信,忠信以进德,最终的工夫落实在具体事情上的视、听、言、动。二程指出,人之行为不能完全纯于天理,其中亦有以往所受之"杂学"的因素。如何去除杂学之困,思虑之纷扰,二程反对"虚静"的方法。与不合义理的"思虑纷扰"之动相对,选择虚静的方法最简单直截,但是二程指出,虚静之方的弊端在于容易导致断绝一切外物感应,"如槁木死灰",显然违背基本的人性。二程强调"人活物也",自然会有思虑、动作,这不能以虚静的方法而强制去除。二程的工夫论思想即在视、听、言、动的具体行为中,以合于天理之礼来约束,以此闲邪存诚,忠信进德。二程指出即使如孔子一样"子绝四:毋意,毋必,毋固,毋我"(《论语·子罕》)。亦不是断绝一切外物的联系。排除思虑的纷扰,同样还要如《周易》所说"敬以直内",以天理端正内心,抵御外物干扰。君臣之道同样如此,遵行君臣之道的内在天理要求,自然能够排除外在纷扰。

212 "行己须行诚尽处",正叔谓:"意则善矣,然言诚尽,则诚之为道,非能尽也。"尧夫戏谓:"且就平侧。"②

---

① 《程氏遗书》卷二上,《二程集》,第26页。
② 《程氏遗书》卷二上,《二程集》,第45—56页。

此处程颐与邵雍的对话非常有趣。对于邵雍所说"行己须行诚尽处",邵雍提出以求而行己,程颐赞叹"意则善矣"。但是对于邵雍"诚尽"的提法,程颐表示异议。以《中庸》所说"诚者物之终始,不诚无物",二程看来事物没有穷尽,那么人之行道,"诚之为道,非能尽也"。按言之,如果说尽诚行道,程颐没有异议。但是"诚尽"的说法,似乎表示诚之工夫亦有终止之时,程颐坚决反对。这一点亦反映了程颐的一个基本观念:诚贯穿人的一切行为活动。

54 且省外事,但明乎善,惟进诚心,其文章虽不中不远矣。所守不约,泛滥无功。(明)①

107 以吾自处,犹是自家当初学未至,意未诚,其德尚薄,无以感动它天意,此自思则如此。然据今日许大气艳,当时欲一二人动之,诚如河滨之人捧土以塞孟津,复可笑也。据当时事势,又至于今日,岂不是命!②

以上第一则材料中,程颢强调省外事在于明乎内在之善,进诚心,由内而外,"文章虽不中不远矣"。如果没有内在之诚心诚意,"所守不约",那么任何外在之事都不能合于天道,以至"泛滥无功"。

第二则材料中,二程提出学者自处之时,应当反思学未至、意未诚、德尚薄,无以感动天意。一方面二程指出应当以天意诚意感动人,而非"许大气艳",虚张声势。另外一面二程强调无论何时何地、有事无事,都应当反思己之诚意。

19 尝喻以心知天,犹居京师往长安,但知出西门便可到长安。此犹是言作两处。若要诚实,只在京师,便是到长安,更不可别求长安。

---

① 《程氏遗书》卷二上,《二程集》,第20页。
② 《程氏遗书》卷二上,《二程集》,第29页。

只心便是天,尽之便知性,知性便知天,(一作性便是天。)当处便认取,更不可外求。①

此则材料中,二程的说法非常夸张,"若要诚实,只在京师,便是到长安"。二程要表示若心不能诚实于天理,即使知道如何去长安,但也会由于外物纷扰而难以达成。相反如果纯于天理,勇于践行,一定能够实现到达长安的目的。二程强调只要诚实其意,就一定能够到长安,故而以夸张的说法表示"便是到长安"。这样的表达,正是《中庸》"诚者物之终始,不诚无物"的一种表现。

98 巽之凡相见须窒碍,盖有先定之意。和叔(一作与叔。)据理却合滞碍,而不然者,只是它至诚便相信心直笃信。②

84 持国之为此学者三十年矣,其所得者,尽说得知有这道理,然至于"反身而诚",却竟无得处。它有一个觉之理,可以"敬以直内"矣,然无"义以方外"。其直内者,要之其本亦不是。譬之赞《易》,前后贯穿,都说得是有此道理,然须"默而成之,不言而信,存乎德行"(一再有德行字。)处,是所谓自得也。谈禅者虽说得,盖未之有得。其徒亦有肯道佛卒不可以治天下国家者,然又须道得本则可以周遍。③

101 君实之能忠孝诚实,只是天资,学则元不知学。尧夫之坦夷,无思虑纷扰之患,亦只是天资自美尔,皆非学之功也。④

以上三则人物评论中,二程指出有学者"至诚便相信心直笃信",这可以说是非常高的评价。第二则材料可以看出,对于与二程有许多重要问答的韩持国,二程却指出其"至于'反身而诚',却竟无得处"。如果不能做到"反

---

① 《程氏遗书》卷二上,《二程集》,第15页。
② 《程氏遗书》卷二上,《二程集》,第27页。
③ 《程氏遗书》卷二上,《二程集》,第24页。
④ 《程氏遗书》卷二上,《二程集》,第27—28页。

身而诚",纯于天理,即使"尽说得知有这道理",亦不过是言语之谈,亦难以使其行为与理合一。二程指出,纵使韩持国知道有些道理,能够"敬以直内",以此稍微端正内心,但是不能诚意,亦无法"敬以方外",合于天理而为。不能做到"敬以方外",反而又表明"其直内者,要之其本亦不是"。这一点与谈禅者相同,纵使在某些方面的见解与道学相同,但是不能做到"义以方外",终是"未之有得"。最后一条对于司马光、邵雍的评价,二程强调司马光的"忠孝诚实"在于"天资",邵雍之"坦夷,无思虑纷扰",同样为"天资自美",皆非由学而得。二程一方面感叹司马光、邵雍天资卓越,能够诚实,无思虑纷扰。但另一方面也可以看出,对于大多数学者而言,二程强调仍然需要通过下学上达、克己复礼的工夫,排除思虑纷扰,以达到忠信诚实。

  26 尝言郑戬作县,定民陈氏为里正。既暮,有姓陈人乞分居,戬立笞之,曰:"安有朝定里正,而夕乞分居?"既而察之,乞分居者,非定里正也。今夫赤子未能言,其志意嗜欲人所未知,其母必不能知之,然不至误认其意者,何也?诚心爱敬而已。若使爱敬其民如其赤子,何错缪之有?故心诚求之,虽不中,不远矣。①

  42 今之监司,多不与州县一体。监司专欲伺察,州县专欲掩蔽。不若推诚心与之共治,有所不逮,可教者教之,可督者督之,至于不听,择其甚者去一二,使足以警众可也。②

  19 仁祖时,北使进言,"高丽自来臣属北朝,近来职贡全缺,殊失臣礼,今欲加兵。又闻臣属南朝,今来报知"。仁祖不答,及将去也,召而前,语之曰:"适议高丽事,朕思之,只是王子罪,不干百姓事。今既加兵,王子未必能诛得,且是屠戮百姓。"北使遂屈无答,不觉汗流浃背,俯伏于地,归而寝兵。它都不言彼兵事势,只看这一个天地之量,亦至诚有以格它也。③

---

① 《程氏遗书》卷二上,《二程集》,第16页。
② 《程氏遗书》卷二上,《二程集》,第18页。
③ 《程氏遗书》卷二下,《二程集》,第53页。

以上三则材料皆是二程在政治领域强调诚之重要性，分别涉及三个不同的方面。第一条强调县令对百姓诚心爱敬。二程以母亲和婴儿为例，婴儿不能言，但"其志意嗜欲"却不会被其母误认。二程指出这就是"诚心爱敬"，同样县令亦能如此对百姓"诚心爱敬"，"心诚求之，虽不中，不远矣"。

对二条材料是政治运行内部的监司与州县，监司承担监督与纠察的职能，却往往导致"专欲伺察"，同样州县也在时时提防，"专欲掩蔽"。对此，二程希望两方面能够"推诚心与之共治"。此处所说的诚心，即为政的根本目的是促进社会的发展，如此才合于天理。由此出发，监司对于州县之足，应当"可教者教之，可督者督之，至于不听，择其甚者去一二，使足以警众可也"，由此共同造福地方。否则"专欲伺察"，不顾百姓利益，亦非合于天理之诚心。

第三条材料涉及政治领域中国家之间的关系，二程强调宋仁宗"至诚有以格它也"。二程强调，一旦兴师动众，最后还是百姓受到屠戮。如此合于天理的仁爱之心，二程称之为"至诚"。以至诚对待敌国，敌国之人亦会"不觉汗流浃背，俯伏于地"。国家之间外交同样应当如此，只有至诚才能感动他人。由此可见不仅在个人修养，在政治领域的方方面面，诚皆有着极其重要的作用。

二程非常强调诚的状态下心实于天理的重要性，这是一切行为事物得以成立的前提。与此同时，二程强调以诚践行天道，必须要落实在具体的事物上。在二程诚的思想上，体用不分的思想得到彻底的贯彻。

（三）敬

《识仁篇》中程颢要求学者识仁之后，应当"以诚敬存之"。"敬以直内"，端正内心，与诚一样为二程所重视。上文提到"如天理底意思，诚只是诚此者也，敬只是敬此者也"，①二程认为人之诚敬，皆是对天理而言。离了天理亦没有所谓的诚、敬工夫。

---

① 《程氏遗书》卷二上，《二程集》，第31页。

158　理则天下只是一个理,故推至四海而准,须是质诸天地,考诸三王不易之理。故敬则只是敬此者也,仁是仁此者也,信是信此者也。又曰:"颠沛造次必于是。"又言"吾斯之未能信",只是道得如此,更难为名状。①

二程又强调理是天下普遍之理,四海之内、天地之间,以至古之圣人,其理都是相同的。学者之敬只是以天理端正内心,仁即此理之发用,信即此理之充实。虽然此则材料主要是谈论理,但是二程再提到敬之工夫重要原则,即以理端正内心。

上文中程颐提到"志道恳切,固是诚意;若迫切不中理,则反为不诚。盖实理中自有缓急,不容如是之迫,观天地之化乃可知"。② 同样对于敬之工夫,二程同样要求学者"不可急迫"。

14　学者须敬守此心,不可急迫,当栽培深厚,涵泳于其间,然后可以自得。但急迫求之,只是私己,终不足以达道。③

"敬守此心"应当合于天理,天理中自有缓急,学者同样应当"栽培深厚,涵泳于其间,然后可以自得"。"急近求之",反而是受外物影响,已经是不合天理之私,"终不足以达道"。持敬工夫的根本,还是要合于天理。

2　"居处恭,执事敬,与人忠",此是彻上彻下语,圣人元无二语。(明)④

50　学者不必远求,近取诸身,只明人理,敬而已矣,便是约处。《易》之乾卦言圣人之学,坤卦言贤人之学,惟言"敬以直内,义以方外,

---

① 《程氏遗书》卷二上,《二程集》,第38页。
② 《程氏遗书》卷二上,《二程集》,第13页。
③ 《程氏遗书》卷二上,《二程集》,第14页。
④ 《程氏遗书》卷二上,《二程集》,第13页。

敬义立而德不孤"。至于圣人,亦止如是,更无别途。穿凿系累,自非道理。故有道有理,天人一也,更不分别。浩然之气,乃吾气也,养而不害,则塞乎天地;一为私心所蔽,则欿然而馁,却甚小也。"思无邪""无不敬",只此二句,循而行之,安得有差?有差者,皆由不敬不正也。(明)①

孔子所说"居处恭,执事敬,与人忠"(《论语·子路》),程颢明确指出"此是彻上彻下语",恭、敬、忠不仅是具体行为的准则,同样也是形而上之天理的体现,学者行道就体现在这些具体的行为中,因而说是"彻上彻下"。第二条材料中,程颢明确告知"学者不必远求",只要在周围的日用之事中持敬,便可明人理。程颢提出《易传·文言》中的"敬以直内,义以方外",即使圣人之所为,亦不过是于每日之事上持敬。日用之事上的持敬就是去除"私心之蔽","思无邪""无不敬",由此以培养浩然之气,践行天理。

  122 中心斯须不和不乐,则鄙诈之心入之矣。此与"敬以直内"同理。谓敬为和乐则不可,然敬须和乐,只是中心没事也。②

二程指出,内心"不和不乐",即是"鄙诈之心入之矣"。内心不和不乐的不安状态表明内心受到外物的干扰,不能纯于天理。对此,需要"敬以直内"的工夫,以天理端正内心,排除外物的干扰,"中心没事",即自然呈现出和乐。二程特别指出,内心诚敬会有和乐的表现,但不可以将和乐等同于诚敬。诚敬表示纯于天理,但是由于外在之气的变化,即使不合于天理亦可能使人感到和乐。这种形下形下的严格区分,亦为二程思想的重要特征。

---

① 《程氏遗书》卷二上,《二程集》,第 20 页。
② 《程氏遗书》卷二上,《二程集》,第 31 页。

138 横渠教人,本只是谓世学胶固,故说一个清虚一大,只图得人稍损得没去就道理来,然而人又更别处走。今日且只道敬。①

94 有言养气可以为养心之助。曰:"敬则只是敬,敬字上更添不得。譬之敬父矣,又岂须得道更将敬兄助之?又如今端坐附火,是敬于向火矣,又岂须道更将敬于水以助之?犹之有人曾到东京,又曾到西京,又曾到长安,若一处上心来,则他处不容参然在心,心里着两件物不得。"②

在二程的思想中,诚敬都是对理而言,因此坚决否定"养气可以为养心之助"的观点。对于张载所说的"清虚一大",二程指出这是张载针对"世学胶固"之弊,使人有所警觉,去除没有"去就"的私虑杂事,是决不能认为"清虚一大"之气即道之本身,玄空守寂。二程强调"今日且只道敬"。

"敬则只是敬",换言之敬只是对理而言,因而敬之工夫上更添不得"气"。敬父只是天理在对待父亲一事上的发现,对兄长自然有另外的表现。同样去东京、去西京、去长安都有不同的要求和体现,因而不能互相掺杂。二程指出"若一处上心来,则他处不容参然在心,心里着两件物不得",二程不仅反对外物之欲对于天理发现的干扰,天理在其他事物上的展现而产生的干扰,同样被二程所警惕。可见,二程对于心之发用时纯于天理,有着严格的要求,不仅是物欲,对其他即使合于道理之行为的干扰应当注意。

140 今学者敬而不见得(元本有未字),又不安者,只是心生,亦是太以敬来做事得重,此"恭而无礼则劳"也。恭者私为恭之恭也,礼者非体(一作礼。)之礼,是自然底道理也。只恭而不为自然底道理,故不自在也。须是恭而安。今容貌必端,言语必正者,非是道独善其身,要人道如何,只是天理合如此,本无私意,只是个循理而已。③

---

① 《程氏遗书》卷二上,《二程集》,第34页。
② 《程氏遗书》卷二上,《二程集》,第27页。
③ 《程氏遗书》卷二上,《二程集》,第34页。

这里二程又指出，"是太以敬来做事得重"同样会影响天理之作用。二程强调有学者持敬却不能心安，再如"恭而无礼则劳"（《论语·泰伯》），只是"私为恭之恭"，不是按照事物本然的样子发用天理，而是以自己的意愿来作用，如孟子所说心有助长，"只恭而不为自然底道理，故不自在也"。二程指出，只有去除私意，循理而为，"容貌必端，言语必正"，才能做到心安，合于天理。

上文提到县令对百姓，二程指出"诚心爱敬而已。若使爱敬其民如其赤子，何错谬之有？"①不仅如此，敬之原则应当应用于方方面面。

　　97　伯淳自谓：只得它人待做恶人，敬而远之。尝有一朝士久不见，谓伯淳曰："以伯淳如此聪明，因何许多时终不肯回头来？"伯淳答以"盖恐回头后错也"。②

　　142　公掞昨在洛有书室，两旁各一牖，牖各三十六隔，一书天道之要，一书仁义之道，中以一榜，书"毋不敬，思无邪"。中处之，此意亦好。③

对于"恶人"，程颢指出只是要"敬而远之"。只是按照天理，敬而以直对待他人。对于朱光庭的书室挂有"毋不敬，思无邪"，这正是上文程颢所说"'思无邪''无不敬'，只此二句，循而行之"，无时无刻皆以诚敬之心循天理而动，这也是二程共同的要求。

二程强调敬，同样是要求在人的日用常行中，人心之所为不被外物所扰，纯于天理。尤其是程颢特别重视天理在具体事物上的如实发用，充分地展现天道。

（四）仁

有关二程尤其是程颢仁之思想，吕大临所录的《程氏遗书》卷二是非常

---

① 《程氏遗书》卷二上，《二程集》，第16页。
② 《程氏遗书》卷二上，《二程集》，第27页。
③ 《程氏遗书》卷二上，《二程集》，第35页。

重要的材料。除了上文讨论的《识仁篇》,该卷还有很多重要的论断。

12 仁、义、礼、智、信五者,性也。仁者,全体;四者,四支。仁,体也。义,宜也。礼,别也。智,知也。信,实也。①

二程提出,仁、义、礼、智、信五者皆为本然之性,五者之中仁为全体,义、礼、智、信分别为宜、别、知、实。在二程的思想中,仁、义、礼、智、信皆是本然之天理在不同方面的表现,但是表现为恻隐、同情之心的仁德最为根本,适宜、分别、辨识的义、礼、智可以作用辅助仁德发用的能力,实则表示仁、义、礼、智充满的状态。人性虽然有五,但是根本就是仁,人之为人的根本依据亦在于仁。

134 医家以不认痛痒谓之不仁,人以不知觉不认义理为不仁,譬最近。②

17 医书言手足痿痹为不仁,此言最善名状。仁者,以天地万物为一体,莫非己也。认得为己,何所不至? 若不有诸己,自不与己相干。如手足不仁,气已不贯,皆不属己。故"博施济众",乃圣之功用。仁至难言,故止曰"己欲立而立人,己欲达而达人,能近取譬,可谓仁之方也已。"欲令如是观仁,可以得仁之体。(明)③

以上两条资料中,是讨论程颢仁学思想的重要材料。程颢提出,"医家以不认痛痒谓之不仁","医书言手足痿痹为不仁",以及"人以不知觉不认义理为不仁",所譬喻的都是人心缺乏对于外物的感通,对于外在事物的恻隐、同情之心的缺失。程颢提出"仁者,以天地万物为一体,莫非己也",在道学的思想中,人作为天地之灵,通过本性的发用以达到赞天地化喻,与天地

---

① 《程氏遗书》卷二上,《二程集》,第14页。
② 《程氏遗书》卷二上,《二程集》,第33页。
③ 《程氏遗书》卷二上,《二程集》,第15页。

参。对此,以天地万物为一体,感通外物的仁德是最为重要的。天地万物为一体,就是对万事万物的感知、体察,并进而发用本性以赞天地。最后,程颢指出"仁至难言",如此万物一体之仁难以用语言表达,子贡所说"博施济众"亦不过是圣之功用,万物一体之仁的一个表现。孔子提出"己欲立而立人,己欲达而达人,能近取譬"(《论语·雍也》),亦是希望子贡能由此以观仁、体仁。

18 "博施济众",云"必也圣乎"者,非谓仁不足以及此,言"博施济众"者乃功用也。(明)①

《程氏遗书》中紧接着上一则材料的语录,程颢再次指出博施济众乃仁之功用,切不可将此简单地等同于形而上的万物一体之仁。但是如何识得仁体,在二程看来是极为困难之事,亦恰恰是学者为学之要。

21 学者识得仁体,实有诸己,只要义理栽培。如求经义,皆栽培之意。②

16 《订顽》一篇,意极完备,乃仁之体也。学者其体此意,令有诸己,其地位已高。到此地位,自别有见处。不可穷高极远,恐于道无补也。(明)③

169 伯淳言:"《西铭》某得此意,只是须得它子厚有如此笔力,它人无缘做得。孟子以后,未有人及此。得此文字,省多少言语。且教它人读书,要之仁孝之理备于此,须臾而不于此,则便不仁不孝也。"④

二程所说"学者识得仁体,实有诸己,只要义理栽培"就是《识仁篇》中

---

① 《程氏遗书》卷二上,《二程集》,第15页。
② 《程氏遗书》卷二上,《二程集》,第15页。
③ 《程氏遗书》卷二上,《二程集》,第15页。
④ 《程氏遗书》卷二上,《二程集》,第39页。

所说"学者须先识仁",这样识仁应当"实有诸己",不能停留于言语之谈。如何"实有诸己",二程提出"义理栽培",如孟子所说集义以养浩然之气。寻求经义,同样是为了依循其中的义理以体仁。

通过学习文本中的义理以体仁,在传统儒家经典以外,程颢特别推崇张载的《西铭》。程颢指出,"《订顽》一篇,意极完备,乃仁之体也","且教他人读书,要之仁孝之理备于此",学者能体得《西铭》中所含之义理,实有诸己,即可谓真正地有得。程颢提出由《西铭》以求仁之体,并非因为问学者吕大临是张载的弟子,据杨时的回忆,其早年问学二程之时,程颢就是以《西铭》使其反复诵读,从而有得。

86 "立人之道曰仁与义。"据今日,合人道废则是。今尚不废者,犹只是有那些秉彝,卒殄灭不得。以此思之,天壤间可谓孤立,其将谁告耶?①

188 这个义理,仁者又看做仁了也,知者又看做知了也,百姓又日用而不知,此所以"君子之道鲜矣"。此个亦不少,亦不剩,只是人看他不见。②

以上两条资料,二程强调仁、义之理虽然微而不显,但是永远不可能殄灭。二程认为,经过五代之乱,仁义之道应当早已丧失,不得存在。但是还能感觉到社会中有仁义之道,就在于仁、义秉受于天,是亘古常存的。另一方面,本源之天理往往呈现为仁、义、礼、智等各种具体的表现,甚至就体现在百姓的日用常行之中,因而"君子之道鲜矣",很难被人注意。但是仁、义之道始终存在,不会因人而变,"亦不少,亦不剩,只是人看他不见"。

110 告子云"生之谓性"则可。凡天地所生之物,须是谓之性。皆

---

① 《程氏遗书》卷二上,《二程集》,第25页。
② 《程氏遗书》卷二上,《二程集》,第42页。

谓之性则可,于中却须分别牛之性、马之性。是他便只道一般,如释氏说蠢动含灵,皆有佛性,如此则不可。

"天命之谓性,率性之谓道"者,天降是于下,万物流形,各正性命者,是所谓性也。循其性(一作各正性命。)而不失,是所谓道也。此亦通人物而言。循性者,马则为马之性,又不做牛底性;牛则为牛之性,又不为马底性。此所谓率性也。人在天地之间,与万物同流,天几时分别出是人是物?"修道之谓教",此则专在人事,以失其本性,故修而求复之,则入于学。若元不失,则何修之有?是由仁义行也。则是性已失,故修之。"成性存存,道义之门",亦是万物各有成性存存,亦是生生不已之意。天只是以生为道。①

此则材料主要是在讨论性,二程指出"凡天地所生之物",皆有秉赋于天之性。但是告子以及佛教认为牛、马等一切生物都具有相同之性,则是二程坚决反对的。二程指出,"天命之谓性","天降是于下,万物流形",受气之拘束,万物表现出来的性必然有所差别。"率性之谓道",率性而为即遵循万物所具备之性,施用以为道。对于人性而言,最重要的秉赋即是仁义。若人性有失,则需"修道之谓教"以恢复本然之性。"若元不失",则直接率性而为,"由仁义行"即为道。

180 仁义礼智根于心,其生色言四者,本于心而生色也。"睟于面,盎于背,施于四体,四体不言而喻",孟子非自及此,焉能道得到此?②

183 得此义理在此,甚事不尽?更有甚事出得?视世之功名事业,真譬如闲。视世之仁义者,甚煦煦孑孑,如匹夫匹妇之为谅也。自视(一作是。)天来大事,处以此理,又曾何足论?若知得这个义理,

---

① 《程氏遗书》卷二上,《二程集》,第29—30页。
② 《程氏遗书》卷二上,《二程集》,第41—42页。

便有进处。若不知得,则何缘仰高钻坚,在前在后也? 竭吾才,则又见其卓尔?①

二程强调,只要学者能够真正地恢复、体得仁、义、礼、智的本然之性,自然会有"睟然见于面,盎于背,施于四体"(《孟子·尽心上》)的外在表现。孟子能够如此形容,可见其为真正地有得于心。真正于仁、义有得之人,自然"煦煦孑孑",有现于外。其"视世之功名事业,真譬如闲"。无论任何事情,皆以仁、义之理处置。颜渊感叹孔子:"仰之弥高,钻之弥坚,瞻之在前,忽焉在后!夫子循循然善诱人,博我以文,约我以礼。欲罢不能。既竭吾才,如有所立卓尔。虽欲从之,末由也已!"(《论语·子罕》)这也正是颜渊见道有得的表现。对于二程而言,体得仁义之理是学者求道的重要目标。

综上所述,二程反复强调仁至难言,因而对于仁之本体只能默识。默识仁体之后,程颢尤其强调人之行道就是充分地展现内在之仁,这是程颢思想的特色所在。《程氏遗书》卷二在当时广泛传播,其中记录的仁、诚、敬等思想也影响了北宋学者对于二程思想的理解,具有重要作用。

二 《程氏遗书》卷十五思想研究

关中学者所记《程氏遗书》卷十五是程颐思想研究的重要材料。以下从默识、诚、敬、忠恕、仁等方面分析,不难发现二程兄弟在许多概念的阐释上都有共通之处,这些方面皆可看作二程的共同主张以及洛学思想的基本特征。

(一) 默识

与程颢要求学者对于"天地设位而易行其中""形而上者谓之道,形而下者谓之器",以及"一阴一阳之谓道,继之者善也,成之者性也"等道学理论建立的关键材料默识的要求一致,程颐提出对于道学的根本思想,有赖于学者默识。

---

① 《程氏遗书》卷二上,《二程集》,第42页。

9　六经之言,在涵畜中默识心通(精义为本)。①

44　"范围天地之化。"天本廓然无穷,但人以目力所及,见其寒暑之序、日月之行,立此规模,以窥测他。天地之化,不是天地之化其体有如城郭之类,都盛其气。假使言日升降于三万里,不可道三万里外更无物。又如言天地升降于八万里中,不可道八万里外天地尽。学者要默体天地之化。如此言之,甚与天地不相似,其卒必有窒碍。有人言无西海,便使无西海,亦须是有山(无阴阳处,便无日月)。②

对于"六经之言",即圣人作经之用意,程颐要求学者"在涵畜中默识心通"。对于"易与天地准","范围天地之化",程颐同样要求学者"默体天地之化",何以易能"范围天地之化",对于这些能用语言直接表达的道学根本思想,二程都反复要求学者"默识""默体"。

55　"必有事焉",有事于此(一作敬。)也。"勿正"者,若思此而曰善,然后为之,是正也。"勿忘",则是必有事也。"勿助长",则是勿正也。后言之渐重,须默识取主一之意。③

114　"不勉而中,不思而得",与勉而中,思而得,何止有差等,直是相去悬绝。"不勉而中"即常中,"不思而得"即常得,所谓"从容中道"者,指他人所见而言之。若不勉、不思者,自在道上行,又何必言中、不中?不勉、不思,亦有大小深浅。至于曲艺,亦有不勉、不思者。所谓日月至焉,与久而不息者,所见规模虽略相似,其意味气象迥别,须潜心默识,玩索久之,庶几自得。学者不学圣人则已,欲学之,须熟玩味圣人之气象,不可只于名上理会。如此,只是讲论文字。④

---

① 《程氏遗书》卷十五,《二程集》,第143页。
② 《程氏遗书》卷十五,《二程集》,第148页。
③ 《程氏遗书》卷十五,《二程集》,第150页。
④ 《程氏遗书》卷十五,《二程集》,第158页。"自在道上行,又何必言中、不中?"一句原作"自在道上行,又何必言中? 不中、",据文意,似应为"中、不中?"的反问。

孟子所说"必有事焉而勿正,心勿忘,勿助长也"(《孟子·公孙丑上》)是二程非常重视的一则材料。程颐强调"必有事焉",心之发用必然落实于具体之事。"勿正""勿助长"是指不要以外在的人为思虑而动,"勿忘"则是不可离开具体之事。对此思想的细微之处,程颐强调"须默识取主一之意"。

对于《中庸》所谓"诚者不勉而中,不思而得,从容中道,圣人也",程颐指出圣人"自在道上行",其所为皆依据本然天性,本身没有所为中与不中的考虑。但因其皆依天理而动,故所为无不中、无不得,在他人看来可谓"从容中道",没有丝毫急迫、勉强。这与"勉而中,思而得"之人,"相去悬绝"。孔子提出:"回也,其心三月不违仁;其余,则日月至焉而已矣。"(《论语·雍也》)"日月至焉"的门人与"至诚无息"的圣人相比,虽然其所至、其"所见规模略相似",但是"意味气象迥别",这有待于后世学者"潜心默识,玩索久之,庶几自得"。总之对于道学的核心思想,程颐强调"不可只于名上理会",不能"只是讲论文字",需要学者自身"潜心默识"。默识的思想并非程颢所独有,程颐同样要求对于本源性的思想要熟玩味,默识体认。但是与程颢稍有不同的是,程颐强调对于天理的默识体认,而程颢更强调在默识的基础上,以诚敬发用天理。

(二) 诚

与程颢强调《周易·文言》的"忠信,所以进德也;修辞立其诚,所以居业也"不同,程颐强调的则是"庸言之信,庸行之谨,闲邪存其诚"一句。

45 闲邪则诚自存,不是外面捉一个诚将来存着。今人外面役役于不善,于不善中寻个善来存着,如此则岂有入善之理?只是闲邪,则诚自存。故孟子言性善,皆由内出。只为诚便存,闲邪更着甚工夫?但惟是动容貌、整思(一作心。)虑,则自然生敬,敬只是主一也。主一,则既不之东,又不之西,如是则只是中。既不之此,又不之彼,如是则只是内。存此,则自然天理明。学者须是将(一本无此字。)敬以直内,涵养此意,直内是本。①

---

① 《程氏遗书》卷十五,《二程集》,第149页。

程颐强调"诚"是人内在具备,绝非自外而来,更不可能自外在的不善中"寻个善来存着"。因而只要去除外在不善之物的干扰,内在之诚自然能够存养、显现。对于此处所言的"闲邪存诚",程颐将其与《文言·坤》的"君子敬以直内,义以方外"相联系,认为"闲邪存诚"的工夫就是"敬以直内",通过"动容貌、整思虑"以持敬,敬则自然主一,不为外物所扰。主一就是主于中、主于内,"自然天理明"。

> 178 闲邪存诚,闲邪则诚自存。如人有室,垣墙不修,不能防寇,寇从东来,逐之则复有自西入;逐得一人,一人复至。不如修其垣墙,则寇自不至,故欲闲邪也。①

程颐以修墙御寇为例,认为平时闲邪存养,那么遇事之时自然能够做到不被外物所扰。否则面对事物之时疲于应对,内在之诚自然无法展现。在程颐看来,《周易》所言"闲邪存诚",其工夫在于日常之"闲邪","存诚"则是闲邪工夫之后的自然体现。

《中庸》:"唯天下至诚,为能尽其性;能尽其性,则能尽人之性;能尽人之性,则能尽物之性;能尽物之性,则可以赞天地之化育;可以赞天地之化育,则可以与天地参矣。"二程皆非常重视此句。

> 115 "赞天地之化育",自人而言之,从尽其性至尽物之性,然后可以赞天地之化育,可以与天地参矣。言人尽性所造如此。若只是至诚,更不须论。所谓"人者天地之心",及"天聪明自我民聪明",止谓只是一理,而天人所为,各自有分。②

此处程颐提出,从学者尽性至尽众人之性,再至尽万物之性,以至可以

---

① 《程氏遗书》卷十五,《二程集》,第169页。
② 《程氏遗书》卷十五,《二程集》,第158页。

赞天地之化育,与天地参,这指的是学者修养"尽性"的不同境界。但是从"至诚"而言,本心与天理合一,人心即天地之心,天道即万民之道,"只是一理"。程颐区分为学行道的不同层次以及天理本源的区别,但是就具体的为学次第而言,程颐强调"天人所为,各自有分",学者应当遵循尽己之性、尽人之性、尽物之性,直至赞天地化育、与天地参的次序而为。

至诚即人心纯于天理的状态,祭祀之时尤为重要。

160 古所谓支子不祭者,惟使宗子立庙,主之而已。支子虽不得祭,至于齐戒,致其诚意,则与主祭者不异。可与,则以身执事;不可与,则以物助,但不别立庙为位行事而已。后世如欲立宗子,当从此义。虽不祭,情亦可安。若不立宗子,徒欲废祭,适足长惰慢之志,不若使之祭,犹愈于已也。①

134 匹夫至诚感天地,固有此理。如邹衍之说太甚,只是盛夏感而寒栗则有之,理外之事则无,如变夏为冬降霜雪,则无此理。②

以上第一则材料中虽然讲论的是"支子不祭",但是"斋戒,至其诚意",支子、宗子是一样的。第二则材料中程颐所说"匹夫至诚感天地",在二程的相关资料中,人之至诚感天地绝非荒诞之说,从通天地只是一理的观点而言,因为理之贯通,人在至诚的状态下与天地之理相感,与祖先相感都是真实存在的。

119 尝观自三代而后,本朝有超越古今者五事:如百年无内乱;四圣百年;受命之日,市不易肆;百年未尝诛杀大臣;至诚以待夷狄。此皆大抵以忠厚廉耻为之纲纪,故能如此,盖睿主开基,规模自别。③

36 须是有"见不善如探汤"之心,则自然别。昔若经伤于虎者,他人

---

① 《程氏遗书》卷十五,《二程集》,第 165 页。
② 《程氏遗书》卷十五,《二程集》,第 161 页。
③ 《程氏遗书》卷十五,《二程集》,第 159 页。

语虎,则虽三尺童子,皆知虎之可畏,终不似曾经伤者,神色慑惧,至诚畏之,是实见得也。得之于心,是谓有德,不待勉强,然学者则须勉强。①

以上两条,程颐反复强调在国家政治方面、学者修养方面,都应保持至诚。程颐以宋朝"超越古今者五事",其中之一就是"至诚以待夷狄"。第二条材料中程颐以"知虎之可畏"说明"真知",非常著名。程颐指出只有"经伤于虎者,他人语虎","神色慑惧"。因为其是真正地知道老虎的恐怖,"至诚畏之,是实见得也"。只有真正识得,得之于心,始终保持至诚,才可以称得上"有德,不待勉强"。至诚就是本心纯于天理,真知真见的状态。

与程颢强调以诚贯通天人,展现本然之性的侧重不同,程颐强调闲邪存诚,排除外在私虑的干扰以至诚的状态应对事物。兄弟二人都强调诚,但侧重点有所不同。

(三) 敬

程颐强调保持至诚,但是至诚的工夫还要落实于敬,即通过敬以达到内心存于天理的状态。在敬的工夫方面,程颐同样重视《周易·文言》中的"敬以直内,义以方外",以及《孟子·公孙丑上》中的"必有事焉而勿正,心勿忘,勿助长也"。

76 切要之道,无如"敬以直内"。②

4 主一无适,敬以直内,便有浩然之气。浩然须要实识得他刚大直,不习无不利。③

49 "敬以直内",有主于内则虚,自然无非僻之心。如是,则安得不虚?"必有事焉",须把敬来做件事着。此道最是简,最是易,又省工夫。为此语,虽近似常人所论,然持之(一本有久字。)必别。④

---

① 《程氏遗书》卷十五,《二程集》,第147页。
② 《程氏遗书》卷十五,《二程集》,第152页。
③ 《程氏遗书》卷十五,《二程集》,第143页。
④ 《程氏遗书》卷十五,《二程集》,第149页。

程颐提出"敬以直内"是最好的"切要之道",能够做到"敬以直内"自然就有孟子所说"浩然之气"。"敬以直内"就是"有主于内",由是可使心虚。同时,程颐指出敬的工夫"必有事焉",一定作用于具体的事物,"持之久必别"。此处程颐所说"有主于内则虚"是其思想中非常重要的一个观念,之后将详细讨论。

55 "必有事焉",有事于此(一作敬。)也。"勿正"者,若思此而曰善,然后为之,是正也。"勿忘",则是必有事也。"勿助长",则是勿正也。后言之渐重,须默识取主一之意。①

186 "必有事焉",谓必有所事,是敬也。勿正,正之为言轻,勿忘是敬也。正之之甚,遂至于助长。②

以上材料中,程颐更加明确地指出"必有事焉"就是敬的工夫,在具体的事物上持敬就是"勿忘"。"正"与"助长",程颐解释为"思此而曰善,然后为之",内心仍然不能纯于天理,有所计较、勉强,亦应予以去除。持敬的工夫就是心在具体事物上的发用,那么无事之时,心应当如何用功呢?

61 有言:"未感时,知心何所寓?"曰:"'操则存,舍则亡,出入无时,莫知其乡',更怎生寻所寓?只是有操而已。操之道,敬以直内也。"③

184 "舜孳孳为善",若未接物,如何为善?只是主于敬,便是为善也。以此观之,圣人之道,不是但嘿然无言(一作为)。④

心与外物未感之时的工夫,程颐提出"操则存,舍则亡,出入无时,莫知

---

① 《程氏遗书》卷十五,《二程集》,第150页。
② 《程氏遗书》卷十五,《二程集》,第171页。
③ 《程氏遗书》卷十五,《二程集》,第151页。
④ 《程氏遗书》卷十五,《二程集》,第170页。

其乡"(《孟子·告子上》),无论有事无事,皆应操持其心,"敬以直内",使心不被外物所扰。

5　敬即便是礼,无己可克。①

85　"出门如见大宾,使民如承大祭",只是敬也。敬则是不私之说也。才不敬,便私欲万端害于仁。②

109　敬则无己可克(一有"学者之"字),始则须绝四(一有去字)。③

程颐提出"敬即便是礼""无己可克",无需再做"克己复礼"(《论语·颜渊》)的工夫。孔子所说"出门如见大宾,使民如承大祭"(《论语·颜渊》),也只是落实于敬。持敬则不私,不敬则"私欲万端害于仁"。持敬是去除私欲之扰有效方法。

191　约。(敬是。)④

105　敬则自虚静,不可把虚静唤做敬。居敬则自然行简,若居简而行简,却是不简,只是所居者已剩一简字。⑤

88　有人旁边作事,己不见,而只闻人说善言者,为敬其心也,故视而不见,听而不闻,主于一也。主于内则外不入,敬便心虚故也。必有事焉,不忘,不要,施之重便不好。敬其心,乃至不接视听,此学者之事也。始学,岂可不自此去?至圣人,则自是"从心所欲不踰矩"。⑥

182　严威俨恪,非敬之道,但致敬须自此入。⑦

---

① 《程氏遗书》卷十五,《二程集》,第143页。
② 《程氏遗书》卷十五,《二程集》,第153页。
③ 《程氏遗书》卷十五,《二程集》,第157页。
④ 《程氏遗书》卷十五,《二程集》,第171页。
⑤ 《程氏遗书》卷十五,《二程集》,第157页。
⑥ 《程氏遗书》卷十五,《二程集》,第154页。
⑦ 《程氏遗书》卷十五,《二程集》,第170页。

程颐强调敬即是约,去除外在纷繁事物的干扰,"敬则自虚静""敬便心虚"。程颐提醒学者注意,敬能达到"虚静""行简",但是不可误将"虚静""行简"的外在表现简单地等同于敬。敬的工夫是由内心主于一,纯于天理,不受外物干扰的情况下应对外物。一味地要求外在的虚静、行简,反而刻意作为,"却是不简"。另一方面程颐也承认,对于学者而言,"不接视听""严威俨恪"(《礼记·祭义》)虽然都为"非敬之道",但是"致敬须自此入"。外在的修养对于学者培养敬而言具有一定的作用,但学者要注意不能将此误认为敬之工夫本身。

以上材料中程颐又提到"主于内则外不入,敬便心虚故也。""有主于内则虚",这是程颐特有的一个论述。以下材料中,对此问题的论述尤为详细。

177 学者先务,固在心志。有谓欲屏去闻见知思,则是"绝圣弃智"。有欲屏去思虑,患其纷乱,则是须坐禅入定。如明鉴在此,万物毕照,是鉴之常,难为使之不照。人心不能不交感万物,亦难为使之不思虑。若欲免此(一本无此四字),唯是心(一作在人。)有主。如何为主?敬而已矣。有主则虚,虚谓邪不能入。无主则实,实谓物来夺之。今夫瓶罂,有水实内,则虽江海之浸,无所能入,安得不虚?无水于内,则停注之水,不可胜注,安得不实?大凡人心,不可二用,用于一事,则他事更不能入者,事为之主也。事为之主,尚无思虑纷扰之患,若主于敬,又焉有此患乎?所谓敬者,主一之谓敬。所谓一者,无适之谓一。且欲涵泳主一之义,一则无二三矣(一作不一则二三矣)。言敬,无如圣人之言(一无"圣人之言"四字)。《易》所谓"敬以直内,义以方外",须是直内,乃是主一之义。至于不敢欺、不敢慢、尚不愧于屋漏,皆是敬之事也。但存此涵养,久之自然天理明。①

程颐指出,"人心不能不交感万物,亦难为使之不思虑",因而希望"屏

---

① 《程氏遗书》卷十五,《二程集》,第168—169页。

去闻见知思","屏去思虑"纷乱,这些作法都可看作刻意妄为。为了去除思虑对于人心发用的干扰,程颐强调只能"心有主","敬而已矣"。程颐道出"有主则虚,虚谓邪不能入。无主则实,实谓物来夺之。"此处程颐所说与一般的用法不同,程颐以"邪不能入"为"虚","物来夺之"为"实"。程颐以瓶中之水为比喻,瓶中有水,则虽在江海之中,外物不能入。如果瓶中无水,"则停注之水,不可胜注"。以此比喻,程颐指出瓶中有水即心中实于天理,则"无思虑纷扰之患",此即所谓敬。相反,人心不主于天理则必然被外物纷扰,心无所适。程颐以"有主则虚"表示内心纯于天理的状态,"无主则实"表示内心被外物所扰。最终,程颐要求学者落实于"敬以直内,义以方外",不欺、不慢、不愧屋漏,"存此涵养,久之自然天理明"。终于可见,无论诚敬,程颐反复强调即学者应当在心之发用时,纯于天理,不为外物所扰。

诚的工夫又具体落实在于敬,程颐要求学者以敬之工夫排除外物纷扰,内心虚静,纯于天理,以此合乎规范地应对外在事物。无事时涵养,有事时发用,无不需要敬之工夫。

(四) 忠恕

诚敬强调个人内心纯于天理的状态,作为与他人甚至外物交往的准则,忠恕则偏重具体的行为。程颐强调忠恕乃入德之门。

> 82 曾子言夫子之道忠恕,果可以一贯,若使他人言之,便未足信,或未尽忠恕之道,曾子言之,必是尽得是。又于《中庸》特举此二义,言"忠恕违道不远",恐人不喻,故指而示之近,欲以喻人,又如禘尝之义,如视诸掌,《中庸》亦指而示之近,皆是恐人不喻,故特语之详。然则《中庸》之书,决是传圣人之学不杂,子思恐传授渐失,故著此一卷书。①

《论语》中,曾子提出"夫子之道,忠恕而已矣!"(《论语·里仁》)《中庸》中进而引用孔子所说"忠恕违道不远,施诸己而不愿,亦勿施于人。"二

---

① 《程氏遗书》卷十五,《二程集》,第153页。

程认为,形而上之道难以言说,更难以被学者直接把握,因而要从忠恕等具体的行为规范开始,下学上达以使学者领悟。从这些方面而言,程颐强调"《中庸》之书,决是传圣人之学不杂,子思恐传授渐失,故著此一卷书"。

83　忠恕所以公平,造德则自忠恕,其致则公平。①

77　立人达人,为仁之方,强恕,求仁莫近,言得不济事,亦须实见得近处,其理固不出乎公平。公平固在,用意更有浅深,只要自家各自体认得。②

以公训仁是程颐思想的标志,程颐强调自忠恕以培养德行,自然亦能有仁之发用,此处程颐称为"公平"。同样,程颐还以孟子所说"强恕而行,求仁莫近焉"(《孟子·尽心上》)强调由恕以培养仁德。但是,对于仁德本身的领悟,最终需要"各家自体认得"。

173　仁义礼智信,于性上要言此五事,须要分别出。若仁则固一,一所以为仁。恻隐则属爱,乃情也,非性也。恕者入仁之门,而恕非仁也。因其恻隐之心,知其有仁。惟四者有端而信无端。只有不信,更无(一作便有。)信。如东西南北已有定体,更不可言信。若以东为西,以南为北,则是有不信。如东即东,西即西,则无(一有不字)信。③

84　仁之道,要之只消道一公字。公只是仁之理,不可将公便唤做仁。公而以人体之,故为仁。只为公,则物我兼照,故仁,所以能恕,所以能爱,恕则仁之施,爱则仁之用也。④

有关仁的讨论,后文还将详细展开。上文程颐强调"恕者入仁之门,而

---

① 《程氏遗书》卷十五,《二程集》,第153页。
② 《程氏遗书》卷十五,《二程集》,第152—153页。
③ 《程氏遗书》卷十五,《二程集》,第168页。
④ 《程氏遗书》卷十五,《二程集》,第153页。

恕非仁也","故仁,所以能恕,所以能爱,恕则仁之施,爱则仁之用也",由恕可以求仁,但是与爱之情一样,恕之行为本身并非仁,而是"仁之施""仁之用",即本体之仁的外在表现,具备仁德之人自然会有恕、爱的施用。

忠恕违道不远,忠恕是天道的具体展现和应用。忠为人之所为实于天理,恕则是与人交往时的具体表现。完全展现心中的仁德,自然表现为具体行为中的对友之恕。

（五）仁

二程特别注意仁之体与仁之用的区分,因为仁之本体难以言说,难以被学者把握,二程更重视从仁之用入手,使学者切己体仁。上文已经讨论,程颐强调孟子所说"强恕而行,求仁莫近焉"(《孟子·尽心上》)。

77　立人达人,为仁之方,强恕,求仁莫近,言得不济事,亦须实见得近处,其理固不出乎公平。公平固在,用意更有浅深,只要自家各自体认得。①

"夫仁者,己欲立而立人,己欲达而达人。能近取譬,可谓仁之方也已。"(《论语·雍也》)此处孔子所说程颐称之为"为仁之方",再以孟子所说强恕求仁,程颐要求学者"须实见得近处","自家各自体认得"。

84　仁之道,要之只消道一公字。公只是仁之理,不可将公便唤做仁。公而以人体之,故为仁。只为公,则物我兼照,故仁,所以能恕,所以能爱,恕则仁之施,爱则仁之用也。②

173　仁义礼智信,于性上要言此五事,须要分别出。若仁则固一,一所以为仁。恻隐则属爱,乃情也,非性也。恕者入仁之门,而恕非仁也。因其恻隐之心,知其有仁。惟四者有端而信无端。只有不信,更无

---

① 《程氏遗书》卷十五,《二程集》,第152—153页。
② 《程氏遗书》卷十五,《二程集》,第153页。

信。如东西南北已有定体,更不可言信。若以东为西,以南为北,则是有不信。如东即东,西即西,则无(一有不字。)信。①

以上"公只是仁之理,不可将公便唤做仁"需要特别注意,程颐所说"公只是仁之理"表明"公"是仁之内在要求,但"公"并非仁之本身。此处的"理"字,亦应作"理所当然"解释。程颐要求学者以公为标准而体之,即是"为仁",由此能实现恕的"仁之施"以及爱的"仁之用"。

第二则材料中,程颐强调"恕者入仁之门,而恕非仁也",同样恻隐属爱,为情,亦非本性之仁。人有恕之行、爱之情的表现,故知其本性中有仁,但是切不可将其误以为本体。

62 "刚毅木讷",何求而曰(一作以。)近仁?只为轻浮巧利,于仁甚远,故以此为近仁。此正与"巧言令色"相反。②

85 "出门如见大宾,使民如承大祭",只是敬也。敬则是不私之说也。才不敬,便私欲万端害于仁。③

孔子指出"刚毅木讷,近仁。"(《论语·子路》)程颐认为只是由于"轻浮巧利""巧言令色""于仁甚远",才指出与其相反的"刚毅木讷近仁"。同样需要注意并非"刚毅木讷"为仁,只是不像轻浮巧利一样害仁。同样对于司马牛问仁,孔子提出"出门如见大宾,使民如承大祭"(《论语·颜渊》),程颐强调此处孔子所言为敬,并非直接言仁。只是因为不敬的话,"私欲万端害于仁",所以孔子才有此回答。可见无论"刚毅木讷"还是持敬,都仅是不害于仁的求仁之方。

102 "合而言之道也",仁固是道,道却是总名。④

---

① 《程氏遗书》卷十五,《二程集》,第168页。
② 《程氏遗书》卷十五,《二程集》,第151页。
③ 《程氏遗书》卷十五,《二程集》,第153页。
④ 《程氏遗书》卷十五,《二程集》,第156页。

> 90　自古元不曾有人解仁字之义，须于道中与他分别五常，若只是兼体，却只有四也。且譬一身：仁，头也；其他四端，手足也。至如《易》，虽言"元者善之长"，然亦须通四德以言之，至如八卦，《易》之大义在乎此，亦无人曾解来。（乾健坤顺之类，亦不曾果然体认得。）①

对于同样是形而上的仁与道的关系，程颐由孟子所说"仁也者，人也；合而言之，道也"（《孟子·尽心下》）表示道是仁之总名。换言之仁表示道的一个方面，即能表现出恕之行为，以及爱和恻隐之情。对于本性的"仁义礼智信"，程颐以一身作比喻，"仁，头也"。虽然"元者善之长"，但是"义礼智信"亦不可无。五德之中，仁是最为关键的。

> 2　知知，仁守，勇决。②
> 185　颜子择中庸，得善拳拳，中庸如何择？如博学之，又审问之，又明辨之，所以能择中庸也。虽然，学问明辨，亦何所据，乃识中庸？此则存乎致知。致知者，此则在学者自加功也。大凡于道，择之则在乎智，守之则在乎仁，断之则在乎勇。人之于道，只是患在不能守，不能断。③

"知知，仁守，勇决"的观点在卷中两次出现，后一则材料更加详细。程颐指出"择乎中庸，得一善，则拳拳服膺而弗失之"，其工夫就在于"博学之，审问之，慎思之，明辨之"，而博学明辨的工夫在于"致知"。最后程颐指出，学者以智择道、知道，以仁守道，决断果行则在于勇。知、仁、勇三者之中，关键的还是守道。在程颐看来，人们知道并不断，但是能够不受干扰地坚守道，才是最困难的。能够守道，自然会勇于行道。因而能够以仁守道是最为重要的。

---

① 《程氏遗书》卷十五，《二程集》，第154页。
② 《程氏遗书》卷十五，《二程集》，第143页。
③ 《程氏遗书》卷十五，《二程集》，第170页。

188 墨子之书,未至大有兼爱之意,及孟子之时,其流浸远,乃至若是之差。杨子为我亦是义,墨子兼爱则是仁,惟差之毫厘,谬以千里,直至无父无君,如此之甚。①

孟子指出"墨子兼爱,摩顶放踵利天下为之"(《孟子·尽心上》),二程同样以爱形容仁,那么墨子的兼爱之弊同样是二程必须予以辨明的。程颐提出,墨子兼爱之弊,"孟子之时,其流浸远",危害越来越明显,"差之毫厘,谬以千里"。爱本身只是仁之表现,如果学者仅仅局限于爱,而不能体察作为爱之理的仁,就会出现类似的弊病。在二程的思想中,探究把握形而上之理是最为重要的工夫。

16 人多思虑不能自宁,只是做他心主不定。要作得心主定,惟是止于事,"为人君,止于仁"之类。如舜之诛四凶,四凶已(一作他。)作恶,舜从而诛之,舜何与焉? 人不止于事,只是揽他事,不能使物各付物。物各付物,则是役物。为物所役,则是役于物。有物必有则,须是止于事。②

程颐强调《大学》所说"为人君,止于仁;为人臣,止于敬;为人子,止于孝;为人父,止于慈;与国人交,止于信"都是"心主定,惟是止于事"。在具体的事情上"物各付物",人之所为合于事物之理(则),程颐称此为"役物"。否则心为外物所扰,不能主定而止于事,则是人"为物所役""役于物"。程颐同样认为为仁、为敬都应落实于具体之事,人心主定而不为他物所扰。

36 人苟有"朝闻道夕死可矣"之志,则不肯一日安其所不安也。何止一日? 须臾不能。如曾子易箦,须要如此乃安。人不能若此者,只

---

① 《程氏遗书》卷十五,《二程集》,第171页。
② 《程氏遗书》卷十五,《二程集》,第144页。

为不见实理。实理者,实见得是,实见得非。凡实理,得之于心自别。若耳闻口道者,心实不见。若见得,必不肯安于所不安。人之一身,尽有所不肯为,及至他事又不然。若士者,虽杀(一作教。)之使为穿窬,必不为,其他事未必然。至如执卷者,莫不知说礼义。又如王公大人皆能言轩冕外物,及其临利害,则不知就义理,却就富贵。如此者,只是说得,不实见。及其蹈水火,则人皆避之,是实见得。须是有"见不善如探汤"之心,则自然别。昔若经伤于虎者,他人语虎,则虽三尺童子,皆知虎之可畏,终不似曾经伤者,神色慑惧,至诚畏之,是实见得也。得之于心,是谓有德,不待勉强,然学者则须勉强。古人有捐躯陨命者,若不实见得,则乌能如此?须是实见得生不重于义(一作义重于生),生不安于死也。故有杀身成仁者,只是成就一个是而已。①

此则语录是程颐所说真知实行的一则重要材料。对于孔子所说"志士仁人,无求生以害仁,有杀身以成仁"(《论语·卫灵公》),程颐强调志士仁人见得实理,"生不重于义",故能"捐躯陨命"。程颐强调见得实理这从,如曾经被虎所伤,则"神色慑惧,至诚畏之"。其他人"只是说得,不实见",虽然也会在某些事上不肯为,但其所行不能一贯,"及其临利害,则不知就义理,却就富贵"。程颐指出与"耳闻口道"不同,见得实理之人为"得之于心",如曾子易箦,须臾之间亦不能安于不义。程颐所说见于实理,杀身成仁,是在一切行为中皆能严格地践行天道,无片刻间隔。

81 "道二,仁与不仁而已",自然理如此。道无无对,有阴则有阳,有善则有恶,有是则有非,无一亦无三。故《易》曰:"三人行则损一人,一人行则得其友,只是二也。"②

---

① 《程氏遗书》卷十五,《二程集》,第147页。
② 《程氏遗书》卷十五,《二程集》,第147页。

"道二,仁与不仁而已"(《孟子·离娄下》),程颐指出形而上之道必然呈现出形而下的对立,"有阴则有阳,有善则有恶,有是则有非,无一亦无三"、程颐提出仁与不仁的区分暗含了个体行为的道德紧张,人之行为不合于道即为不仁,不存在伦理的缓冲之地,这是程颐思想的关键所在。

综上所述,仁的讨论仍然为《程氏遗书》卷十五的重要内容。程颐提出仁为义礼智信之头脑,强调学者在具体的事情上求仁、践行仁道,不可有须臾间隔,这些观念亦反映程颐道德严格主义的思想特征。

第三节 结 语

关中学者所记的《程氏遗书》卷二、卷十五是研究二程思想的重要材料,而且在当时即已广泛流传。吕大临所记《程氏遗书》卷二自不用说,《程氏遗书》卷十八中亦出现大量与卷十五类似的材料,这表明该卷的记录者刘安节见过关中学者所记的卷十五,反映了卷十五在当时的影响。

关中学者所记的语录中集中讨论仁、诚、敬以及默识等问题,不仅反映了二程的思想,亦体现了关中学者的理论兴趣。关学与洛学合流,《程氏遗书》卷二、卷十五不仅是研究二程思想的重要文献,同样亦可看作关学思想融入并影响洛学的关键资料。

第三章　谢良佐

谢良佐为程门四大弟子，自二程于元丰元年（1078）扶沟讲学开始问学长达二十五年，是程门弟子中问学时间最长的。前两章讨论的河南学者李籲、刘绚与关中学者吕大临等人主要受程颢影响，程门后期学者仅受学于程颐，唯有谢良佐自程颢扶沟讲学开始直至程颐晚年不断问学，其所录的《程氏遗书》卷三亦明确区分程颢、程颐，足见其对二程思想理解之深刻。本章将首先依据现存资料分析谢良佐的生平，之后讨论谢良佐传承的洛学思想。

第一节　谢良佐与《程氏遗书》卷三

《程氏遗书》卷三为谢良佐回忆二程语，这样的追忆虽然欠缺问学的临场感，但却更深刻地体现出二程，或者说谢良佐接受的二程根本思想。该卷明确区分程颢、程颐所说即可看出谢良佐对于二程思想核心即其异同的把握，显现出该卷的重要性。然而谢良佐的生平资料在朱熹时已不清楚，本节将首先依据现有资料考察谢良佐的生平，之后分析《程氏遗书》卷三的相关文献问题。

一　谢良佐生平考论

程门弟子中，问学时间最久的应属谢良佐，从元丰年间开始问学二程于扶沟，下至元符三年（1100）程颐归至涪陵，二十余年间一直都有谢良佐问学的记载。但是谢良佐的生平,朱熹时已不清楚。《伊洛渊源录》卷九"谢学士"的记载如下。

> 名良佐,字显道,上蔡人。与游察院、杨文靖同时受学,历仕州县。建中召对,除书局官,后复去为筦库,以飞语坐系诏狱,褫官。有《论语说》《文集》《语录》行于世。游公为志其墓,今访求未得。①

撰写之时,游酢所写的墓志已不可见,有关谢良佐的生平,只能从相关的记载得知。以下按照《伊洛渊源录》中朱熹所收之"遗事"以及其他资料,按照早年问学、科举中第、晚年行道以述谢良佐的经历。

(一) 早年问学

谢良佐最早见二程于河南扶沟,程颢知扶沟县事,程颐侍行。

> 1 明道初见谢,语人曰:"此秀才展拓得开,将来可望。"②
>
> 2 谢显道习举业,已知名,往扶沟见明道先生受学,志甚笃。明道一日谓之曰:"尔辈在此相从,只是学某言语,故其学心口不相应。盍若行之?"请问焉。曰:"且静坐。"伊川每见人静坐,便叹其善学。③
>
> 3 人有习他经,既而舍之,习《戴记》。问其故,曰:"决科之利也。"先生曰:"汝之是心,已不可入于尧、舜之道矣。夫子贡之高识,曷尝规规于货利哉?特于丰约之间,不能无留情耳。且贫富有命,彼乃留情于其间,多见其不信道也。故圣人谓之'不受命'。有志于道者,要当去此心而后可语也。"(一本云:"明道知扶沟县事,伊川侍行,谢显道将归应举。伊川曰:'何不止试于太学?'显道对曰:'蔡人鲜习《礼记》,决科之利也'。先生云云,显道乃止。是岁登第。"注云:"尹子言其详如此。")④

---

① 《伊洛渊源录》卷九,《朱子全书》第12册,第1039页。
② 《程氏外书》卷十二,《二程集》,第426页。本节的资料编号为《伊洛渊源录》的顺序。
③ 《程氏外书》卷十二,《二程集》,第432页。
④ 《程氏遗书》卷四,《二程集》,第69页。

4 蔡州谢良佐虽时学中因议州举学试得失,便不复计较。①

第3条、第4条材料都记载了谢良佐的一个有名的典故,谢良佐由京师返回上蔡,路过扶沟见二程,说明希望回乡应试,但被程颐劝返。《伊洛渊源录》所列第4条资料"因议州举学试得失,便不复计较"出自吕大临所记《程氏遗书》卷二上,二程表示出虽然谢良佐一时有功利之心,但被纠正之后"便不复计较"的豁达。

这条资料必须结合其他部分来理解。《二程遗书》的另外一条记载即《伊洛渊源录》所列第3条,该条为游酢所记,《伊洛渊源录》只引括号中的"一本云"部分。游酢可能故意略去谢良佐的名字,只是说"人有习他经,既而舍之",抛弃自己已经熟悉的经典而改学他经,原因就是为了应举的"决科之利"。程颐指出,这样一种计较的利心"已不可入于尧、舜之道矣"。《论语》中孔子指出"赐不受命,而货殖焉"(《论语·先进》),并非子贡"规规于货利","特于丰约之间,不能无留情耳。"对于贫富贵贱有所牵挂,即"不受命"。游酢的原意是借此事表达学者不能有功利计较之心,但括号则补充了问答的背景,由此可知程颢知扶沟县,程颐亦在。谢良佐由太学归乡,表示将回乡应举,并改习《礼记》,原因就在于上蔡当地的学者很少学习《礼记》,由此更容易中举,但被程颐劝止。最后的"尹子言其详如此",可见括号中的部分是尹焞所述,或者讨论到此则材料时对学者所说,后被他人增补进去。

除上除第3条、第4条以外,还有2条资料,分别为冯忠恕和吕坚中所记尹焞语,其记载如下,

谢显道久住太学,告行于伊川云:"将还蔡州取解,且欲改经《礼记》。"伊川问其故。对曰:"太学多士所萃,未易得之,不若乡中可必取也。"伊川曰:"不意子不受命如此!子贡不受命而货殖,盖如是也。"显道复还,次年获国学解。②

---

① 《程氏遗书》卷二上,《二程集》,第44—45页。
② 《程氏外书》卷十二,《二程集》,第433—434页。

> 游定夫忽自太学归蔡,过扶沟见伊川。伊川问:"试有期,何以归也?"定夫曰:"某读礼太学,以是应试者多,而乡举者实少。"伊川笑之。定夫请问,伊川曰:"是未知学也。岂无义无命乎?"定夫即复归太学,是岁登第。(定夫字误,当作显道。)①

后面一条还误作游酢,显然"自太学归蔡"一句即表明不是福建人游酢,而为上蔡人谢良佐。程颐表示不久即将秋试,为何在此时归乡?谢良佐表示,"学多士所萃,未易得之","读礼太学,以是应试者多"。由此提出孔子所说"赐不受命,而货殖焉"。但是以上2条"次年获国学解"和"是岁登第"都有误,谢良佐"获国学解"应为当年之事,而"登第"则要7年之后,更可见科举对年轻士子的压力。

元丰元年(1078)程颢知扶沟县,第二年省试。谢良佐由太学归乡,是为了获得秋天乡解的名额。三年后秋试时,程颢已在颍昌办学。但谢良佐最后中第,则是元丰八年(1085),可见科举之艰辛。此事应为尹焞从程颐或者谢良佐本人处听闻,后来告知其他学者。

再回到《伊洛渊源录》所列第1条和第2条材料,程颢初见谢良佐,程颢谓其"展拓得开,将来可望",以及"谢显道习举业,已知名,往扶沟见明道先生受学,志甚笃"。程颢告其"且静坐",似乎都是指元丰元年(1078)在扶沟初见二程之事。那么由此推论,为了参加该年地方的乡试,谢良佐由太学回乡,路过扶沟,借机向二程问学。程颢告其"且静坐",程颐告其不要有"货殖"之心,由此谢良佐改变了回乡的念头,重回太学,并获得了当年的国学解。

5 明道先生谓谢子虽少鲁,直是诚笃,理会事有不透,其颡有泚,其愤悱如此。②

---

① 《程氏外书》卷十二,《二程集》,第440—441页。
② 《程氏外书》卷十二,《二程集》,第430页。

7 谢先生初以记问为学,自负该博,对明道先生举史书不遗一字。明道曰:"贤却记得许多,可谓玩物丧志。"谢闻此语,汗流浃背,面发赤,明道却云:"只此便是恻隐之心。"及看明道读史,又却定行看过,不差一字。谢甚不服,后来省悟,却将此事做话头,接引博学之士。(见《胡氏传家录》)

以上两条均为谢良佐年轻时读书之事,第5条出自《侯子雅言》为侯师圣所记,谢良佐之"诚笃"为程门弟子所称赞,"理会事有不透,其颡有泚"。第7条谢良佐"自负该博,对明道先生举史书不遗一字",亦可见谢良佐之诚笃。但是程颢批评其"可谓玩物丧志。"程颢本人亦读史书,"定行看过,不差一字",谢良佐"甚不服,后来省悟"。谢良佐看到程颢同样认真读史书,对"玩物丧志"的批评有所不满。"后来省悟"即谢良佐了解读书的关键在于立诚,了解其义,故而经常用自己的这段经历教导其他学者。《程氏外书》中也有了类似记载。

明道见谢子记问甚博,曰:"贤却记得许多。"谢子不觉身汗面赤。先生曰:"只此便是恻隐之心。"(恻然有隐于心。)①

以下数条同样记录了谢良佐早年问学问程的事情。

8 昔日作课簿,以记日用言动视听是礼与非礼者,昔日学时,只垂足坐,不敢盘足。又云:昔者用功处甚多,但不敢说与诸公,恐诸公以谓须得如此。

11 游子问谢子曰:"公于外物一切放得下否?"谢子谓胡子曰:"可谓切问矣。"胡子曰:"何以答之?"谢子曰:"实向他道,就上面做工夫来。"胡子曰:"如何做工夫?"谢子曰:"凡事须有根。屋柱无根,折却便

---

① 《程氏外书》卷十二,《二程集》,第427页。

倒。树木有根,虽蘖枝条,相次又发。如人要富贵,要他做甚?必须有用处寻讨,要用处病根,将来斩断便没事。"

12　或问于势利如何?曰:"打透此关十余年矣。当初大故做工夫,拣难舍底弃却,后来渐渐轻。至今日于器物之类,置之只为合要用,却并无健羡底心。"

13　旧多恐惧,常于危阶上习。又曰:"六文一管笔,特地写教不好,打叠了此心。"

14　释氏只要个绝念,某初得似释氏。明道问近日用心,对曰:"近日只用何思何虑一句。"伯淳曰:"有此理,只是发得太早。"

15　问:"太虚无尽,心有止,安得合一?"曰:"心有止,只为用他。若不用则何止?""吾丈莫己不用否?"曰:"未到此地,除是圣人便不用。当初曾发此口,被伊川一句坏了二十年。曾往见伊川,伊川曰:'近日事如何?'某对曰:'天下何思何虑?'伊川曰:'是则是有此理,贤却发得太早。'"在问:"当初发此语时如何?"曰:"见得这个事,经时无他念,接物亦应副得去。"问:"如此却何故被一句转却?"曰:"当了,终须有不透处。当初若不得他一句救拔,便入禅家去矣。伊川直是会锻炼得人,说了又却道恰好着工夫也。"问:"闻此语后如何?"曰:"至此未敢道到何思何虑地位。始初进速,后来迟,十数年过却如梦。如挽弓到满时愈难开,然此二十年闻见知识却煞长。"

以上资料足见谢良佐求学的严毅刻苦。谢良佐年轻时向二程问学,除扶沟以外,之后确切可考的就是于二程于颍昌办学之时。此处先补充一条杨时的回忆。

　　明道在颍昌,先生(按,指杨时)寻医,调官京师,因往颍昌从学。明道甚喜,每言曰:"杨君最会得容易。"及归,送之出门,谓坐客曰:"吾道南矣。"先是,建安林志宁,出入潞公门下求教。潞公云:"某此中无相益。有二程先生者,可往从之。"因使人送明道处。志宁乃语定夫及先生,先生谓不可不一见也,于是同行。时谢显道亦在。谢为人诚实,但聪悟不及先生,故明道每言杨君聪明,谢君如水投石,然亦未尝不称其善。伊川自涪归,见学者凋落,多从佛学,独先生与谢丈不变,因叹曰:"学者皆流于夷狄矣,唯有杨、谢二君长进。"①

此条记述元丰四年(1081)于颍昌杨时初见二程之事,但特别提到"谢显道亦在"。"谢为人诚实,但聪悟不及先生,故明道每言杨君聪明,谢君如水投石,然亦未尝不称其善"。"谢为人诚实",这与之前侯师圣"直是诚笃"的评价相似,但以其笃实"亦未尝不称其善"。从第 8 条资料来看,谢良佐早年每日"作课簿,记日用言动视听是礼与非礼者",甚至"只垂足坐,不敢盘足",足见谢良佐为学之诚笃。

第 11 条资料游酢问谢良佐:"公于外物一切放得下否?"如果所记之时确在颍昌问学,对于谢良佐、游酢而言最焦虑的事情就是来年的科举考试,因而游酢问其"一切放得下否?"游酢在第二年即中第,谢良佐中第则要 4 年以后,距其在扶沟问学二程已有 7 年之久。

为了克治对外物的焦虑,谢良佐告知胡安国自己是"凡事须有根","就上面做工夫"。在根本上树立道学之志,以此克服外物的诱惑。对于第 12 条所谓"势利"之心,谢良佐表示自己"拣难舍底弃却,后来渐渐轻",才能对于外物不生艳羡之心。第 13 条为了克服恐惧之心,"常于危阶上习"。而且专门用"六文一管笔","特地写教不好",以此克治对外在之物的牵挠。

经过一番严毅的工夫,谢良佐以"何思何虑"之心不再对外物牵挂。对此,曾恬与胡安国所记有两个版本,曾恬所记为程颢所言"有此理,只是发得太早",强调"何思何虑"之心固然好,但同时也要注意圣人之道不离日用常行。胡安国所记则是程颐所言,而且谢良佐认为因程颐的点拨,自己才没有"入禅家去"。谢良佐早年工夫修养的历程,正反映了二程事上作工夫的思想理念。下面一则材料虽未被朱熹收入,但也反映了谢良佐此一时期的思

---

① 《程氏外书》卷十二,《二程集》,第 428—429 页。

想变化。

> 谢子曰:"吾尝习忘以养生。"明道曰:"施之养生则可,于道则有害。习忘可以养生者,以其不留情也。学道则异于是。必有事焉而勿正,何谓乎?且出入起居,宁无事者?正心待之,则先事而迎。忘则涉乎去念,助则近于留情。故圣人心如鉴,孟子所以异于释氏,此也。"①

谢良佐所说"习忘以养生",大概就是希望能够不被外物牵扰,无艳羡之心。对此程颢指出,对于个人修养而言,习忘去欲则可,但是对道学而言则有害。道学强调在日用常行中行道,习忘之说有可能导致对日常生活的去念。程颢的理想状态就是"圣人心如鉴",能像镜子一样自然地应对外在事物。

(二) 科举中第

《伊洛渊源录》所列第 10 条记载了谢良佐中第之事。

> 10 知命虽浅近也,要信得及,将来做田地,就上面下工夫。余初及第时,岁前梦入内庭,不见神宗而太子涕泣。及释褐时,神宗晏驾,哲宗嗣位,如此等事直不把来草草看却。万事真实有命,人力计较不得。吾平生未尝干人,在书局亦不谒执政,或劝之,吾对曰:"他安能陶铸我,自有命在。"若信不及,风吹草动便生恐惧忧喜,枉做却闲工夫,枉用却闲心力。信得命及,便养得气不折挫。

谢良佐回忆自己中第之前,梦见自己入内庭,"不见神宗而太子涕泣"。果然中第之后,神宗去世,"哲宗嗣位"。谢良佐由此感叹,"万事真实有命,人力计较不得"。这样的感叹与其一直以来所接受的洛学思想有关。二程特别强调顺命而为,去除计较、艳羡之心。因而后来徽宗召对,"在书局亦不

---

① 《程氏外书》卷十二,《二程集》,第 426 页。

谒执政","自有命在"。谢良佐强调只有"信得命及",不被外物利欲所牵扰,才能"养得气不折挫。"

元丰八年(1085)三月宋神宗去世,六月程颢突然去世。《伊洛渊源录》第6条为程颐称谢良佐"为切问近思之学"。这与之后的第9条非常相似,似乎为同一时间之事。

  6 朱公掞以谏官召过洛,见伊川,显道在坐,公掞不语。伊川指显道谓之曰:"此人为切问近思之学。"①

  9 谢子与伊川别一年,往见之。伊川曰:"相别又一年,做得甚工夫?"谢曰:"也只是去个'矜'字。"曰:"何故?"曰:"子细检点得来,病痛尽在这里。若按伏得这个罪过,方有向进处。"伊川点头,因语坐同志曰:"此人为学切问近思者也。"余问:"'矜'字罪过,何故恁地大?"谢子曰:"今人做事,只管要夸耀别人耳目,浑不关自家受用事。有底人食前方丈,便向人前吃,只蔬食菜羹,却去房里吃,为甚恁地。"

元祐年间,朱光庭任谏官,过洛见程颐。此时相别一年之后,谢良佐也来洛见程颐。谢良佐表示之前一年内,"只是去个'矜'字"。②谢良佐后来对胡安国说,"矜"之弊就是"只管要夸耀别人耳目,浑不关自家受用事"。换言之,"矜"之弊同样是个人的行为被外物所牵扰,而不能以本然之道应对。此时谢良佐已经中进士,多年的努力终于达成目标,夸耀之弊显然是难以避免的。但是谢良佐即时觉察并纠正自身的问题,获得程颐的称赞,称其"为切问近思之学"。

程颢去世之后,程门弟子继续跟随程颐问学。以下3条材料未被《伊洛渊源录》所收,但可以认为是此一时期问答。

---

① 《程氏外书》卷十一,《二程集》,第412页。
② 《程氏外书》卷十二,《二程集》,第426页。

游定夫酢问伊川曰:"戒慎乎其所不睹,恐惧乎其所不闻,便可驯致于无声无臭否?"伊川曰:"固是。"后谢显道(良佐)问伊川,如定夫之问。伊川曰:"虽即有此理,然其间有多少般数。"谢曰:"既云可驯致,更有何般数?"伊川曰:"如荀子谓始乎为士,终乎为圣人,此语有何不可,亦是驯致之道。然他却以性为恶,桀、纣性也,尧、舜伪也,似此驯致,便不错了?"①

问:"伊川说:'人之生也直,是天命之谓性。'谢显道云:'顺理之谓直。窃谓顺理是率性之事,天命之性无待于顺理也。'二说异同?"曰:"伊川说上一截,显道说下一截。"②

"孟子曰:'养心莫善于寡欲。'此一句如何?"谢子曰:"吾昔亦曾问伊川先生,曰:'此一句浅近,不如"理义之悦我心,犹刍豢之悦我口",最亲切有滋味。然须是体察得理义之悦我心,真个犹刍豢始得。'"③

第一条游酢问程颐,"戒慎乎其所不睹,恐惧乎其所不闻",是否由此即可达到"无声无臭"的圣人境界,程颐表示赞同。后来谢良佐又问此话,程颐表示虽然这是道学的基本观点,但具体的过程中仍有许多需要注意的事情。程颐举例,比如荀子提出"始乎为士,终乎为圣人",道学完全赞同这样的观点。但是荀子以性为恶,以善为伪,成圣过程的理论基础是错误的。程颐认为,除了道学的基本观念之外,具体的工夫问题仍需予以注意。

第二条问到程颐与谢良佐解释的不同,程颐指出"人之生也直",即人之本性正直无偏。但是谢良佐却称"顺理之谓直",即需要人后天的努力才能做到正直。对此,王苹解释,程颐说的是形而上的本然一面,谢良佐强调的则是从后天的工夫方面而谈的。

第三条针对孟子"养心莫善于寡欲"一句,程颐表示"此一句浅近"。从道学观点来看,如果没有对本体的体悟,如谢良佐年轻时仅仅克欲绝念,反

---

① 《程氏外书》卷十二,《二程集》,第431页。
② 《程氏外书》卷十二,《二程集》,第442页。
③ 《程氏外书》卷十二,《二程集》,第425页。

而有陷入佛老之弊。因而程颐强调"'理义之悦我心,犹刍豢之悦我口',最亲切有滋味"。对理义有真正地体悟,由仁义行而感到道德的愉悦,这才道学追求的真正目标。

(三) 晚年行道

绍圣四年(1097)至元符三年(1100)程颐被发送涪陵编管,是其晚年遭遇的一大灾难,以下资料应为元符三年回洛之后所记。

16 冯忠恕闻陈叔易言,伊川尝许谢良佐有王佐才,以是质于和靖。和靖曰:"先生无此语。先生晚年,显道授渑池令,来洛见先生,留十余日。先生谓焞:'如见显道,试问此来所得如何?'焞即往问焉。显道曰:'良佐每常闻先生语多疑惑,今次见先生,闻先生语判然无疑。所得如此。'具以告先生,先生曰:'某见得它也是如此。'虽甚喜之,但不闻此语耳。"(见《涪陵记善录》)

伊川归自涪陵,谢显道自蔡州来洛中,再亲炙焉。久之,伊川谓先生及张思叔绎曰:"可去同见谢良佐问之,此回见吾,有何所得。"尹、张如所戒,谢曰:"此来方会得先生说话也。"张以告伊川,伊川然之。①

谢某曾问:"涪州之行,知其由来,乃族子与故人耳。"(族子谓程公孙,故人谓邢恕。)先生答云:"族子至愚,不足责。故人至(一作情。)厚,不敢疑。孟子既知(一作系之。)天,安用尤臧氏?"因问:"邢七虽为恶,然必不到更倾先生也。"先生曰:"然。邢七亦有书到某云:'屡于权宰处言之。'不知身为言官,却说此话。未知倾与不倾,只合救与不救,便在其间。"又问:"邢七久从先生,想都无知识,后来极狼狈。"先生曰:"谓之全无知则不可,只是义理不能胜利欲之心,便至如此也。"②

以上三条材料中,《伊洛渊源录》所引第16条材料和接下来一条皆为尹

---

① 《程氏外书》卷十二,《二程集》,第434页。
② 《程氏遗书》卷十九,《二程集》,第261页。

焞所说,但记录者分别为冯忠恕、陈叔易和祁宽。虽然主要内容一样,谢良佐赴洛见程颐,表示"此来方会得先生说话","闻先生语判然无疑"。冯忠恕、陈叔易所记为谢良佐"授渑池令",来洛见伊川。祁宽所记为程颐从涪陵回洛之后,谢良佐再次来洛阳亲炙问学。综合两则记录,自从扶沟问学以来,已有二十余年,谢良佐对于道学的理解越来越透彻,才可以"判然无疑"。第三条材料出自杨时长子杨迪所记的《程氏遗书》卷十九,此时杨迪亦在洛阳问学。谢良佐提到编管涪陵有程公孙和邢恕的原因,程颐感叹邢恕为"义理不能胜利欲之心,便至如此也"。

下面的两则材料分别为谢良佐与张绎、尹焞的对话。如前所述,有关谢良佐的不少记载也都是通过尹焞而流传下来。

> 谢良佐与张绎说:"某到山林中静处,便有喜意,觉着此不是。"先生曰:"人每至神庙佛殿处便敬,何也?只是每常不敬,见彼乃敬。若还常敬,则到佛殿庙宇,亦只如此。不知在闹处时,此物安在?直到静处乃觉。"绎言:"伊云,只有这些子已觉。"先生曰:"这回比旧时煞长进。这些子已觉固是,若谓只有这些子,却未敢信。"(胡本注云:"朱子权亲见谢先生云:'某未尝如此说。'恐传录之误也。")①

> 18 谢子见河南夫子,辞而归,尹子送焉,问曰:"何以教我?"谢子曰:"吾徒朝夕从先生,见行则学,闻言则识。譬如有人服乌头者,方其服也,颜色悦泽,筋力强盛,一旦乌头力去,将如之何?"尹子反以告夫子,夫子曰:"可谓益友矣。"②

以上第一条同样为杨迪所录,大概当时谢良佐、张绎、尹焞、杨迪等人都在洛阳问学。谢良佐说到,到山林的静处便有喜意,环境会对人的心情产生影响。程颐指出,人到"神庙佛殿处便敬",这是因为人们在日常生活中不能

---

① 《程氏遗书》卷十九,《二程集》,第255—256页。
② 《程氏外书》卷十二,《二程集》,第427页。

做到常敬,不能以理而动,所以"直到静处乃觉"。换言之,程颐所希望的就是人们一言一行都以理而动,无论动处、静处都以诚敬待之,自然会有喜意。第二条材料为《伊洛渊源录》所引第 18 条,谢良佐辞别程颐,对送行的尹焞告诫,要思"一旦乌头力去,将如之何?"谢良佐希望尹焞等人吸收、内化洛学思想,即使没有程颐的辅助也能自觉地践行。

宋徽宗继位,谢良佐上殿应对。之后不愿结交权贵,出京"监西竹木场"。

17 谢显道崇宁间上殿不称旨,先生闻之喜,已而就监门之职。陈贵一问:"谢显道如何人?"先生曰:"由、求之徒。"(或云建中间)①

19 谢先生监西竹木场,朱子发自太学与弟子权偕往谒之。坐定,子发进曰:"震愿见先生久矣,今日之来,无以发问,不识先生何以见教?"先生曰:"好待与贤说一部《论语》。"子发私念,日刻如此,何由亲歆其讲说? 已而具饭酒五行,只说他话。及茶罢,乃掀髯曰:"听说《论语》。"首举"子见齐衰者、与冕衣裳者与瞽者,见之,虽少必作;过之,必趋。"又举"师冕见,及阶,子曰:'阶也。'及席,子曰:'席也。'皆坐,子曰:'某在斯,某在斯。'子张问曰:'与师言之道与?'曰:'固相师之道也。'"夫圣人之道,无微显,无内外,由洒扫应对进退而上达天道,本末一以贯之。一部《论语》只恁地看。(见《上蔡语录后跋》)②

对于陈经正(字贵一)之问,程颐回答谢良佐为"由、求之徒"。这一回答来自《论语·先进》孔子称子路、子有"以道事君,不可则止",程颐完全赞同谢良佐的做法。第二条资料中,谢良佐对朱子发、朱子权讲到读《论语》,必须注意"圣人之道,无微显,无内外,由洒扫应对进退而上达天道,本末一

---

① 《程氏外书》卷十一,《二程集》,第 416 页。
② 《伊洛渊源录》卷九,《朱子全书》第 20 册,第 1043 页。

以贯之"。天道不离日用常行,合内外之道,体用一源,显微无间,下学而上达,这是洛学的基本观点。

《伊洛渊源录》所引的最后一则材料是胡安国对杨时、谢良佐以及关中学者风格的比较,从中亦可看出谢良佐的特色。

> 20 学者必求仁,须将孔门问答仁处编类考察,自体认一个紧要处方可。若不实见得分明,则流为释氏,是自家元不曾有见处。龟山语至此更不说破,谓说时只是眼前事,不如使人自体认。上蔡则不然,有问则历历言之。西人气直,谓说后晓者自是去做工夫,否则休耳。(见《胡氏传家录》)

"学者必求仁",这可谓是洛学的思想主旨。但是对于仁之本体,胡安国提到杨时"更不说破",仅仅"使人自体认"。谢良佐则"历历言之",关中学者"气直",认为说了之后知道者自然去做工夫,不领会之人也毫无反应。对于仁之体"历历言之",这可谓是谢良佐学问风格特色。

二 《程氏遗书》卷三文献考辨

《程氏遗书》卷三原为《谢显道记忆平日语》,这是《二程语录》中明确指明为回忆所记的一卷。回忆所记的材料,虽然会与问学的实际情况出现偏差,但更能反映记录者的理解。朱熹题注"谢良佐字显道,上蔡人,元丰中从学。谢尝言:'昔在二先生之门,学者皆有语录,惟良佐未尝录。'然则此书盖追记云"。[①] 朱熹所说"惟良佐未尝录"一句,出自《上蔡语录》卷下,原文为:

> 昔从明道、伊川学者多有语录,唯某不曾录,常存着他这意思。写在册子上,失了他这意思。因言二刘各录得数册,又云:"一段事才录

[①] 《二程集》,目录第1—2页。

得,转了一字,便坏了一段意思。昔录《五经》语作一册,伯淳见曰:'玩物丧志。'"①

谢良佐指出语录的问题在于"一段事才录得,转了一字,便坏了一段意思"。门人的记录难以如实地反映二程原意,"转了一字,便坏了一段意思",一字之别就有可能颠倒原来的意思。谢良佐认为"写在册子上,失了他这意思",记录下来的文字有可能有原意相背,因而谢良佐只在心里"常存着他这意"。因此如朱熹所言卷三的内容"盖追记"。

该材料最后提到程颢对于语言文字的态度。谢良佐为方便自己的学习,"录《五经》语作一册",这一件被程颢非常严厉地批评为"玩物丧志"。有关"玩物丧志"一词,《程氏遗书》卷三和《上蔡语录》卷中都还出现过,且都与言语文字的学习有关。

以记诵博识为玩物丧志。(时以经语录一册。郑毂云:"尝见显道先生云:'某从洛中学时,录古人善行别作一册,洛中见之,云是玩物丧志,盖言心中不宜容丝发事。'")②

明道见谢子记问甚博,曰:"贤却记得许多,可谓玩物丧志。"谢子被他折难,身汗面赤,先生曰:"只此便是恻隐之心。"(恻然有隐之心)③

《程氏遗书》中郑毂补充的谢良佐"录古人善行别作一册",大概就是以上提到的"《五经》语""经语"。可以推测,谢良佐不仅摘录"《五经》语",而且反复地"记诵博识",对此程颢称其"玩物丧志",予以即时的纠正。另外在《上蔡语录》卷中的记载中,谢良佐听到此句之后,旋即"身汗面赤",感到

---

① 谢良佐著:《上蔡语录》卷下,严文儒校点,朱杰人、严佐之、刘永翔主编:《朱子全书外编》第3册,上海:华东师范大学出版社,2010年,第34页。
② 《程氏遗书》卷三,《二程集》,第60页。
③ 《上蔡语录》卷中,《朱子全书外编》第3册,第33页。按,该条亦被朱熹收入《程氏外书》卷十二,最后小字注的部分作"恻然有隐于心"。(《程氏外书》卷十二,《二程集》,第427页。)

羞愧。程颢对此也予以肯定,表明这就是谢良佐的"恻隐之心"、羞愧之心。可见被程颢点醒之后,谢良佐也能即时觉察到自己的夸耀之心。类似的观点在《上蔡语录》中亦有出现。

> 学者先学文,鲜有能至道。至如博观泛览,亦自为害。故明道先生教予尝曰:"贤读书,慎勿寻行数墨。"
> 曾本云:论楚州徐仲车所论煞得中体,却谓人不可不作文,犹且演义礼、作诗赋,多是寻人意不到处,绕天十八遭,走几时。曾教在宅中学者先学文,鲜有能至道。又云:至如博观泛览,亦自为害。因举伯淳语云:"贤读书,慎勿寻行数墨。"黎云:古禅老有遮眼之说,盖有所得,以经遮眼可也。无所得,所谓牛皮也须穿透。①

除批评谢良佐"记诵博识为玩物丧志"外,程颢还诫其"慎勿寻行数墨"。谢良佐指出,仅仅的"学文""博观泛览",不仅不能体得圣人之道,甚至可能南辕北辙。

具有如此经历的谢良佐,自然对于文字的记录格外警惕,在与胡安国的书信中也提到:

> 盖如语录,只少却三两字,便血脉不贯,其语不活。如《春秋》之说正如此,幸亮之。②

谢良佐认为"只少却三两字",甚至如上文所说"转了一文","便血脉不贯,其语不活",因而谢良佐对于文字记载极其甚重。事实上,对待语言文字方面,谢良佐与程颐的观点是完全一致的,程颐认为,

---

① 《上蔡语录》卷中,《朱子全书外编》第 3 册,第 29 页。
② 《上蔡语录》卷下,《朱子全书外编》第 3 册,第 38 页。

>旧曾看,只有李籲一本无错编者。他人多只依说时,不敢改动,或脱忘一两字,便大别。李籲却得其意,不拘言语,往往录得都是。①

程颐认为,即使如实地记录文字"不敢改动",但因为脱离当时对话的语境,意思"便大别",更不要说"脱忘一两字"之类的问题。但是如李籲那样,"得其意,不拘言语,往往录得都是"。二程称赞《论语》,其中一个原因就是孔门弟子深得孔子之学,才能真实地记录孔子之意。二程清楚地意识到,记录者的学识程度对其记录的内容有很大的影响。作为二程高足,谢良佐所记的《程氏遗书》卷三内容上非常慎重,尤其是该卷明确区分程颢语和程颐语,更反映谢良佐努力保留二程原意的努力。

有关《程氏遗书》卷三的记录和流传,由该卷"拾遗"的内容中有"先生在经筵日"一句,显见是元祐元年(1086)程颐任"崇政殿说书"以后。该卷第 26 条内容为:

>"鸢飞戾天",向上更有天在;"鱼跃于渊",向下更有地在。(此两句去作人材上说更好。○郑毂云:"尝问此二句,显道先生云:'非是极其上下而言,盖真个见得如此,正是子思吃紧道与人处。若从此解悟,便可入尧、舜气象。'")②

对于"'鸢飞戾天',向上更有天在;'鱼跃于渊',向下更有地在"的提问,谢良佐又补充道:"非是极其上下而言,盖真个见得如此,正是子思吃紧道与人处。"作为补充,郑毂又将此附在该条之后。可见,《程氏遗书》卷三在崇宁二年(1103)谢良佐去世之前已经流传开来,而且有学者就其中的内容向其提问。

作为《程氏遗书》卷三"拾遗"而补充的十二条资料中,有两条与《上蔡

---

① 《程氏遗书》卷十九,《二程集》,第 252 页。
② 《程氏遗书》卷三,《二程集》,第 61 页。

语录》类似,作为对比,摘录如下。

《程氏遗书》"夫天未欲平治天下也,如欲平治天下,当今之世,舍我其谁?"此是有所受命之语。若孔子谓"天之将丧斯文也,后死者不得与于斯文也;天之未丧斯文也,匡人其如予何!"丧乃我丧,未丧乃我未丧,我自做着天里,圣人之言,气象自别。①

《上蔡语录》孔子曰:"天之将丧斯文也,后死者不得与于斯文也。天之未丧斯文也,匡人其如予何?"于"天之将丧斯文"下,便言"后死者不得与于斯文",则是文之兴丧在孔子,与天为一矣。盖圣人德盛,与天为一,出此等语,自不觉耳。孟子地位未能到此,故曰:"天未欲平治天下也。如欲平治天下,当今之世,舍我其谁?"听天所命,未能合一。(明道云)②

《程氏遗书》孟子答公孙丑问"何谓浩然之气",曰:"难言也。"只这里便见得是孟子实有浩然之气。若他人便乱说道是如何,是如何。③

《上蔡语录》卷上 "敢问何谓浩然之气?"孟子曰:"难言也。"明道先生云:"只他道个难言也,便知这汉肚里有尔许大事。若是不理会得底,便撑拄胡说将去。"气虽难言,即须教他识个体段始得。故曰"其为气也,至大至刚,以直养而无害,则塞乎天地之间,配义与道"者,将道义明出此事。④

《上蔡语录》卷中 或以知言、养气为一道事。先生曰:"知言是智,养气是仁。浩然之气须于心得其正时识取。"

曾本云:问:"养气只'集义所生',亦须壮其气,盛气以作事否?"曰:"亦须壮着气。如今人有气索时,安能充其体?况塞天地。明道云:

---

① 《程氏遗书》卷三,《二程集》,第67页。
② 《上蔡语录》卷上,《朱子全书外编》第3册,第1页。该条又在于《程氏外书》卷十二,第424页。
③ 《程氏遗书》卷三,《二程集》,第68页。
④ 《上蔡语录》卷上,《朱子全书外编》第3册,第1—2页。该条又在于《程氏外书》卷十二,第424页。

'何谓浩然之气？曰难言也。是孟子有此气，其下旁说大纲。'"问："知言、养气，或谓辞气是一道事？"曰："知言是智，养气是仁。"又问："行有不慊于心，或谓多'不'字？"曰："慊是厌足之意，看不厌足时，人气如何？"又曰："要识浩然之气，于心得其正识取。"又曰："志与气交相养，故下面论心，然亦须外面养他。"问："与元道相似否？"曰："是气与神合，只是能'配义与道'。"又问："如今有盛气人作事不是，却无忌惮（此系是吴本，却有不是，事出于记义），能不慊否？"曰："如此安能浩然？浩然是无亏欠时。"①

以上第一组讨论孔孟气象之别和第二组孟子的浩然之气，《程氏遗书》卷三"拾遗"与《上蔡语录》的记载非常相似。由于《程氏遗书》卷三亦为回忆所记，同样的观点谢良佐在不同的场合多次重复。当然同一个记录的文字差异，也可能是在流传的过程中经人整理、缩略而成。这也表明《程氏遗书》卷三与《上蔡语录》的思想具有共同性，下文就将二者合在一起，讨论洛学的相关思想。

第二节 《上蔡语录》及其思想研究

本节将结合《上蔡语录》以及《二程集》中的相关材料，对于谢良佐思想中的佛老观、圣人气象、知命养气、横渠之学、忠恕、诚敬等观念进行分析。谢良佐长期在二程门下问学，对于二程思想的吸收把握最为全面，谢良佐思想的研究亦能为透视洛学的思想特征提供帮助。

一 诚敬

诚敬是二程思想中的重要概念，诚是一种心理状态，然而谢良佐进而提

---

① 《上蔡语录》卷中，《朱子全书外编》第3册，第30页。

出"诚是实理",是事物存在的前提。

> 或以诚为专意,先生曰:"诚是实理,不是专一。"
> 曾本云:诚是实理,不是专一。寻常人谓至诚,至是谓专一。如恶恶臭、好好色,不是安排来。①

谢良佐明确提出"诚是实理"的自然展现,而非在某事某物上刻意地专心。比如"恶恶臭、好好色",人之行为毫无私意的干扰,是完全地自然反映。谢良佐强调,至诚的行为源于天理的要求,是天理在具体事物上不受干扰、没有安排的展现。相反刻意地保持专一,强作妄为,与天理的要求不符,反而不是诚。诚之行为源于理,是天理真实无妄的自然展现。

> 问:"言有物而行有常,如何是有物?"曰:"妄则无物,物则是个实。存诚则有物。"曰:"敬是存诚之道否?"曰:"是也。须是体便见得。"
> 曾本云:问:"言有物而行有常,如何是有物?"曰:"妄则无物,是不诚也。不诚无物。'诚者,物之终始。'终始者,有常之谓也。物则是个实,存诚则有物。"问:"敬是存诚之道否?"曰:"须是体便见得。"②

《周易》家人卦中有"君子以言有物,而行有恒"的说法,"如何是有物",谢良佐提出"存诚则有物",存诚是物之真实存在的前提。相反,"妄则无物""不诚无物",即欠缺实理的状态。显然,谢良佐此处所说之物并非自然界简单地纯在之物,而是有待人赋予实理。只有人心纯于天理,物才能"有常"。如何存诚,谢良佐同意敬的工夫,强调"体便见得"。只要切实达到不受外物纷扰之敬,自然能够以诚对待外物。由此,诚的工夫又落实于敬。

---

① 《上蔡语录》卷中,《朱子全书外编》第 3 册,第 29 页。
② 《上蔡语录》卷中,《朱子全书外编》第 3 册,第 26—27 页。

或问:"吕与叔问'常患思虑纷扰',程夫子答以'心主于敬则自然不纷扰',何谓敬?"谢子曰:"事至应之,不与之往,非敬乎?万变而此常存,奚纷扰之有?夫子曰'事思敬',正谓此耳。"①

"思虑纷扰"一说在《程氏遗书》中两处出现,皆为关中学者所记。一是吕大临所记卷二上,"与叔所问,今日宜不在有疑。今尚差池者,盖为昔亦有杂学。故今日疑所进有相似处,则遂疑养气为有助。便休信此说。盖为前日思虑纷扰,今要虚静,故以为有助"。② 另外是关中学者所记的卷十五,"学者先务,固在心志。有谓欲屏去闻见知思,则是'绝圣弃智'。有欲屏去思虑,患其纷乱,则是须坐禅入定。如明鉴在此,万物毕照,是鉴之常,难为使之不照。人心不能不交感万物,亦难为使之不思虑。若欲免此,唯是心有主。如何为主?敬而已矣"。③ 两处的记录有所不同,但为去除思虚纷扰之弊,程颐提出"虚静","心有主","敬而已矣"。

对于二程所说之"敬",谢良佐解释为"事至应之,不与之往",处理事物之时,内心有常存之理,以其为主,才能不被外物干扰。对于孔子所说九思的"事思敬"(《论语·季氏》),在谢良佐看来就是遇事之时"不与之往",以内心之理为行为主宰。

问:"敬之貌如何?"曰:"于'俨若思'时,可以见敬之貌。"问曰:"学为敬,不免有矜持,如何?"曰:"矜持过当,却不是寻常作事,用心过当便有失,要在'勿忘勿助长'之间耳。"曰:"初学莫未能和乐否?"曰:"虽不能便和乐,亦须以和乐养之。"

曾本云:问:"'执轻如不克'是慎之貌也,如何是敬之貌?每遇事着心是否?"曰:"于'俨若思'时,可以见敬之貌。"问:"始学为敬,不免有矜持否?寻常矜持甚觉劳,是否?"曰:"太矜持却不是。如寻常做事,

---

① 《上蔡语录》卷上,《朱子全书外编》第3册,第15页。
② 《程氏遗书》卷二上,《二程集》,第26页。
③ 《程氏遗书》卷十五,《二程集》,第168—169页。

用心过当却有失,在'勿忘勿助'间耳。强有力者,亦须做得彻然。人亦须量力,太强其心,却成狂妄念起也,且放去。"又问:"佛氏有不怕念起,只怕觉迟之说。"曰:"岂免念起?须识得念起时。"又问:"'中心斯须不和不乐,则鄙诈之心入之矣,外貌斯须不庄不敬,则慢易之心入之矣。'初学能至此否?"曰:"虽未能便至和乐,亦须以和乐养之,此交相养之道也。"又问:"静时悠悠思多,如何去得?"曰:"能敬,则悠悠思住不得,自去。"①

何谓"敬之貌",谢良佐提出:"毋不敬,俨若思,安定辞。"(《礼记·曲礼》)对于困扰学者的诸多问题"矜持过当""不和不乐""不庄不敬""静时悠悠思多",谢良佐皆强调以天理主宰之敬而应对。谢良佐提出二程反复强调的"心勿忘,勿助长"之说,强调不可"太强其心",用心过当,过于勉强反而会生出妄念。学者平时"亦须以和乐养之",最终的目标是达到纯于天理的自然和乐状态,和乐的状态本身亦是符合天理要求的自然表现。

> 端立问:"畅论敬云:'正其衣冠,端坐俨然,自有一般气象。'某尝以其说行之,果如其说。此是敬否?"曰:"不如执事上寻,便更分明。'事思敬','居处恭,执事敬'。若只是静坐时有之,却只是'坐如尸'也。"②

对于学者所问正衣冠,端坐俨然,谢良佐特别强调"不如执事上寻,便更分明"。他提出"敬只是与事为一",③与《论语》中孔子提道"事思敬""执事敬"相近,敬之工夫本身就要落实在具体事物之上,而不能简单地排除纷扰,躲避外物。

---

① 《上蔡语录》卷中,《朱子全书外编》第3册,第24页。
② 《上蔡语录》卷下,《朱子全书外编》第3册,第36—37页。
③ 《上蔡语录》卷下,《朱子全书外编》第3册,第36页。

> 敬是常惺惺法,心斋是事事放下,其理不同。①

谢良佐明确指出"敬"与"心斋"不同,"敬是常惺惺法",是在应对外物之时始终保持纯于天理,"心斋"则是屏蔽一切外物,事事放下。谢良佐认为区别于佛教,儒家强调"'敬以直内,义以方外',然后成德"。因此谢良佐提出"诸公不须寻见处,但且敬与穷理"。② 内心居敬与外物穷理,在具体的事情上持敬,这是洛学重要观念。

> 问:"视、听、言、动合理而与礼不相合,如何?"曰:"言、动犹可以礼,视、听有甚礼文?以斯视、以斯听,自然合理。合理便合礼文,循理便是复礼。"
>
> 曾本云:问:"合视、听、言、动处,视、听、言、动只是理,何故得合礼?"曰:"怎生外面讨得礼文来合?循礼便是复礼。言动犹可以有礼文,视听有甚礼文?以斯视、以斯听,自然合理。合这个理字便合礼文。礼、理之不可易者也,只是一个'敬'字。"③

对于"视、听、言、动合理而与礼不相合"的问题,谢良佐指出言、动可以有外在的礼文规范,但视与听之时,只要内心端正,"自然合理",不存在具体的规范。因而视、听、言、动只要合理,自然与礼之规范一致。如何使自己的行为合理,谢良佐提出"只是一个'敬'字"。

综上所述,谢良佐明确提出诚是实理,是事物终始有常的前提。以敬存诚,敬之工夫不是排除外物的俨然端坐,而是应当在事上执敬,在应对外物的过程中保持内心纯于天理。谢良佐所论之诚敬,一是实于理,另外则是不离具体事物。"敬以直内,义以方外",这也是二程思想的基本观念。

---

① 《上蔡语录》卷中,《朱子全书外编》第3册,第30页。
② 《上蔡语录》卷下,《朱子全书外编》第3册,第34页。
③ 《上蔡语录》卷中,《朱子全书外编》第3册,第26页。

二 忠恕不可缺

谢良佐指出程颢教人"以忠信为先","举明道云:'忠恕两字,要除一个不得。'"①如前两章所论,诚敬、忠恕是程颢思想的重要内容。谢良佐认为,诚与忠的根本在于实理。

> 诚是无亏欠,忠是实有之理。忠近于诚。②

诚与忠都是内心充满天理,无所欠缺的状态。对于忠恕两字缺一不得的"恕",又当如何理解呢?

> 问忠恕之别,曰:"犹形影也。无忠,做恕不出来。恕,如心而已。恕天道也。"
> 曾本云:问忠恕,曰:"犹形影也,无忠,做恕不出来。'己所不欲,勿施于人''施诸己而不愿,亦勿施诸人',说得自分明。恕,如心而已。恕,天道也。伯淳曰:'天地变化草木蕃,是天地之恕。天地闭,贤人隐,是天地之不恕。'"朱问:"天地何故亦有不恕?"曰:"天无意,天因人者也。若不因人,何故人能与天为一? 故有意、必、固、我,则与天地不相似。"③

谢良佐认为,忠恕就像形影一样密不可分。不能做到忠,即内心纯于天理,亦无法有恕的发用。谢良佐拆字解"恕",恕就是如心,即依照心之本体而作用。心之本体即是天理,即是天道。谢良佐以"己所不欲,勿施于人"(《论语·颜渊》《论语·卫灵公》)、"施诸己而不愿,亦勿施于人"(《中庸》)为例,指出"勿施于人"的恕,就源于"己所不欲"、诚于天理的忠。谢良佐进

---

① 《上蔡语录》卷下,《朱子全书外编》第 3 册,第 37 页。
② 《上蔡语录》卷中,《朱子全书外编》第 3 册,第 32 页。
③ 《上蔡语录》卷中,《朱子全书外编》第 3 册,第 25—26 页。

而提出程颢之说"天地变化草木蕃,是天地之恕。天地闭,贤人隐,是天地之不恕"。这一说法在《上蔡语录》卷上中即有出现。

> 问:"孟子言'尽其心者知其性',如何是尽其心?"曰:"昔有人问明道先生,'何如斯可谓之恕心?'先生曰:'充扩得去则为恕心。''如何是充扩得去底气象?'曰:'天地变化草木蕃。''充扩不去时如何?'曰:'天地闭,贤人隐。'察此可以见尽不尽矣。"①

对于孟子"尽其心者,知其性也"(《孟子·尽心上》)的提问,谢良佐举出程颢所说"充扩得去则为恕心","尽其心"就是"充扩得去",此时可称之为"恕心"。恕就是人以天理作用于具体事物,天理得以充分展现。"天地变化草木蕃"之时,天理得以发用、呈现,相反"天地闭,贤人隐"即天地之理受到阻塞,人心失其正,不能以天理作用于事物。

有学者进一步提问,由于人的私欲纷扰,人心天理的发用会受到干扰,为什么天地的作用亦会有干扰呢?谢良佐提出"天无意,天因人者也",天地的发用有赖于人的作用。严格来说,学者所问"天地何故亦有不恕"的"天地"是与人类世界无关的天地,而谢良佐回答"人能与天为一"的天地,则是人类生存实践的现实世界。谢良佐强调"不诚无物",与人无关的世界对于人而言亦毫无意义、价值。"天因人者",现实的世界、天地有待于人依天理而作用,需要人之诚意以赞天地之化育。

> 学者且须是穷理。物物皆有理,穷理则能知天之所为。知天之所为,则与天为一。与天为一,无往而非理也。穷理则是寻个是处。有我不能穷理,人谁识真我?何者为我,理便是我。穷理之至,自然"不勉而中,不思而得,从容中道"。曰:"理必物物而穷之乎?"曰:"必穷其大者。理一而已,一处理穷,触处皆通。恕其穷理之本欤?"

---

① 《上蔡语录》卷上,《朱子全书外编》第3册,第1页。

曾本云:学者先须穷理,因摇扇曰:"此亦理,物物皆有理。自然之理也,天也。穷理则能知天之所为,知天之所为则与天为一,与天为一,无往而非理也。穷理只是寻个是处。有我不能穷理,人谁识真我?何者为我,理便是我。格物穷理也。格物必至于知至,不知至,是犹识金,安知其非鍮石也。故必知至,然后能意诚。穷之至,自然'不思而得,不勉而中,从容中道'。"问:"理须物物穷否?"曰:"理一而已,一处理通,触处皆通。物虽细者,亦有理也。"①

此段材料论述"穷理",但是在第一个记录的最后一句出现"恕其穷理之本欤?"谢良佐强调"物物皆有理",是互相贯通的天理。穷理知天,目的在于对天理以及自我本性"真我"的认识。"理便是我""与天为一","然后能意诚","无往而非理",一切行为都能"从容中道",符合天理。谢良佐肯定真知穷理必须能够转化为意诚之实行,这与程颐真知必实行的观点是一致的。

最后有学者提问格物的基本问题,理是否需要"物物穷"。与朱熹物物相格的观点明显不同,谢良佐提出"必穷其大者","一处理通,触处皆通"。最后一句"恕其穷理之本",可以说内心不受外物干扰之"恕",在具体的事物上穷理。

综上所述,谢良佐认为忠、恕的根本皆为天理、天道,恕的外在发用源于内在纯于天理之忠。"天地变化草木蕃",外在的世界需要人以天理而作用,这即是恕。在谢良佐的思想中,诚敬、忠恕不仅是个人修养的要求,更是外在世界成立的前提。

三 圣人气象

作为儒家学者的楷模,二程特别推崇颜子。谢良佐记录的《程氏遗书》卷三中,颜子就是儒家学者的典范。

---

① 《上蔡语录》卷中,《朱子全书外编》第3册,第21—22页。

> 颜子合下完具只是小,要渐渐恢廓。孟子合下大只是未粹,索学以充之。(粹一作开。)
>
> 学者要学得不错,须是学颜子。(有准的。)①

类似的表达,在《程氏遗书》的其他部分亦有出现。经常将颜子、孟子相比较。

> 人须学颜子。有颜子之德,则孟子之事功自有。(一作立。)孟子者,禹、稷之事功也。②
>
> 人之学,当以大人为标梁,然上面更有化尔。人当学颜子之学。(一作事。)③
>
> 孟子才高,学之无可依据。学者当学颜子,入圣人为近,有用力处。(明)④
>
> 圣人之德行,固不可得而名状。若颜子底一个气象,吾曹亦心知之,欲学圣人,且须学颜子。(后来曾子、子夏,煞学得到上面也。)⑤
>
> 孟子有功于道,为万世之师,其才雄,只见雄才,便是不及孔子处。人须当学颜子,便入圣人气象。⑥

以上5条中,前2条为刘绚所记程颢语,第3条亦注明为程颢语,后2条虽未明确标出,大概亦为程颢所说。"人须学颜子"几乎成为程颢的口头禅。与孟子相比较,程颢认为"颜子合下完具",但是所做之事"只是小",尚未扩充开。孟子虽然所言张大,"其才雄",但是未能像颜子那样纯粹,而且"孟子才高,学之无可依据"。两相比较,程颢认为学者学颜子更加稳当,

---

① 《程氏遗书》卷三,《二程集》,第62页。
② 《程氏遗书》卷十一,《二程集》,第130页。
③ 《程氏遗书》卷十二,《二程集》,第136页。
④ 《程氏遗书》卷二上,《二程集》,第19页。
⑤ 《程氏遗书》卷二上,《二程集》,第34页。
⑥ 《程氏遗书》卷五,《二程集》,第76页。

"入圣人为近,有用力处","有准的"。由颜子之学出发,自然地渐渐会做出"孟子之事功","有功于道,为万世之师"。但是对于初学之人而言,还是应该从比颜子为楷模,渐入圣人气象。

对于孔孟之别,二程亦有区分。

> 孔、孟之分,只是要别个圣人贤人。如孟子若为孔子事业,则尽做得,只是难似圣人。譬如剪彩以为花,花则无不似处,只是无他造化功。"绥斯来,动斯和",此是不可及处。①

在二程看来,孟子以其才大,故"孔子事业,则尽做得",但是在德行修养方面尚未完备,所以"难似圣人"。二程举例,比例剪的假花,乍看起来与真花非常相似,但"无他造化功",在根本上有所不同。因而孔子"绥斯来,动斯和",从容中道、依理而为的言行是孟子难以做到的。对此,谢良佐亦有说明。

> 孔子曰:"事君尽礼,人以为谄。"当时诸国君相怎生当得圣人恁地礼数,是他只管行礼,又不与你计较长短。与上大夫言,便訚訚如也;与下大夫言,便侃侃如也;冕者、瞽者,见之便作,过之便趋。盖其德全盛,自然到此,不是勉强得出来气象,与孟子浑别。孟子"说大人则藐之,勿视其巍巍然",犹自参较彼我,未有合一底气象。②

此处,谢良佐以孔子"事君尽礼,人以为谄"(《论语·八佾》)和孟子所"说大人则藐之,勿视其巍巍然"(《孟子·尽心下》)相比较,指出孔子"其德全盛,自然到此,不是勉强得出来气象",无论对待上大夫、下大夫、冕者、瞽者皆自然中道。而孟子德行未到,则"参较彼我,未有合一底气象"。通过这样的比较,谢良佐强调虽然孟子才华雄大,但是其德行仍然未能像孔子、颜

---

① 《程氏遗书》卷二上,《二程集》,第44页。
② 《上蔡语录》卷上,《朱子全书外编》第3册,第3页。

子一样纯粹,需要学者引以为戒。

> 孔子曰:"天之将丧斯文也,后死者不得与于斯文也。天之未丧斯文也,匡人其如予何?"于"天之将丧斯文"下便言"后死者不得与于斯文",则是文之兴丧在孔子,与天为一矣。盖圣人德盛,与天为一,出此等语,自不觉耳。孟子地位未能到此,故曰"天未欲平治天下也。如欲平治天下,当今之世,舍我其谁?"听天所命,未能合一。(明道云)①

孔子所言"天之将丧斯文也,后死者不得与于斯文也"(《论语·子罕》),与孟子所言"天未欲平治天下也。如欲平治天下,当今之世,舍我其谁"(《孟子·公孙丑下》),二句都气象宏大,体现了儒者自觉任道的担当意识。但是程颢指出,孔子的德行已经"与天为一",依理而行,"自不觉耳",但是孟子尚"未能合一",不能完全地依理而行。"舍我其谁"的说法,尚有勉强之处。谢良佐的观点自然延续二程。

禀承二程的观点,谢良佐认为学者学习的楷模只能是颜子。

> 颜子扩充其学,孟子能为其大。孟子之才甚高,颜子之学粹美。②
> 人之气禀不同,颜子似弱,孟子似强。颜子"具体而微",所谓具体者,合下来有恁地气象,但未彰著耳。微,如《易》"知微知彰""微显阐幽"之"微"。孟子强勇,以身任道,后车数十乘,从者数百人,所至王侯分庭抗礼,壁立万仞,谁敢正觑着?非孟子恁地手脚,也撑拄此事不去。虽然,犹有大底气象,未能消磨得尽。不然"藐大人"等语言不说出来,所以见他未至圣人地位。③

第一则材料中,谢良佐指出"孟子之才甚高,颜子之学粹美",二人气象

---

① 《上蔡语录》卷上,《朱子全书外编》第3册,第1页。
② 《上蔡语录》卷上,《朱子全书外编》第3册,第15页。
③ 《上蔡语录》卷上,《朱子全书外编》第3册,第3页。

有所不同。第二则材料中,谢良佐进一步禀承明道所说"颜子合下完具只是小""孟子合下大只是未粹",提出"人之气禀不同,颜子似弱,孟子似强",颜子"具体而微","孟子强勇,以身任道"。颜子之"具体"是生而有圣贤气象,但未能充分彰显。"微"则是微妙、隐微之理。孟子虽然有"大底气象",但是在理之穷究方面始终未能纯粹,"未能消磨得尽"。比如上文所说"说大人则藐之",与孔子的"事君尽礼"有所差异,"未至圣人地位"。因此对于颜子、孟子二人,学者应当以颜子为师。

> 颜子学得亲切,如孟子"仰之弥高,钻之弥坚",无限量也,以见圣人之道大。"瞻之在前"即不及,"忽焉在后"又蹉却,以见圣人之道中。观此一段,即知颜子看得来亲切。"博我以文",便知识广;"约我以礼",归宿处也。①

此则材料中"如孟子'仰之弥高,钻之弥坚'",显然孟子应为孔子之误。谢良佐指出,颜子所谓孔子"仰之弥高,钻之弥坚",是真"见圣人之道大"。"瞻之在前,忽焉在后",是真"见圣人之道中",由此可知颜子是真得孔子之道。"博我以文,约我以礼","知识广"且不失"归宿处",进一步印证程颢所说"人须学颜子"。

作为学者的楷模,颜子善学的另外一个品质就是进而不止。

> 人须识其真心。见孺子将入井时是真心也,非思而得也,非勉而中也。予尝学射,到一把处难去,半把处尤难去,则怎地放了底多。昔有人学射,摸得镞与把齐,然后放。学者才有些所得便住,人多易住。唯颜子善学,故孔子有"见其进","未见其止"之叹,须是百尺竿头更进始得。
> 曾本云:予尝学射,到一把(去声。)处难去,半把尤难去。到一把放了底多,半把放了者尤多,少有镞齐放者。人有学射,摸得镞与把齐,然

---

① 《上蔡语录》卷上,《朱子全书外编》第3册,第3—4页。

后放。因举伯淳语曰:"射法具而不满者,无志者也。"学者才少有所得便住,人多易住。伯淳常有语:学者如登山,平处孰不阔步,到峻处便住。佛家有小歇场、大歇场,到孟子处更一住便是好歇。唯颜子善学,故孔子有"见其进","未见其止"之叹。须是百尺竿头,更须进步始得。学者日每进语相契,伯淳必曰"更须勉力"。①

此则材料开头的"人须识真心",真心"非思而得也,非勉而中也"的说法非常重要,表明人生而具有。就颜子之学而言,谢良佐又提到颜子善学就在于其"百尺竿头更进始得",因而孔子称赞"见其进也,未见其止也"(《论语·子罕》),"真心"仍然需要不断地扩充。这一思想亦来自程颢,在另一版本记载中,程颢指出学者"到孟子处更一住便是好歇"。确实到达到孟子一样的强勇已经十分难得,但是孟子的穷理之功尚未纯粹,"更须进步始得"。对普通学者而言,即使有所进步,仍然"更须勉力",颜子进而不止的学行更加珍贵。

"敬"是二程非常重视的为学工夫,谢良佐所推崇的颜子的品德同样表现于此。

敬只是与事为一,未论得是不是。问:"此有存主,不逐彼去,是敬之理否?"曰:"先有存主,然后视、听、言、动却汗漫了。且只认取与事为一时,便是敬。其它说各是一理,'从容中道,圣人也'。方做一事,忘了其它,亦不免。颜子闻一知十人之才,犹自'请事斯语'。"②

第一则材料中,谢良佐提出"敬只是与事为一",敬的工夫要在具体的事情中做。程颢曾提出"学者须守下学上达之语,乃学之要"。③ 谢良佐也强调"非事上做不得工夫也。须就事上做工夫"。④ 在具体的事情上,不受外

---

① 《上蔡语录》卷中,《朱子全书外编》第3册,第20页。
② 《上蔡语录》卷下,《朱子全书外编》第3册,第36页。
③ 《程氏遗书》卷二上,《二程集》,第23页。
④ 《上蔡语录》卷中,《朱子全书外编》第3册,第22页。

物干扰,天理做主,"从容中道"。颜子重视在具体之事上的持敬。即使颜子闻一知十,仍然要在闻道之后"请事斯语"。

> 问:"敬与慎同异?"曰:"'执轻如不克','执虚如执盈,入虚如有人',慎之至也。敬则慎在其中矣。敬则外物不能易。'坐如尸,立如斋','出门如见大宾,使民如承大祭',非礼勿言、动、视、听,须是如颜子'事斯语'。(吴本有'始得'字。)郑氏云'坐如尸',坐时习,'立如斋',立时习,是不可须臾离也。"①

谢良佐主张不受外物侵扰的"敬"之工夫中已经包含"慎",洛学思想中,诚、敬、慎都是要求人心纯于天理而应对事情。无论是行、住、坐、卧的具体生活,还是言、动、视、听的具体行为中,颜子之心都能保持纯于天理的诚敬状态。

孔子弟子中,颜子以外,谢良佐称赞要属孔子称"吾与点也"的曾点。

> "鸢飞戾天,鱼跃于渊",无些私意。"上下察"以明道体无所不在,非指鸢鱼而言也。若指鸢鱼为言,则上面更有天,下面更有地在。知"勿忘勿助长"则知此,知此则知夫子与点之意。
>
> 曾本此下云:季路、冉求言志之事,非大才(吴本作"贤"。)做不得。然常怀此意在胸中,在曾点看着正可笑尔。学者不可着一事在胸中,才着些事便不得其正。且道曾点有甚事,列子御风事近之。然易做,只是无心近于忘。②

"鸢飞戾天,鱼跃于渊"的"上下察"表明天道无所不在,一事一物、一言一行都有其理。孟子提出的"勿忘勿助长"则是顺于天理,从容中道,"无些

---

① 《上蔡语录》卷中,《朱子全书外编》第3册,第23页。
② 《上蔡语录》卷中,《朱子全书外编》第3册,第30页。

私意"。对于子路"千乘之国,摄乎大国之间,加之以师旅,因之以饥馑;由也为之,比及三年,可使有勇,且知方也"之志,以及冉有"方六七十,如五六十,求也为之,比及三年,可使足民。如其礼乐,以俟君子"(《论语·先进》)之志,谢良佐承认与孟子所为一样,都是"非大才做不得",对于常人而言已经难能可贵。但是,子路、冉有二人"常怀此意在胸中",受此影响,行为不得其正,"在曾点看着正可笑尔"。因而谢良佐指出"学者不可着一事在胸中,才着些事便不得其正"。子路、冉求二人常想做出大的功业,其志固难能可贵,但不免受此影响而"不得其正"。孔子称赞"吾与点也",就在于曾点"无心近于忘",内心不受功利影响,而不"太强其心"。

> 余问:"作用何故是私?"曰:"把来作用做弄,便是做两般看。当了是将此事横在肚里,一如子路、冉子相似,便被他曾点将冷眼看,他只管独对春风吟咏,肚里浑没些能解,岂不快活?"

> 余又问:"尧、舜、汤、武做底事业,岂不是作用?"谢子曰:"他做底事业,只是与天理合一,几曾做作,横在肚里?他见做出许多掀天动地盖世底功业,如太空中一点云相似,他把做甚么?如子路愿乘肥马,衣轻裘,与朋友共,敝之无憾,亦是有要做好事底心。颜子早是参彼已,孔子便不然。老者合当养底便安之,少者不能立底便怀之。君君、臣臣、父父、子子,自然合做底道理,便是天之所为,更不作用。"①

此则与胡安国对话中,谢良佐又提出曾点说"浴乎沂,风乎舞雩,咏而归",正是针对子路、冉有二人"将此事横在肚里","常怀此意"。胡安国进而提问,假如子路、冉有也能成就"尧、舜、汤、武做底事业",又有何不可呢?谢良佐回答,尧、舜、汤、武做的事业,"只是与天理合一",在当时是应当去做的,而非特意怀有成就此番事业的心思。即使尧、舜、汤、武成就了惊天动地的功业,也是"如太空中一点云",是自然合做的,心中毫不牵挂。

---

① 《上蔡语录》卷上,《朱子全书外编》第3册,第10—11页。

除了批评子路、冉有"常怀此意",导致日用常行的偏差以外,大概还有另外一个原因。二程提出:"所见所期,不可不远且大,然行之亦须量力有渐。志大心劳,力小任重,恐终败事。"①对于普通学者而言,常怀成就"尧、舜、汤、武做底事业"之志,很可能面临"志大心劳,力小任重",而不能"量力有渐",终将败事,招致不幸的结果。显然在这一点上,颜子立足日用常行而穷理,曾点不强其心,"勿忘勿助",更适合作为学者的榜样。

谢良佐又提到《论语》中另外一处子路、颜渊言志的材料,子路"愿车马,衣轻裘,与朋友共,敝之而无憾",谢良佐认为子路仍然"有要做好事底心"。此心固然可贵,但是常怀此心则不免受其干扰。谢良佐称赞颜渊"愿无伐善,无施劳",是已经"参彼己",没有夸耀、怨憎之心。当然儒家的理想目标则是孔子所言"老者安之,朋友信之,少者怀之"(《论语·公冶长》)。另外如"君君、臣臣、父父、子子"(《论语·颜渊》),谢良佐指出孔子所言皆道理之当然,"自然合做底"。一切从天理出发,不受私意事物干扰,这正是谢良佐所期待的理想目标。

颜渊与孔门其他弟子的差异,《上蔡语录》中还有一则材料。

"默而识之",与书绅者异矣。②

此处的"书绅者"为子张,《论语·卫灵公》:"子张问行。子曰:'言忠信,行笃敬,虽蛮貊之邦行矣;言不忠信,行不笃敬,虽州里行乎哉?立,则见其参于前也;在舆,则见其倚于衡也。夫然后行!'子张书诸绅。""默而识之"指颜渊,二程指出"'默而识之',乃所谓学也,惟颜子能之"。③ 二程特别推崇颜渊之品行,与其默识天道相对,子张书绅固然可见其问学之严毅,但是子张未能真正领会孔子所说之义理,患得患失,仍然有所不足。这也反映了二程一直坚持的观点,对于本然之天理只有通过默识体认才能真正有得。

---

① 《程氏遗书》卷二上,《二程集》,第 21 页。
② 《上蔡语录》卷中,《朱子全书外编》第 3 册,第 23 页。
③ 《程氏遗书》卷九,《二程集》,第 106 页。

颜渊、曾点作为学者的楷模被树立,就在于二人的品行体现了道学思想的默识、纯粹天理、从容中道等理想。颜渊学行纯粹,固然有待扩充,但恰恰由此可以作为初学者的榜样。

四　知命养气

诚敬忠恕表示学者处事之时,内心纯于天理的状态,为此学者应当首先穷理、尽性、知命。谢良佐同时认为,颜子尚需"渐渐恢廓",学者在知命的同时养气,亦是道德成就的必要条件。

> 孔子曰:"天之将丧斯文也,后死者不得与于斯文也。天之未丧斯文也,匡人其如予何?"于"天之将丧斯文"下,便言"后死者不得与于斯文",则是文之兴丧在孔子,与天为一矣。盖圣人德盛,与天为一,出此等语,自不觉耳。孟子地位未能到此,故曰:"天未欲平治天下也。如欲平治天下,当今之世,舍我其谁?"听天所命,未能合一。(明道云)①
>
> "夫天未欲平治天下也,如欲平治天下,当今之世,舍我其谁?"此是有所受命之语。若孔子谓"天之将丧斯文也,后死者不得与于斯文也;天之未丧斯文也,匡人其如予何!"丧乃我丧,未丧乃我未丧,我自做着天里,圣人之言,气象自别。②

《程氏遗书》卷三为谢良佐回忆而录,某些内容与《上蔡语录》中的记载非常相似。谢良佐回忆,对于孔子所说"天之将丧斯文也,后死者不得与于斯文也"(《论语·子罕》),程颢称赞孔子的圣人境界,"德盛,与天为一","我自做着天里",自然发出这种感叹。但是孟子德行不及孔子,在相似的逆境中感叹:"如欲平治天下,当今之世,舍我其谁?"(《孟子·公孙丑下》)程颢认为,孟子所说虽然是"有所受命之语",但另一方面表明其还不能安于天

---

① 《上蔡语录》卷上,《朱子全书外编》第3册,第1页。
② 《程氏遗书》卷三,《二程集》,第67页。

命,未能合一,带有急于平治天下的紧迫感。如何体认、对待天命,扩充其德,这是德性修养的重要内容。

能穷理,理穷(吴本无此上二字。)则便尽性,性尽便知命。因指屋柱曰:"此木可以为柱者,理也。其曲直者,性也。所以为曲直者,命。理、性、命,一而已。"①

谢良佐提出穷理、尽性、知命"一而已"。谢良佐比喻,曲直是木材本有之属性,这样的属性是天之所命,即被给予的。根据这样的属性,决定其是否能够作为柱子而使用,则可称作理。"理、性、命,一而已",三个概念是从不同的方面来描述同一本体。学者在穷理、尽性的同时,亦能知命。

知命虽浅近,也要信得及,将来做田地,就上面下工夫。余初及第时,岁前梦入内庭,不见神宗而太子涕泣。及释褐时,神宗晏驾,哲庙嗣位,如此事直不把来草草看却。万事真实有命,人力计较不得。吾平生未尝干人,在书局亦不谒执政。劝之,吾对曰:"他安能陶铸,我自有命。"若信不及,风吹草动便生恐惧忧喜,枉做却闲工夫,枉用却闲心力。信得命及,便养得气不折挫。②

前文已有分析,该条所述为谢良佐元丰八年(1085)中举之事。中举之前,梦中"不见神宗而太子涕泣",果然及第之后神宗去世。谢良佐感叹,"万事真实有命,人力计较不得"。为官之时,亦不结交,"我自有命",安于职守。谢良佐所说之命,一方面可以理解为命运、际遇,另一方面隐含着天予人之使命、任务,听天所命的意义。听天所命即安于职守,不强作妄为,如颜子箪食壶浆而不改其乐。如此知命、信得及,才能"养得气不折挫"。基于

---

① 《上蔡语录》卷中,《朱子全书外编》第3册,第26页。
② 《上蔡语录》卷上,《朱子全书外编》第3册,第13页。

天理所养之气，才能真正地辅助人之品行。

  "四十万人死于长平,皆命乎?"曰:"可知皆是命,只被人眼孔小。"①

  问:"命与遇何异?"(张横渠云:"行同报异,犹难语命,语遇可也。")先生曰:"人遇不遇,即是命也。"曰:"长平之战,四十万人死,岂命一乎?"曰:"是亦命也。只遇着白起,便是命当如此。又况赵卒皆一国之人。使是五湖四海之人,同时而死,亦是常事。"又问:"或当刑而王,或为相而饿死,或先贵后贱,或先贱后贵,此之类皆命乎?"曰:"莫非命也。既曰命,便有此不同,不足怪也。"②

  "四十万人死于长平",程颐与谢良佐肯定"皆是命","便是命当如此"。《程氏遗书》中的提问更加详细,比如"或当刑而王,或为相而饿死,或先贵后贱,或先贱后贵",对于不同的际遇,程颐肯定"莫非命也","不足怪也"。此处涉及的是伦理学德福一致的问题,个人的福报与德行并不吻合。对于儒家而言,这样的问题从颜渊短命而死即已出现。以"四十万人死于长平""皆是命",甚至"五湖四海之人同时而死"的夸张形式,二程与谢良佐一方面强调命源于天理,即使出现德福不一的情况,亦能够正确地面对。无论际遇如何,都应当使内心纯于天理,不受外物干扰地依理而为。

  在穷理、尽性、知命的同时,学者的养气工夫亦不可缺。

  王荆公平生养得气完,为他不好做官职,作宰相只吃鱼羹饭,得受用底不受用,缘省便去就自在。尝上殿进一札子拟除人,神宗不允,对曰:"阿除不得?"又进一札子拟人,神宗亦不允,又曰:"阿也除不得?"下殿出来便乞去,更留不住。平生不屈也奇特。③

---

① 《上蔡语录》卷中,《朱子全书外编》第3册,第33页。
② 《程氏遗书》卷十八,《二程集》,第203页。
③ 《上蔡语录》卷上,《朱子全书外编》第3册,第5—6页。

虽然在思想上,二程及其门人反对王氏新学。但是就王安石本人品行而言,亦不乏赞叹之辞。谢良佐提出王安石"不好做官职,作宰相只吃鱼羹饭","去就自在",因而王安石敢与宋神宗争论,宰相之位亦不留恋。对于王安石"平生不屈也奇特",谢良佐认为是王安石"平生养得气完"。二程认为,学者要端正其品行,除了心性天理的体认以外,养气充实亦是一个必要辅助条件。

综上所述,谢良佐所谓知命养气即认识天理,在任何环境际遇中皆能谨守品行,同时充养其气。如王安石一样"养得气完",亦能保持品行,但程颐曾经指出,如果晚年气衰之后,仍有可能违背理义。只有真正地体认天理,才能够谨守理义。谢良佐所说知命养气,虽然亦是基于这样的思想。

五 横渠之学

后世学者往往将张载与二程并称,但对于关学与洛学的思想差异,谢良佐有明确的判断:

> 横渠以礼教人,明道以忠信为先。①

"礼"与"忠信"似乎仅是教学方法的不同,但根本上是外在规范和内在心性的差异。张载强调外在之礼仪的规范对学者的引导作用,程颢则重视内在心性的修养,强调"不诚无物"。这样的差异并非无关紧要,而是二程、张载之学的根本不同所在。

> 横渠教人以礼为先,大要欲得正容谨节。其意谓世人汗漫无守,便当以礼为地,教他就上面做工夫。然其门人下稍头溺于刑名度数之间,行得来困,无所见处,如吃木札相似,更没滋味,遂生厌倦,故其学无传之者。明道先生则不然,先使学者有知识,却从敬入。予(胡安国)问:

---

① 《上蔡语录》卷上,《朱子全书外编》第3册,第14页。

"横渠教人以礼为先,与明道使学者从敬入,何故不同?"谢曰:"既有知识,穷得物理,却从敬上涵养出来,自然是别。正容谨节,外面威仪,非礼之本。"①

谢良佐指出,张载"教人以礼为先"的原因在于普通人"汗漫无守",希望以礼节的约束"正容谨节"。可以说,张载的这一想法二程也不会完全反对。谢良佐进而提出张载的门人中出现"溺于刑名度数","行得来困,无所见处"的弊病,以致"更没滋味,遂生厌倦,其学无传之者"。如所周知,张载去世之后其门人继续问学二程,关学汇入洛学。谢良佐长期在二程身边,其所说的张载之弊自然是亲身闻见。与其相对,谢良佐指出程颢之学"先使学者有知识,却从敬入"。此处的"知识"不是一般所谓对事物的了解,而是知道、识仁,即对本然天理的体认。由前两章的分析不难判断,"却从敬入"即程颢主张的"敬以直内",以敬的工夫对待周围事物,不断体认天理。

胡安国进而提问,张载"教人以礼为先",程颢"使学者从敬入",都是要端正自身,又有何差异呢?谢良佐强调,程颢之学的关键就是"从敬上涵养出来","穷得物理",即程颢之学的根本在于体认天理。相反,张载之学"正容谨节,外面威仪,非礼之本"。礼之本就是天理的展现,而张载教人以礼只是"正容谨节,外面威仪",欠缺对内在心性、天理的体认,用来规范端正人之行为的礼仪容易流于形式。由此不难感受,谢良佐对张载之学持以批判的态度。与此相似,杨时同样对张载之学不能从内在心性入手的否定态度,这也反映了程门弟子眼中的关学。

> 横渠尝言:"吾十五年学个恭而安不成。"明道曰:"可知是学不成,有多少病在。"谢子曰:"凡恭谨必勉强不安,安肆必放纵不恭。恭如'勿忘',安如'勿助长',正当'勿忘''勿助长'之间,须子细体认取。"②

---

① 《上蔡语录》卷上,《朱子全书外编》第3册,第4页。
② 《上蔡语录》卷上,《朱子全书外编》第3册,第4页。

谢良佐回忆张载曾说"吾十五年学个恭而安不成",但是程颢却指出"可知是学不成,有多少病在"。《程氏遗书》卷五的第一条为"恭而安(张兄十五年学)"。① 但是程颢认为张载之学"有多少病在"。谢良佐解释,张载之学的弊病有"恭谨必勉强不安,安肆必放纵不恭",为了做到恭谨则会导致勉强不安,要想安肆却又流于放纵不恭,因而始终不能从容中道。谢良佐提出,理想行为是"恭如'勿忘',安如'勿助长'",这正是二程反复强调的由天理而为,心勿忘、勿助长。谢良佐所说"须子细体认取",即认取内在的天理,知道识仁。程颢认为张载学不成,有弊病,原因就在于其学问仅强调外在的礼节规范而忽视内在心性天理的体认。

谢良佐、杨时等关中学者以外的程门弟子,对于张载之学皆有批评,甚至程颢亦直截指出张载之学"有多少病在"。二程的其他门人认为张载之学忽略内在心性的培养,由于关中学者的作用以及后世朱熹的调和,这样的差异被人淡化。谢良佐对于张载之学的态度同时反映了洛学思想的重要特征,即重视对天理的体认和内在心性培养,强调正心诚意以发用于外。

六 批判佛老

对佛老思想尤其是佛教的批判,是二程以来道学家的共同观点。一方面出于维护道学的目的,不得不应对来自佛老思想的挑战;另一方面在这样的批判过程中,道学思想的特点进一步体现。对于佛教思想的批判,洛学主要是利心、见性便了、批判老庄的三个方面分析谢良佐的佛老观。

(一) 私心利心

《上蔡语录》的第一条,就是对佛教思想有利心。

> 问:"学佛者欲免轮回、超三界,于意云何?"曰:"是有利心,私而已矣。""轮回之说,信然否?"曰:"此心有止(凡人虑事,心先困,故言"有

---

① 《程氏遗书》卷五,《二程集》,第79页。

止"),而太虚,决知其无。尽必为轮回,推之于始,何所付受,其终何时间断也。且天下人物,各有数矣。"①

对于普通的学佛者"欲免轮回、超三界",谢良佐直接回应这是"有利心,私而已"。有利心,则心受其困,不能真实地对待事物。谢良佐提出,佛教的不断轮回之说中,轮回的最初又是什么呢?如此考虑的话,轮回之说在理论上即有问题。

> 释与吾儒有非同非不同处,盖理之精微处,才有私意,便支离了。
> 曾本云:释氏之与吾儒,须认取精微处,有非同非不同处,须认得理之精微处。才有私意,便支离了。②

谢良佐承认佛教与儒学有相同之处,但同时也应当认清二者的不同。佛教思想的偏差,主要就是"才有私意,便支离了"。学佛者在根本上是出于私心,佛教思想在根本上也是以利心诱惑,这也是二程的一贯看法。

> 佛学只是以生死恐动人。可怪二千年来,无一人觉此,是被他恐动也。圣贤以生死为本分事,无可惧,故不论死生。佛之学为怕死生,故只管说不休。下俗之人固多惧,易以利动。至如禅学者,虽自曰异此,然要之只是此个意见,皆利心也。③
> 佛者一點胡尔,它本是个自私独善,枯槁山林,自适而已。④
> 人能放这一个身公共放在天地万物中一般看,则有甚妨碍?虽万身,曾何伤?乃知释氏苦根尘者,皆是自私者也。⑤

---

① 《上蔡语录》卷上,《朱子全书外编》第3册,第1页。
② 《上蔡语录》卷中,《朱子全书外编》第3册,第22页。
③ 《程氏遗书》卷一,《二程集》,第3页。
④ 《程氏遗书》卷二上,《二程集》,第24页。
⑤ 《程氏遗书》卷二上,《二程集》,第30页。

圣人致公,心尽天地万物之理,各当其分。佛氏总为一己之私,是安得同乎?圣人循理,故平直而易行。异端造作,大小大费力,非自然也,故失之远。①

要之,释氏之学,他只是一个自私奸黠,闭眉合眼,林间石上自适而已。②

《程氏遗书》卷一即明确表明二程对待佛学的观点,"佛学只是以生死恐动人",人们出于利心,"怕死生",所以受其理论诱惑。卷二上也提出佛教以身为苦,其实也是"自私独善,枯槁山林,自适而已"。《程氏遗书》卷十四为刘绚所记程颢语,再次出现儒家圣人与佛教的不同,就在于公与私。"圣人致公",一言一行都以天理而为,"各当其分","平直而易行"。但是佛教考虑是自己离苦之私,"自私奸黠",程颢认为"非自然也,故失之远"。

所以谓万物一体者,皆有此理,只为从那里来。"生生之谓易",生则一时生,皆完此理。人则能推,物则气昏,推不得,不可道他物不与有也。人只为自私,将自家躯壳上头起意,故看得道理小了它底。放这身来,都在万物中一例看,大小大快活。释氏以不知此,去它身上起意思,奈何那身不得,故却厌恶;要得去尽根尘,为心源不定,故要得如枯木死灰。然没此理,要有此理,除是死也。释氏其实是爱身,放不得,故说许多。譬如负贩之虫,已载不起,犹自更取物在身。又如抱石沉河,以其重愈沉,终不道放下石头,惟嫌重也。③

二程提出"万物一体",不仅人甚至一切事物都有天理,区别在于"人则能推,物则气昏,推不得"。但是,"人只为自私",只关心身体躯壳,因而不能体会与万物相通的天理。佛教之病即在于此,只在"身上起意思",但又

---

① 《程氏遗书》卷十四,《二程集》,第142页。
② 《程氏外书》卷十,《二程集》,第408页。
③ 《程氏遗书》卷二上,《二程集》,第33—34页。

"奈何那身不得",故要去根尘痛苦。这恰恰表明佛学者在根本上是自私爱身,放不得,故无法体悟天理。

由此可见,二程与谢良佐批评佛学有私心,不仅仅是因为传统思想的公私对立,更关键的是佛学者只关注一己之私,想摆脱身体的痛苦,反而不能"心尽天地万物之理","认得理之精微处",更不能循理而行。

(二) 见性便了

如前所述,虽然批评学佛者有利心,但谢良佐同时侧面肯定佛学有见处。

> "人有智愚之品不同,何也?"曰:"无气禀异耳。圣人不怂疾于顽者,悯其所遇气质偏驳,不足疾也。""然则可变软?"曰:"其性本一,何不可变之有?性,本体也。目视耳听,手举足运,见于作用者,心也。自孟子没,天下学者向外驰求,不识自家宝藏,被他佛氏窥见一斑半点,遂将擎拳竖脚底事把持在手,敢自尊大,轻视中国学士大夫,而世人莫敢与之争,又从而信向归依之。使圣学有传,岂至此乎!"①

关于人性问题,谢良佐主张气质可变。对于顽愚之人,圣人"悯其所遇气质偏驳",同情其气质偏驳,希望能够改变。在洛学看来,人性本善,人人皆可为圣人,顽愚不过是气质作用的问题。但由于孟子以后道统的失传,这样的观念被儒学者忽略,反而被佛学窥见利用,"轻视中国学士大夫",世人反信其学。在谢良佐看来,世人归依佛教,一则是有生死的利心,另外就是圣学失传,学者不识本性反而要在佛教中寻找。

二程批评"禅学只到止处,无用处,无礼义",②谢良佐亦强调佛者"见性便了",佛教思想在具体的作用上不能合道。

---

① 《上蔡语录》卷上,《朱子全书外编》第3册,第2页。
② 《程氏遗书》卷七,《二程集》,第96页。

> 心者何也？仁是已。仁者何也？活者为仁，死者为不仁。今人身体麻痹不知痛痒，谓之不仁。桃杏之核可种而生者，谓之桃仁、杏仁，言有生之意。推此，仁可见矣。学佛者知此，谓之见性，遂以为了，故终归妄诞。圣门学者见此消息，必加功焉，故曰："回虽不敏，请事斯语矣。""雍虽不敏，请事斯语矣。"仁，操则存，舍则亡，故曾子曰："动容貌"，"正颜色"，"出辞气"。"出辞气"者，从此广大心中流出也。以私意发言，岂"出辞气"之谓乎？夫人一日间颜色容貌试自点检，何尝正，何尝动，怠慢而已。若夫大而化之，合于自然，则"正""动""出"不足言矣。①

以觉训仁，这是一条重要材料。谢良佐同时指出心之本体为仁，"学佛者知此，谓之见性"，学佛之人的目标也是能够体悟本然之性。但是与儒学区别是，见性之后，学佛者"遂以为了，故终归妄诞"。而儒学者在见性之后，"必加功焉"。除了对仁之本体有所体证以外，关键的是在日用常行中予以践行。学佛者因有私意，不能践行本然之道。谢良佐提出"仁，操则存，舍则亡"。体证之外，关键的是在实践中对于仁的操存。

> "血气之属有阴阳牝牡之性，而释氏绝之。何异也？""释氏所谓性，乃吾儒所谓天。释氏以性为日，以念为云，去念见性，犹披云见日。释氏之所去，正吾儒之当事者。吾儒以名利关为难透，释氏以声色关为难透。释氏不穷理，以去念为宗。释氏指性于天，故蠢动含灵，与我同性。明道有言：'以吾儒观释氏，终于无异，然而不同。'"②

> 释氏所以不如吾儒，无"义以方外"一节。义以方外，便是穷理。释氏却以理为障碍。然不可谓释氏无见处，但见了不肯就理。诸公不须寻见处，但且敬与穷理。"敬以直内，义以方外"，然后成德，故曰"德不孤"。③

---

① 《上蔡语录》卷上，《朱子全书外编》第3册，第2页。
② 《上蔡语录》卷上，《朱子全书外编》第3册，第15页。
③ 《上蔡语录》卷下，《朱子全书外编》第3册，第34页。

以上两条材料中谢良佐对于佛学的批判,皆基于佛教对于形而下之作用的排斥。谢良佐指出,佛学要求"去念见性",即摒除对于日用常行的牵挂以达到对于本性的体认。然而,"释氏之所去,正吾儒之当事者"。儒学正是要通过日用常行的操存以体证本性。如程颢所言,"以吾儒观释氏,终于无异",所谓无异之处即在于佛教、儒学皆主张体证本性。"然而不同",不同之处则是佛教主张去除日常之念以回归空寂,而儒学主张在日用常行中以体证本性。换言之,对于儒学而言日用常行中的操存不只是体证本性的方法,而是本然天道的必然要求和指向。

第2则材料中,谢良佐更加明确地指出"释氏所以不如吾儒,无'义以方外'一节。义以方外,便是穷理","穷理"即穷究外在事物本然之理,进而以理行道。相反,佛教排斥外物,反对在具体的事物上穷理行道。

  答胡康侯小简云:"承进学之意浸灌,深所望于左右。儒异于禅,正在下学。如颜子工夫,真百世轨范,舍此应无入路,无住宅,三二十年不觉,便虚过了,可戒,幸毋忽。朱君闻进学可喜,向亦尝讲仁、敬之说,当不忘之。游于河南之门者甚多,不知从事于斯,则见功不远。行之方可信此语也。"①

谢良佐更是直接对胡安国指出:"儒异于禅,正在下学。"佛教排斥外物,缺少下学的工夫。颜子成为"真百世轨范",亦是在于下学工夫。

  问儒佛之辨,曰:"吾儒下学而上达,穷理之至,自然见道,与天为一。故孔子曰:'知我者其天乎。'以天为我也。佛氏不从理来,故不自信,必待人证明然后信。"
  曾本云:问:"佛氏见得何故不肯就理?"曰:"既见了,自是不肯就理。"因举正叔视伯淳坟,侍行,问儒佛之辨。正叔指坟围曰:"吾儒从里

---

① 《上蔡语录》卷下,《朱子全书外编》第3册,第37—38页。

面做,岂有不见? 佛氏只从墙外见了,却不肯入来做。不可谓佛氏无见处。"吾儒下学而上达,穷理之至,自然见道,与天为一。故孔子曰:"知我者其天乎?"以天为我也。故自理去则见得牢,亦自信得。及佛氏不从理来,故不自信,必待人证明然后信。①

对于佛教"不从理来,故不自信",谢良佐引用程颐的说法指出佛儒之别:"吾儒从里面做,岂有不见? 佛氏只从墙外见了,却不肯入来做。"程颐的说法很容易联想到程颢对王安石的批评,"公之谈道,正如说十三级塔上相轮,对望而谈曰,相轮者如此如此,极是分明。如某则戆直,不能如此,直入塔中,上寻相论,辛勤登攀,逦迤而上,直至十三级时,虽犹未见轮,能如公之言,然某却实在塔中,去相轮渐近,要之须可以至也。至相轮中坐时,依旧见公对塔谈说此相轮如此如此。"②二程兄弟都特别强调从里面做,通过实际的践行,真实见道。"下学而上达"体现了这一观念,对本然之道的体证一定要落实在具体的行为中。通过具体的事物、具体的行为以体证本体。

余问:"佛说'直下便是,动念即乖',如何?"谢子曰:"此是乍见孺子已前底事。乍见孺子底,吾儒唤做心,他便唤做前尘妄想,当了是见得大高。吾儒要就上面体认做工夫,他却一切扫除,却那里得地位进步? 佛家说大乘顿教,一闻便悟。将乍见孺子底心一切扫除,须是他颜、雍已上底资质始得。颜子欲要请事斯语,今资质万倍不如他,却便要一切扫除,怎生得? 且如乍见孺子底心生出来,便有是自然底天理,怎生扫除得去? 佛大概自是为私心,学佛者欲脱离生死,岂不是私? 只如要度一切众生,亦是为自己发此心愿,且看那一个不拈香礼佛? 儒者直是放得下,无许多事。"③

---

① 《上蔡语录》卷中,《朱子全书外编》第 3 册,第 25 页。
② 《程氏遗书》卷一,《二程集》,第 5—6 页。
③ 《上蔡语录》卷上,《朱子全书外编》第 3 册,第 11 页。

针对佛教的"动念即乖",谢良佐以"乍见孺子将入于井"为例,指出"儒要就上面体认做工夫,他(佛家)却一切扫除,却那里得地位进步?"在谢良佐看来,佛教主张"一闻即悟",将外物之念看作对于直下见性的阻碍,甚至"乍见孺子将入于井"之事亦可看作"前尘妄想",需要"一切扫除"。但对于儒家学者而言,"乍见孺子将入于井"是"心",即使颜子那样高的资质,体证本性之后仍要"请事斯语",在具体的事物中体认本性。归根结底还是在于"学佛者欲脱离生死"的私心,即使发愿"要度一切众生",也是"为自己发此心愿",根本还在于对生死的恐惧。而真正的儒教即对生死"直是放得下,无许多事",只是循理而行。对于生死放得下,这与上文讨论的谢良佐"天命气数"思想亦有关联。

对于概念的使用,谢良佐注意佛教与儒学的不同。

> 佛之论性,如儒之论心。佛之论心,如儒之论意。循天之理便是性,不可容些私意。才有意,便不能与天为一。
> 曾本此下云:便非天性。①

虽然佛教、儒学都使用了心、性的概念,但是谢良佐认为佛教的佛性,对应儒学的心,"真心"。谢良佐明确提出:"人须识其真心。见孺子将入井时,是真心也。"②佛教所说的心,对应儒学的"意"。佛教要去心之念,在儒学是指"不可容些私意"。谢良佐做出了明确的区分,以此防止相似概念带来的混乱和误解。

(三) 批判老庄

作为儒学反对的思想,道教也是一个主要方面。但无论从思想深度还是影响广度来说,二程认为道教不如佛教。二程提出:"今异教之害,道家之说则更没可辟,唯释氏之说衍蔓迷溺至深。"③但是作为"异教之害",道家学

---

① 《上蔡语录》卷中,《朱子全书外编》第3册,第28页。
② 《上蔡语录》卷中,《朱子全书外编》第3册,第20页。
③ 《程氏遗书》卷二上,《二程集》,第38页。

说错在何处,仍然是学者普遍关心的问题。

> 问:"从上诸圣皆有相传处,至如老子问如何?"谢子曰:"他见得错了。"余问:"错在甚处?"曰:"只如'失道而后德,失德而后仁,失仁而后义,失义而后礼',是甚说话! 自然不可易底,便唤做道;体在我身上,便唤做德;有知觉,识痛痒,便唤做仁;运用处皆是当,便唤做义。大都只是一事,那里有许多分别。"①

相比佛教尚且"有见处",老子则是"见得错了"。对于老子的"失道而后德,失德而后仁,失仁而后义,失义而后礼",谢良佐的根本立场就是二程的道、德、仁、义一体的思想。谢良佐提出,道就是"自然不可易底",即万事万物的本源之道。德就是道在人身上的禀受,道在人身上表现为"有知觉,识痛痒",这种作用称之为仁。道在具体事物中的呈现,"运用处皆是当",即可称作义。可见,老子区分的道、德、仁、义只是同一存在的不同称谓而已,不可能无道无德而能做出仁、义的行为。

> 问:"庄周如何?"谢曰:"吾曾问庄周与佛如何? 伊川曰:'庄周安得比他佛? 佛说直有高妙处,庄周气象大,故浅近。如人睡初觉时,乍见上下东西,指天说地,怎消得恁地,只是家常茶饭,夸逞个甚底。'"
>
> 谢曰:"吾曾历举佛说与吾儒同处问伊川先生,曰:'凭地同处虽多,只是本领不是,一齐差却。'"余问:"本领何故不是?"谢曰:"为他不穷天理,只将拈匙把筯日用底,便承当做大小大事,任意纵横,将来作用,便是差处,便是私处。"②

紧接着上一条,胡安国又提问道学对于庄子的评价,谢良佐提到程颐的

---

① 《上蔡语录》卷上,《朱子全书外编》第3册,第10页。
② 《上蔡语录》卷上,《朱子全书外编》第3册,第10页。

判断,"庄周安得比他佛?佛说直有高妙处,庄周气象大,故浅近"。程颐认为有关本性的看法,"佛说直有高妙处",有见处。"庄周气象大",人们往往被其所吸引,但是其夸大声势,恰恰是其没有真正透悟本体的浅近表现。透悟本体之人,"只是家常茶饭,夸逗个甚底"。

佛教与儒学的差异,程颐的回答"同处虽多,只是本领不是,一齐差却"。同样指出佛教"不穷天理",不能在日用常行中切实地践行天理,下学上达,反而"任意纵横,将来作用"。归根结底,谢良佐认为这些不同还是源于佛教的私心,源于人们对生死的畏惧。

佛老之辨是《上蔡语录》中的一个重要内容,佛学在根本上有私心,不能穷理并且排斥具体生活中的践行工夫,这些都是从二程继承的佛老批判。如何在思想本源上批判佛老,这不仅是学者关心的主要问题,同时也是道学思想得以确立的重要前提中,道学的思想特征得以充分显现。

第三节 结　　语

虽被称为程门四大弟子,但谢良佐的生平至朱熹时已不得详考,本章通过《二程集》等相关材料对于谢良佐的学行进行考证。对于谢良佐的思想,本章以《上蔡语录》和《程氏遗书》的相关论述进行综合考辨,可以看出在诚敬、忠恕、圣人气象、知命养气以及佛老观等方面谢良佐对二程思想的继承,而且对于张载之学基于二程的思想进行反思,这些都体现了谢良佐思想的重要性。

第四章　福建学者

福建学者是二程门下的重要群体,不仅程门四大弟子中游酢、杨时二人皆为福建籍人士,而且杨时开启"道南一脉",四传而有朱熹,正式完成了宋明理学核心体系的构建。二程语录中,《程氏遗书》卷四为游酢所记。杨时虽未留下直接署名的语录,但其晚年一直在热心收集整理二程的相关资料。受此影响,其子杨迪、女婿陈渊、高足罗从彦分别留传有《程氏遗书》卷十八、卷十九和《程氏外书》卷三、卷六的资料,可见游酢、杨时及其后学在洛学思想传播过程中的作用。本章将讨论游酢以及杨迪、陈渊、罗从彦四人及其留传的二程语录。

第一节　游酢与《程氏遗书》卷四

《程氏遗书》卷四为游酢所记,本节将对游酢的生平以及其中的二程思想进行讨论。由于游酢的相关资料所留不多,本节将根据《二程集》以及《杨时集》中的相关资料叙述游酢的生平。对于《程氏遗书》卷四中的二程思想,本节将从仁和诚敬两个方面进行分析。

一　游酢生平考论

游酢,宋仁宗皇祐五年(1053)出生于福建建阳长坪,①与杨时同年,宣和五年(1123)去世,著作"有《中庸义》一卷,《诗二南义》一卷,《论语》《孟子》杂解各一卷,《文集》十卷"。② 杨时为其作《墓志铭》,《伊洛渊源录》收录并记载遗事五条。游酢《年谱》记载,宋神宗熙宁元年(1068)16岁时,"与兄质夫(游醇)从族父游执中于家塾。"作为游醇、游酢兄弟蒙师的游复(字执中),其《墓志铭》亦为杨时所作,其中特别提到"其学以《中庸》为宗,以诚意为主,以闲邪寡欲为人德之途"。③ 早在问学二程之前,游酢的思想已受《中庸》影响。以下将分早年问学和游宦经历两个阶段予以叙述。

(一) 早年问学

熙宁五年(1072),20岁的游酢、杨时二人皆预乡荐至京师,由此相识,结为终生好友。第二年科举,二人皆不中下第,补太学生。杨时回忆"昔吾为太学生,吾友定夫尝为余言其族父执中先生之贤"。④ 杨时后改字"中立",就是避游执中之讳,亦见二人之情谊。

> 209　新进游、杨辈数人入太学,不惟议论须异,且动作亦必有异,故为学中以异类待之,又皆学《春秋》,愈骇俗矣。⑤
>
> 30　观太学诸生数千人,今日之学,要之亦无有自信者。如游酢、杨时等二三人游其间,诸人遂为之警动,敬而远之。⑥

《程氏遗书》中的此条记录即为游酢、杨时入太学后之事,二人"皆学《春

---

① 清人游智开编《游定夫先生年谱》记载:"(皇祐五年)二月二十五日午时,公生于建宁府建阳之长平。"
② 《御史游公墓志铭》,杨时著:《杨时集》,林海权校理,北京:中华书局,2018年,第825页。
③ 《游执中墓志铭》,杨时著:《杨时集》,第777页。
④ 《游执中墓志铭》,杨时著:《杨时集》,第777页。
⑤ 《程氏遗书》卷二上,《二程集》,第45页。此条为《伊洛渊源录》"游察院遗事"第3条。
⑥ 《程氏外书》卷十,《二程集》,第406页。

秋》,愈骇俗矣","诸人遂为之警动,敬而远之",乃至引起了二程的注意。

游酢与其兄游醇①滞留京师,"俱以文行知名",杨时在游酢的《墓志铭》中记载。

> 初与其兄醇俱以文行知名于时,所交皆天下豪英。公虽少,而一时老师宿儒咸推先之。伊川先生以事至京师,一见谓其资可与适道。是时,明道先生兄弟方以倡明道学为己任,设庠序,聚邑人子弟教之,召公来职学事。公欣然往从之,得其微言,于是尽弃其学而学焉。②

元丰元年(1078),程颢知河南扶沟,程颐陪同其父程珦于扶沟居住。《宋史·游酢传》记载:"程颢兴扶沟学,招使肄业,尽弃其学而学焉。"③如前两章所述,不仅该年谢上蔡在扶沟问学二程,第二年吕大临赴此地问学二程。游醇问学二程之后"尽弃其学而学焉"。

程颐罢扶沟知县后,元丰四年(1081)二程兄弟于颍昌办学,这是洛学思想发展的一大盛事。如前两章所述,洛学的传人都有于颍昌问学的经历。杨时此年至京师调官,受游酢引荐赴颍昌问学二程。杨时回忆,"昔在元丰中,俱受业于明道先生兄弟之门,有友二人焉:谢良佐显道,公其一也"。④谢良佐、游酢、杨时三人一同在颍昌问学,亦为洛学的一件盛事。

《程氏遗书》卷二中有数条对游酢、杨时的评价。

> 103　游酢、杨时是学得灵利高才也。杨时于新学极精,今日一有

---

① 游醇,元丰二年(1079)进士,李清馥撰《闽中理学渊源考》卷二"奉议大夫游质夫先生醇"记载:"奉议大夫游质夫先生醇游醇,字质夫,建阳人。执中犹子。醇夙以文行知名,所交皆天下士,从弟定夫得游程门,与杨中立先生倡道闽南。而醇私淑家庭,上下议论,参考互订,文章理学,一时推重。仕至奉议大夫。"见《建宁志·儒林传》(徐公喜等点校:《闽中理学渊源考》,南京:凤凰出版社,2011年,第21页)。
② 《御史游公墓志铭》,杨时著:《杨时集》,第824—825页。
③ 脱脱等:《宋史》卷四二八"道学二",北京:中华书局,1985年,第12732页。
④ 《御史游公墓志铭》,《杨时集》,第824页。

所问,能尽知其短而持之。介父之学,大抵支离。伯淳尝与杨时读了数篇,其后尽能推类以通之。①

156 游酢、杨时先知学禅,已知向里没安泊处,故来此,却恐不变也。②

205 建州游酢,非昔日之游酢也,固是颖,然资质温厚。南剑州杨时虽不逮酢,然煞颖悟。③

二程评价游酢、杨时二人"学得灵利高才","先知学禅",但身心"没安泊处",故向二程问学。二程评价游酢"颖"且"资质温厚",杨时"煞颖悟"。此时颖昌问学,谢良佐也回忆,

昔在二先生门下,伯淳最爱中立,正叔最爱定夫。观二人气象亦相似。④

杨时面见程颢仅元丰四年在颖昌一次,谢良佐的回忆就是此时之事。杨时颖悟,尽知新学之短故为程颢喜爱。游酢"资质温厚",与程颐气象相似,为程颐所喜爱。《程氏外书》中亦有两条游酢读《西铭》的记载。

46 子曰:"游酢得《西铭》诵之,即涣然不逆于心,曰:'此《中庸》之理也,能求于语言之外者也。'"(此一条已见于《大全集》,然颇有缺误,故复出此。)⑤

4 游酢于《西铭》,读之已能不逆于心,言语之外,别立得这个义理,便道中庸矣。(道,一作到。)⑥

---

① 《程氏遗书》卷二上,《二程集》,第28页。
② 《程氏遗书》卷二上,《二程集》,第38页。此条为《伊洛渊源录》"游察院遗事"第4条。
③ 《程氏遗书》卷二上,《二程集》,第44—45页。此条为《伊洛渊源录》"游察院遗事"第1条。
④ 谢良佐著:《上蔡语录》卷中,《朱子全书外编》第3册,第23页。
⑤ 《程氏外书》卷七,《二程集》,第397页。
⑥ 《程氏外书》卷十,《二程集》,第403页。此条为《伊洛渊源录》"游察院遗事"第2条。

第二则材料出自朱熹所说《大全集》,朱熹在编辑之时已经注意两条资料的相似。游酢得《西铭》读之而能不逆于心,也应为元丰四年颍昌问学之事。张载退居关中七年,虽然熙宁九年(1076)入朝,但第二年即去职,去世于归乡途中。游酢、杨时等人当时对于张载之学并不了解,可能也不曾见过《西铭》。二人在颍昌问学,从二程处得到《西铭》,仔细阅读。杨时后来向程颐回忆:"某昔从明道,即授以《西铭》使读之。寻绎累日,乃若有得,始知为学之大方,是将终身佩服。"①游酢读《西铭》之后,亦提出"此《中庸》之理也"。二人虽初读《西铭》,但皆深受启发。

游酢于问学二程的第二年元丰五年(1082)中举,杨时在《墓志铭》中所书"公于元丰六年登进士第"有误。宋哲宗元祐元年(1086)《年谱》记载"官博士,改宣郎,除博士"。《墓志铭》记录"用侍臣荐,召为太学录。改宣德郎,除博士"。②下则语录以游宣德称游酢,应为游酢于太学之事。

  43 问:"游宣德云:'人能戒慎恐惧于不睹不闻之时,则无声无臭之道可以驯致。'此说如何?"曰:"驯致渐进也,然此亦大纲说,固是自小以致大,自修身可以至于尽性至命,然其间有多少般数,其所以至之之道当如何?荀子曰:'始乎为士,终乎为圣人。'今人学者须读书,才读书便望为圣贤,然中间至之之方,更有多少。荀子虽能如此说,却以礼义为伪,性为不善,它自情性尚理会不得,怎生到得圣人?大抵以尧所行者欲力行之,以多闻多见取之,其所学者皆外也。"③

"戒慎恐惧于不睹不闻"驯致"无声无臭之道",同样的材料还在《程氏外书》中两次出现。

  75 游定夫酢问伊川曰:"戒慎乎其所不睹,恐惧乎其所不闻,便可

---

① 《答伊川先生》,《杨时集》,第452页。
② 《御史游公墓志铭》,《杨时集》,第825页。
③ 《程氏遗书》卷十八,《二程集》,第191页。

驯致于无声无臭否?"伊川曰:"固是。"后谢显道(良佐)问伊川,如定夫之问。伊川曰:"虽即有此理,然其间有多少般数。"谢曰:"既云可驯致,更有何般数?"伊川曰:"如荀子谓'始乎为士,终乎为圣人',此语有何不可,亦是驯致之道。然他却以性为恶,桀、纣性也,尧、舜伪也,似此驯致,便不错了?"①

122 游定夫问伊川:"戒慎乎其所不睹,恐惧乎其所不闻,及其至也,至于无声无臭否?"伊川曰:"驯此可以至矣。"后先生与周恭叔以此语问伊川。伊川曰:"然其间亦岂无事?"恭叔请问,伊川曰:"如荀子云:'学者始乎为士,终乎为圣人',可以明之。"②

此两条语录据尹焞所说分别被祁宽和吕坚中所记。游酢提出之后,再次提问的学者是谢良佐还是尹焞、周行己(字恭叔),两条记录有所出入。值得注意的是周行己为浙江永嘉人,称"游宣德"的《程氏遗书》卷十八亦为永嘉学者刘安节(字元承)所编,刘安节可能听闻此问答之后将其记录。程颐肯定由"戒慎恐惧于不睹不闻"的为学工夫最终可以达到"无声无臭之道"的境界,但同时强调渐进的工夫次第绝不可忽略。对于荀子所说"始乎为士,终乎为圣人",肯定学者成圣的可能性,程颐表示赞赏。但是荀子"以礼义为伪,性为不善",程颐认为根本的性命观已有偏差。

140 游定夫问伊川:"阴阳不测之谓神。"伊川曰:"贤是疑了问?是拣难底问?"③

此条语录的时间已不可详考,对于《周易·系辞上》所言"阴阳不测之谓神",程颐反问游酢是真正地对此思考而有疑,还是故弄玄虚,"拣难底问"。显然程颐由此激发学者对于类似命题的深入思考,反复体认。

---

① 《程氏外书》卷十二,《二程集》,第431页。
② 《程氏外书》卷十二,《二程集》,第440页。
③ 《程氏外书》卷十二,《二程集》,第443页。

（二）游宦经历

道学史上，游酢、杨时二人最为著名的典故就是程门立雪。其最早的记载如下：

> 64　游、杨初见伊川，伊川瞑目而坐，二子侍立。既觉，顾谓曰："贤辈尚在此乎？日既晚，且休矣。"及出门，门外之雪深一尺。①

据笔者以往的考证，程门立雪发生于元祐三年（1088）初，游酢任河清县令。② 杨时记载"（游酢）后得邑河清，予往见之。伊川谓予曰：'游君德气粹然，问学日进，政事亦绝人远甚。'"③亦可见游酢学行能力之出众。

元祐七年（1092），游酢再任太学博士。此时，亦有任游酢为言官的建议，由于蜀洛党争而无果。

> 23　朝廷议授游定夫以正言，苏右丞沮止，毁及伊川。宰相苏子容曰："公未可如此。颂观过其门者无不肃也。"④

苏颂任宰相、苏辙任右丞为元祐七年之事，由拟任游酢为正言的争议，苏颂称赞程颐门人"过其门者无不肃也"。此事亦可见蜀洛党争之激烈。然而随着第二年高太后去世，宋哲宗亲政，新党被重新启用，从此游酢远离朝廷。

《伊洛渊源录》"游察院遗事"还收入游酢晚年学禅一事。

> 游定夫后更为禅学。大观间本中尝以书问之云："儒者之道以为父子、君臣、夫妇、朋友、兄弟，顺此五者，则可以至于圣人。佛者之道去此

---

① 《程氏外书》卷十二，《二程集》，第429页。
② 申绪璐：《道南一脉考》，《中国哲学史》2012年第4期。
③ 《御史游公墓志铭》，《杨时集》，第825页。
④ 《程氏外书》卷十一，《二程集》，第412页。

然后可以至于圣人。吾丈既从二程先生学,后又从诸禅老游,则二者之间,必无滞阂,敢问所以不同何也?"游丈答书曰:"佛书所说,世儒亦未深考。往年尝见伊川先生云:'吾之所攻者迹也。'然迹安所从出哉?要之,此事须亲至此地,方能辨其同异。不然,难以口舌争也。"游定夫尝言:"前辈先生往往不曾看佛书,故诋之如此之甚。其所以破佛者,乃佛书自不以为然者也。"①

游酢所说程颐"吾之所攻者迹也"一语出于游酢所记的《程氏遗书》卷四,原文为:

> 4 先生不好佛语。或曰:"佛之道是也,其迹非也。"曰:"所谓迹者,果不出于道乎?然吾所攻,其迹耳;其道,则吾不知也。使其道不合于先王,固不愿学也。如其合于先王,则求之六经足矣,奚必佛?"②

以程颐所说佛教之迹非,必然是其道有偏,"不合于先王"。朱熹和吕本中强调游酢所说"前辈先生往往不曾看佛书,故诋之如此之甚。其所以破佛者,乃佛书自不以为然者也"。大概是以此批评游酢晚年溺于佛教。然而游酢所言未尝不可作另外一种解读,游酢不满于一般儒者对于佛教泛泛批评,认为"须亲至此地,方能辨其同异。不然,难以口舌争也"。二程亦曾指出,"异教之书,'虽小道必有可观者焉',然其流必乖"。③ 考虑到大观年间吕本中致书游酢之时,其本人才二十余岁。游酢"从诸禅老游"固然是事实,游酢也是希望吕本中能够真正地深入儒释二道之根本,以辨其同异,不能泛泛而言,徒以口舌相争。

游酢最后定居安徽历阳(今安徽和县),杨时致书游酢希望共同收集整理二程语录,然而未能如愿,游酢即于宣和五年(1123)去世,杨时痛心疾首。

---

① 朱熹著:《伊洛渊源录》卷九,《朱子全书》第12册,第1046页。
② 《程氏遗书》卷四,《二程集》,第69页。
③ 《程氏遗书》卷二上,《二程集》,第37页。

念昔从师,同志三人,今皆沦亡,眇余独存。虽未即死,而头童齿豁,茕然孤立而谁怜?嗟吾先生,微言未泯,而学者所记,多失其真。赖公相与参订,去其讹谬,以传后学。书往未复,而讣已及门。呜呼悲夫!①

此处"同志三人"应为谢良佐、游酢和杨时。对于谢良佐和游酢的相继去世,杨时产生"茕然孤立"之感,亦可见游酢、杨时二人终生之学谊。

游酢、杨时二人同岁,同年预乡荐,同为太学生,又一同在颍昌问学二程。杨时虽在熙宁九年(1076),早于游酢六年中举,但始终在地方任职。游酢自成太学生以后,始终居于河南,其才能亦被二程等人肯定,不可避免地卷入蜀洛党争和新旧党争,当时之影响远超杨时。宋哲宗绍圣以后,新法势力恢复之后,游酢一直于地方任职,晚年于历阳去世。如同许多二程门人一样于北宋末年去世,其生平资料散失,后人难以展开更充分的研究。

二 《程氏遗书》卷四思想研究

与刘绚、李籲以及吕大临等人所记语录相比,游酢所记的《程氏遗书》卷四中有关道学思想讨论的材料较为有限。以下将主要讨论仁和诚敬两个方面,分析二程的思想。

(一) 仁

《程氏遗书》卷四的记载中,游酢的记载非常注意仁之体与仁之用的区分,这也是二程仁学思想的重要特征。

> 38 "刚毅木讷",质之近乎仁也;"力行",学之近乎仁也。若夫至仁,则天地为一身,而天地之间,品物万形为四肢百体。夫人岂有视四肢百体而不爱者哉?圣人,仁之至也,独能体是心而已,曷尝支离多端而求之自外乎?故"能近取譬"者,仲尼所以示子贡以为仁之方也。医

---

① 《祭游定夫》,《杨时集》,第742页。

书有以手足风顽谓之四体不仁,为其疾痛不以累其心故也。夫手足在我,而疾痛不与知焉,非不仁而何?世之忍心无恩者,其自弃亦若是而已。①

二程强调,孔子所说"刚毅木讷,近仁"(《论语·子路》),"好学近乎知,力行近乎仁,知耻近乎勇"(《中庸》),分别是从为学与品质的分析讨论仁之用,"刚毅木讷"与"力行"都只是仁之具体表现,而非仁之本体。而仁之本体,即所谓的"至仁","则天地为一身,而天地之间,品物万形为四肢百体",这是典型的二程以万物一体训仁的思想。天地间的万事万物,都与作为天地之灵的人密切相关。圣人之所以为圣人,亦不过是达到这种万物一体的境界。如同人对自身四肢的疾痛毫无反应是"不仁",人缺乏对外物的感应,"忍心无恩",二程指出这就是真正的不仁,也是对人之为人之本性的"自弃"。再从这种万物一体之仁的角度来看,"刚毅木讷""力行"以及"己欲立而立人,己欲达而达人。能近取譬",都不过是为仁之方、仁之用,即本体之仁的具体表现,这是二程仁学思想的基础。

36 仲尼言仁,未尝兼义,独于《易》曰:"立人之道,曰仁与义。"而孟子言仁必以义配。盖仁者体也,义者用也,知义之为用而不外焉者,可与语道矣。世之所论于义者多外之,不然则混而无别,非知仁义之说者也。②

此处二程明确提出"仁者体也,义者用也",义之用不离仁之体。在道学的思想中,仁之体一定要落实于具体的义之用,义之用源于仁之体,是仁之本具体表现。二者既不能完全分开,亦不能混为一谈。因为二程推崇《易传》中的"立人之道,曰仁与义"(《周易·说卦》),以及孟子所说浩然之气

---

① 《程氏遗书》卷四,《二程集》,第74页。
② 《程氏遗书》卷四,《二程集》,第74页。

"配义与道"(《孟子·公孙丑上》),以此强调体用不离不杂的思想。

12 人必有仁义之心,然后仁与义之气睟然达于外,故"不得于心,勿求于气"可也。(明道)①

程颢坚持同样的观点,只有具备仁义的内在修养"仁义之心",才能有符合仁义的外在行为"仁义之气"表现。孟子认同告子所说"不得于心,勿求于气"(《孟子·公孙丑上》),就是强调内在之体是外在之用的基础,如上则资料所言就是仁之体决定义之用。

从万物一体的角度而言,仁就是对天地万物的感通。具体到政治领域,仁表现为君主对百姓的关心。在道学看来,仁之品德就是君主最重要的品德。

23 工尹商阳自谓"朝不坐,宴不与,杀三人,足以反命",慢君莫甚焉,安在为有礼?夫君子立乎人之本朝,则当引其君于道,志于仁而后已。彼商阳者士卒耳,惟当致力于君命,而乃行私情于其间,孔子盖不与也。所谓"杀人之中,又有礼焉"者,疑记者谬。②

对于"杀人之中,又有礼焉"(《礼记·檀弓》)一句,二程坚决反对。杀人与仁之德相悖,对于君主而言更当慎重,因此二程指出"疑记者谬",可能是记录的差错。《礼记·檀弓》记载工尹商阳与楚共王的儿子弃疾一同追击吴师,工尹商阳只射杀三人。二程认为,杀人不能称之为仁,更不可能说"有礼",另外从义的角度而言只射杀三人是有背君命,"行私情于其间",孔子绝不会赞同工尹商阳之所为。二程指出,理想的士大夫应当"引其君于道,志于仁而后已",即应当努力培养君主的仁德。从此角度而言,杀一人与杀

---

① 《程氏遗书》卷四,《二程集》,第70页。
② 《程氏遗书》卷四,《二程集》,第72页。

三人没有区别,对于未来的君主弃疾的"手弓"之命,工尹商阳不仅没有劝阻,而仅以"掩其目"表示自己的不妒忍之心,在二程看来不仅不合于道,还是"行私情于其间"。

如上所述,游酢所记的二程语录中,仁之体用的思想被特别强调,同样的观念在杨时那里亦有体现,这大概也是由于二人密切的往来论学。体用不离不杂是道学思想的重要内容,游酢所记的仁义体用是道学思想的重要材料。

(二) 诚敬

诚敬、忠恕作为与人交往具体的行为准则,已在前几章中反复讨论。《程氏遗书》卷四的以下两条资料,二程皆强调朋友相劝之时,应当以诚而为。

  37 门人有曰:"吾与人居,视其有过而不告,则于心有所不安,告之而人不受,则奈何?"曰:"与之处而不告其过,非忠也。要使诚意之交通在于未言之前,则言出而人信矣。"①

  41 责善之道,要使诚有余而言不足,则于人有益,而在我者无自辱矣。②

二程弟子提问应当如何责善,劝人改过,二程强调从"与人忠"的要求,见人有过而不告是应当避免的,朋友之间相责善亦是君子之交的应有行为。但在此之时,二程强调"诚意之交通在于未言之前","要使诚有余而言不足",只有首先保持诚意,才能使人信,"于人有益","无自辱"。如前所述,诚就是内心无私意干扰,纯于天理的状态。可见,二程看来朋友相劝首先即不能有思虑纷扰,诚心规劝,这才是朋友相劝、相责善的行为得以成立,产生效果的可能。这也印证前文讨论的"不诚无物"。

---

  ① 《程氏遗书》卷四,《二程集》,第74页。
  ② 《程氏遗书》卷四,《二程集》,第75页。

29　君子之遇事，无巨细，一于敬而已。简细故以自崇，非敬也；饰私智以为奇，非敬也。要之，无敢慢而已。《语》曰："居处恭，执事敬，虽之夷狄，不可弃也。"然则"执事敬"者，固为仁之端也。推是心而成之，则"笃恭而天下平"矣。①

对待具体的事情应当敬，二程指出这样的原则应当是"无巨细，一于敬而已"。敬是普遍的行为准则。"简细故以自崇"，"饰私智以为奇"，这些都是心中无敬的原因。对于樊迟问仁，孔子答以"居处恭，执事敬，与人忠"（《论语·子路》），二程强调"执事敬"就是仁之端倪、发用，推此纯于天理之心，就能实现"君子笃恭而天下平"（《中庸》）。在二程看来，诚敬之心本身亦是仁德之表现，最终实现天下太平的理想目标亦有赖于此。

34　道之外无物，物之外无道，是天地之间无适而非道也。即父子而父子在所亲，即君臣而君臣在所严（一作敬），以至为夫妇、为长幼、为朋友，无所为而非道，此道所以不可须臾离也。然则毁人伦，去四大者，其分于道也远矣。故"君子之于天下也，无适也，无莫也，义之与比"。若有适有莫，则于道为有间，非天地之全也。

彼释氏之学，于"敬以直内"则有之矣，"义以方外"则未之有也，故滞固者入于枯槁，疏通者归于肆恣（一作放肆），此佛之教所以为隘也。吾道则不然，率性而已。斯理也，圣人于《易》备言之。②

二程强调作为万事万物之本源的道，存在于万事万物之中。父子有亲、君臣有敬，亲、敬的要求即道在具体事物上的表现。在此意义上，二程指出佛教"毁人伦，去四大，"不仅仅是去除普通的人伦关系，更关键的是有意地排斥人伦日用中之理，"有适有莫，则于道为有间，非天地之全也"。二程重

---

① 《程氏遗书》卷四，《二程集》，第73页。
② 《程氏遗书》卷四，《二程集》，第73—74页。

复其基本的观点,佛教对于本然之道有所认识,"敬以直内"的方面有可取之处,但"义以方外"的道之用则全然不顾。① 因而"滞固者"完全断除外物感通,枯槁身心。"疏通者"则全然不顾外物之理,行为乖张肆恣。二程最后指出,儒学之道则兼顾"敬以直内"和"义以方外",以敬端正内心,去除思虑纷扰,率性而为。除以对本然之道的体认以外,在发用之时保持诚敬之心,一样是二程工夫论思想的重要方面。

由上可见,二程强调将诚敬看作学者为道的重要工夫,只有以不受外物干扰的诚敬状态才能够使外在的行为合于天理。游酢所记的语录中强调仁、诚敬等概念,亦可见这些思想在洛学中的重要性。另外二程强调"天地之间无适而非道",批评佛教缺乏"义以方外"的下学工夫,

第二节　杨时弟子与二程语录

与游酢长年于河南停留不同,由现存资料考证,杨时问学二程仅有元丰四年(1081)、元祐三年(1088)和元祐八年(1093)三次,而且每次停留时间都非常有限,未能有亲自记录的二程语录流传。然杨时以其聪颖,初次问学即使程颢有"吾道南矣"之叹,②元祐八年问学之后与程颐论《西铭》,程颐提出"理一分殊"。杨时晚年热心于二程语录和其他资料的收集和整理,与游酢最后的书信,就是在讨论二程语录的校对。受此影响,受杨时之教的杨迪、陈渊、罗从彦皆有二程语录的整理流传。与前文讨论的河南学者、关中学者以及游酢都是在哲宗朝和徽宗朝前期问学二程不同,三人作为二程再传,则是徽宗朝前期,即程颐晚年自四川涪陵还洛之后才接触洛学思想。

---

① 对于"佛之道是也,其迹非也"的提问,二程反问"所谓迹者,果不出于道乎?"(《程氏遗书》卷四,《二程集》,第69页)在二程看来,佛教不顾"义以方外"的外在工夫,那么其内在所直之道其实亦有偏差。这样的观点,《程氏外书》卷二上的第84条亦有相似表述。

② "明道在颖昌,先生寻医,调官京师,因往颖昌从学。明道甚喜,每言曰:'杨君最会得容易。'及归,送之出门,谓坐客曰:'吾道南矣。'"《程氏外书》卷十二,《二程集》,第428—429页。

一 杨时与二程文献整理

政和元年(1111),杨时自京师归寓毗陵,候萧山知县任。在这段时间中,杨时整理了《伊川易传》。《校正伊川易传后序》中,杨时特别交代了整理该书的过程。杨时提到,"伊川先生著《易传》,方草具,未及成书而先生得疾"。程颐将其授张绎,但是不久张绎去世,"故其书散亡,学者所传无善本"。政和初,谢良佐得之于京师,出以示杨时。杨时指出,当时其书"错乱重复,几不可读"。继而,杨时提到自己"东归,待次毗陵,乃始校定。去其重复。逾年而始完"。①

宣和五年(1123)杨时一生的好友游酢去世之前,杨时专门去书,提到当时的二程语录的流传状况是"先生语录,传之浸广,其间记录颇有失真者。"因此,杨时表示"某欲收聚,删去重复与可疑者"。最后,杨时指出:"先生之门,所存惟吾二人耳,不得不任其责也。"②可惜,游酢还未收到此封书信,即已去世。从这里可以看出,北宋末年已经有许多版本、来源的《二程语录》流传,良莠不齐,因此杨时希望能够和游酢一起整理《二程语录》。

据杨时晚年与胡安国的书信中记载,当时曾经编纂一份语录,但是未能广为传播。其原因大概在于北宋末年杨时突然被召赴朝,遭遇了两宋之际的社会动荡。杨时再次着手《二程语录》的整理,则是5年之后建炎二年(1128)十一月返回福建故乡。

然而受靖康年间太学事件的冲击,杨时在整理二程资料的事情之外,重点精力都放在写作批判王安石的《三经义辨》《字说辨》和《神宗日录辨》。在晚年致胡安国的书信中,杨时提道:

《伊川先生语录》在念,未尝忘也,但以兵火散失,收拾未聚。旧日罗仲素编集备甚,今仲素已死于道途,行李亦遭贼火。已托人于其家寻

---

① 《校正伊川易传后序》,《杨时集》卷二十五,第675页。
② 《与游定夫·其六》,《杨时集》卷十九,第514页。

访,若得五六,亦便下手矣。……《三经义辨》已成书,俟脱稿即附去,以求参订也。①

《伊川先生语录》,昔尝集诸门人所问,以类相从,编录成帙,今皆失之。罗仲素旧有一本,今仲素已死,着其婿寻之未到。②

由以上两条材料可知,对于编纂《伊川先生语录》一事,杨时时刻挂念。而杨时的确曾经编纂过一本"以类相从,编录成帙"的"伊川语类",但是因为南宋初年的动乱,未能留存。另外,杨时的弟子罗从彦非常热心于二程语录的整理,如杨时所说"旧日罗仲素编集备甚",但是就在绍兴五年(1135)杨时去世的同一年,罗从彦突然死于异地,其所搜集的资料亦丧失殆尽。

综上可见,杨时及其弟子热心于二程资料的整理。所谓"道南一脉"不仅仅是二程思想的传承,对于洛学文献的整理同样做出重要贡献。

二　杨迪与《程氏遗书》卷十九

杨迪为杨时长子,亲见程颐且录有《程氏遗书》卷十九,朱熹注明:"杨迪字遵道,延平人,文靖公(杨时)之长子也。所记有元符末归自涪陵后事。"③延平当为将乐之误。据杨时的《龟山年谱》所记,杨迪出生于元丰五年(1082)二月,前一年杨时于颍昌初次问学二程。元符三年(1100)程颐还洛之后,杨迪前往问学。崇宁二年(1103)杨迪离开河南赴荆州,见任荆州府学教授的杨时。第二年五月不幸去世,终年23岁。

《宋史·杨时本传》结尾亦特别提到,"子迪,力学通经,亦尝师程颐云"。吕本中所作《杨龟山先生行状》中提及"先生生五子:迪,登进士,任修职郎"。④ 杨迪享寿不长,吕本中引自所记之事或有偏差。⑤ 因其早逝,与其

---

① 《与胡康侯·其九》,《杨时集》卷二十,第552页。
② 《与胡康侯·其十二》,《杨时集》卷二十,第555页。
③ 《二程集》目录,第4页。
④ 《杨时集》,第1150页。
⑤ 杨迪崇宁三年去世,至崇宁元年仍有在太学学习的记载,故仅可能于崇宁二年中第,详细情况待考。

相关的材料非常少,学界所知有限。朱熹之父朱松的《杨遵道墓志铭》作于杨迪去世二十余年之后,其中称杨时为"徽猷阁待制、提点西京嵩山崇福宫",可知该文作于靖康元年(1126)七月至第二年的十二月之间。其中记载杨迪"为髫儿已能力学,指物即赋,凛然如成人。既冠,益贯穿古今","公方游大学,声出等夷,一旦弃不顾,抱经游于伊川之门,以逸然少年周旋群公之间,同门之士咸敛手以推先。伊川少然可,雅器许公"。① 可见时人对杨迪才华的称赞。

另外一篇有关杨迪生平的记载就是杨时之婿陈渊的《祭杨遵道文》。

> 维崇宁四年岁次乙酉十一月乙未朔十九日癸丑,延平陈渊谨以果酒之奠,致祭于亡友兄遵道之灵。呜呼!遵道学有师传,文以能名,年甫半世,遽殒其身。昔我始见汴水之曲伟矣,议论温其如玉。谓我朋友,许我以姻,使获种德先生之门。三年契阔,相去万里。南来一笑,宽我梦寐。从以篮舆,由汴如荆。歌诗赓酬,愈出愈新。至则成昏,略去苛礼。婉婉淑人,今则有子。冲寒冒暑,或此致疾。今其亡矣,匪报繁德。秋闱较艺,谬处众先。仲季三人,偕试春官。有怀奇才,通昔拭泪。临行一觞,酹此微意。②

宋徽宗建中靖国元年(1101),陈渊赴京师,路过福建建阳,正式受学于杨时。陈渊至京之后,由于叔姐陈瓘被调知泰州,旋即赶赴泰州,这大概是陈渊所称"三年契阔,相去万里"。崇宁二年(1103)二人一同由京师赴荆州,"由汴如荆,歌诗赓酬,愈出愈新",杨时为荆州府学教授。前一年,杨时赴荆州的路上去信程颐,程颐的《答杨时书》中提到,"名迪者好学质美,当成远器"。③ 程颐还有《答杨迪书》,提到杨迪的"心迹"之问以及"有道又有易"之说,程颐亲自纠正。这也反映了杨迪对于道学的热心和程颐的期待,

---

① 朱松:《杨遵道墓志铭》,《韦斋集》卷十二,《朱子全书外编》第3册,第192页。
② 《祭杨遵道文》,《默堂集》卷二十一。
③ 收于《二程文集》卷九,另杨时在赴荆州的路上致程颐的书信已佚。

"唯其不敢信己而信其师之说,是以能思而卒同也。"

由京师赴荆州的路上,陈渊所作之诗收于《默堂集》。其中的一首题为《同杨遵道出京,本欲作诗而吟咏久废,恐取道襄阳,吊古遗迹,遵道有作,不能多继也。先以诗谢之》,如此二人相为唱和,明确出现杨迪(遵道)之名的,还有《汝州道中呈遵道》《承遵道和又用前韵书怀》《承遵道和又用前韵书怀》《自入襄城即有山水之兴,路中稍有赓唱,因呈遵道》《和遵道杨花》。另外还有一首为《送遵道》,开头一句为"秋月隔疏帘,光体终隐微"。崇宁二年秋,杨迪因事离开荆州,诗中提到"君心乃余心,南北非相违",表达了二人的交往之谊。未曾料到,第二年五月杨迪因病突然去世。去世之时,杨迪之子杨云尚待出生。

《程氏遗书》卷十九中,杨迪共记程颐之语99条,思想方面是《二程语录》的重要一卷。该卷第24条提到陈瓘致吴国华的书信,可见记录者具有闽北的学术背景。

24 陈莹中答吴国华书,天在山中,说云:"便是芥子纳须弥之义。"先生谓正南北说,却须弥无体,芥子无量。①

陈瓘(字莹中)、吴仪(字国华)皆为福建人,杨时讲友,为杨迪所熟知。尤其是吴仪,杨时问学二程之后即有《与吴国华》的两封书信,批判王安石"力学而不知道,妄以私知曲说瞽学者耳目"。吴仪长年居于福建而不出仕,本地以外的学者鲜有听闻。

该卷除朱熹所说程颐"归自涪陵后事"以外,程颐编管涪陵之前的事亦有记载,应为杨迪从他人处听闻或抄录。

18 谢师直为长安漕,明道为鄠县簿,论《易》及《春秋》。明道云:"运使,《春秋》犹有所长,《易》则全理会不得。"师直一日说与先生。先

---

① 《程氏遗书》卷十九,《二程集》,第250页。

生答曰:"据某所见,二公皆深知《易》者。"师直曰:"何故?"先生曰:"以运使能屈节问一主簿,以一主簿敢言运使不知《易》,非深知易道者不能。"①

39 先生每与司马君实说话,不曾放过;如范尧夫,十件事只争得三四件便已。先生曰:"君实只为能受尽言,尽人忤逆终不怨,便是好处。"②

40 君实尝问先生云:"欲除一人给事中,谁可为者?愿为光说一人。"先生曰:"相公何为若此言也?如当初泛论人才却可,今既如此,某虽有其人,何可言?"君实曰:"出于公口,入于光耳,又何害?"先生终不言。(一本云:"先生曰:'某断不说。'")③

第一事谢景温(字师直)与程颢论《易》与《春秋》,程颢毫不隐晦地批评谢景温"《春秋》犹有所长,《易》则全理会不得"。谢景温后将此事告知程颐,程颐表示"以运使能屈节问一主簿,以一主簿敢言运使不知《易》,非深知易道者不能",称赞二人深知易道。谢景温去世于元符元年(1098),杨迪尚未问学程颐。后两条提到程颐与司马光谈论之时"不曾放过",一定据理力争。以及司马光请程颐推荐给事中的人选,程颐断然拒绝,显然都非亲身经历之事。另如本卷第72、73条所载"先生在讲筵""先生在经筵时"之事,也必定由他人处听闻。

听闻之事的佐证,还可由以下两条证明,其内容与《程氏遗书》卷二十一张绎所记相同。

74 范尧夫为蜀漕,成都帅死,尧夫权府。是时,先生随侍过成都,尧夫出送,先生已行二里,急遣人追及之,回至门头僧寺相见。尧夫因问:"先生在此,有何所闻?"先生曰:"闻公尝言:'当使三军之士知事帅

---

① 《程氏遗书》卷十九,《二程集》,第249页。
② 《程氏遗书》卷十九,《二程集》,第253—254页。
③ 《程氏遗书》卷十九,《二程集》,第254页。

君如事父母。'不知有此语否?"尧夫愕然,疑其言非是。先生曰:"公果有此语,一国之福也。"尧夫方喜。先生却云:"恐公未能使人如此。"尧夫再三问之。先生曰:"只如前日公权府,前帅方死,便使他臣子张乐大排,此事当时莫可罢?"尧夫云:"便是纯仁当时不就席,只令通判伴坐。"先生曰:"此尤不是。"尧夫惊愕,即应声曰:"悔当初只合打散便是。"先生曰:"又更不是。夫小人心中,只得些物事时便喜,不得便不足。他既不得物事,却归去思量,因甚不得此物,元来是为帅君。小人须是切己,乃知思量。若只与他物事,他自归去,岂更知有思量?"尧夫乃嗟叹曰:"今日不出,安得闻此言?"①

75　先生云:"韩持国服义最不可得。一日某与持国、范夷叟泛舟于颍昌西湖,须臾客将云:'有一官员上书,谒见大资。'某将谓有甚急切公事,乃是求知己。某云'大资居位,却不求人,乃使人倒来求己,是甚道理?'夷叟云:'只为正叔(一作姨夫。)太执,求荐章,常事也。'某云:'不然。只为曾有不求者不与,来求者与之,遂致人如此。'持国便服。"②

以上第一条范纯仁(字尧夫)因为成都帅死而"权府",程颐批评其"前帅方死,便使他臣子张乐大排"的举动。这与张绎所记《程氏遗书》卷二十一的第5条的内容完全相同。程颐与韩维(字持国)、范纯礼(字彝叟、夷叟)于颍昌泛舟,韩维遇人求荐之事,亦与卷二十一的第15条相同。③ 事实上,张绎同样是在程颐自川归洛之后才开始问学,以上所记亦非亲身经历之事。或许杨迪、张绎二人同时听闻,分别记录。另外就是对于程颐的称谓,卷十九多以"先生"称程颐,张绎所记卷二十一同样使用"先生""程子"这样极其尊敬的称谓,反映了两卷之间的联系。

称谓问题上,该卷特别需要注意就是对于同辈甚至年龄更大的程门弟

---

① 《程氏遗书》卷十九,《二程集》,第259—260页。
② 《程氏遗书》卷十九,《二程集》,第260页。
③ 此两条分别见于《程氏遗书》卷二十一上,《二程集》,第268、270页。

子,往往直接称名。

51　谢良佐与张绎说:"某到山林中静处,便有喜意,觉着此不是。"先生曰:"人每至神庙佛殿处便敬,何也? 只是每常不敬,见彼乃敬。若还常敬,则到佛殿庙宇,亦只如此。不知在闹处时,此物安在? 直到静处乃觉。"绎言:"伊云,只有这些子已觉。"先生曰:"这回比旧时煞长进。这些子已觉固是,若谓只有这些子,却未敢信。"(胡本注云:"朱子权亲见谢先生云:'某未尝如此说。'恐传录之误也。")①

如上所见,谢良佐与张绎二人都直接称名,《程氏遗书》中这样的情况极为罕见。胡本注中提到谢良佐的弟子朱巽(字子权)曾言及此句,但谢良佐指出"某未尝如此说"。这也是程颐反对语录编撰的一个原因,貌似真实的记录反而最容易产生误导。本章第二次出现谢良佐的名字是第 78 条有关程颐"涪州之行"的原因,原文为"谢某曾问:'涪州之行,知其由来,乃族子与故人耳。'(族子谓程公孙,故人谓邢恕。)"②在《伊川先生年谱》中,朱熹直接将其看作谢良佐,"门人谢良佐曰:'是行也,良佐知之,乃族子公孙与邢恕之为尔。'"③人名称谓方面,其他如第 26 条直接称"张绎",第 76 条直接称"尹焞"。不过对于吕大临,如第 43 条和第 52 条皆称"吕与叔"。相反第 49 条、第 91 条对于张载之弟"张戬",以及第 99 条对张载弟子"苏昞"又直接称名,这些情况值得注意。或许是杨迪记录之后,其父杨时一方面对程颐称"先生"以尊敬,另一方面将同辈学者改作姓名,以便后人阅读。

内容方面,该卷的前 5 条都是有关《大学》的解释,第 1 条即为格物,程颐提出"凡眼前无非是物,物物皆有理。如火之所以热,水之所以寒,至于君

---

① 《程氏遗书》卷十九,《二程集》,第 255—256 页。
② 《程氏遗书》卷十九,《二程集》,第 261 页。
③ 《程氏遗书》附录,《二程集》,第 344 页。事实上,仅从《程氏遗书》卷十九该条的记录来看,无法断定"谢某"就是谢良佐。

臣父子之间皆是理。""须是遍求。虽颜子亦只能闻一知十,若到后来达理了,虽亿万亦可通。"①第 3 条"'新民',以明德新民"。这些《大学》的诠释皆被朱熹所采纳。

本卷 31 条程颐提到语录编撰问题,《程氏遗书》的第一卷为李籲所录,朱熹特别表明程颐说过,"《语录》,只有李籲得其意,不拘言语,无错编者"。故以其为首。程颐称赞李籲所编二程语录,即出于此。

> 31 旧尝令学者不要如此编录,才听得,转动便别。旧曾看,只有李籲一本无错编者。他人多只依说时,不敢改动,或脱忘一两字,便大别。李籲却得其意,不拘言语,往往录得都是。②

一方面可以看出程颐对李籲的赞赏,另一方面程颐特别强调仅仅拘泥特定的文字,"不敢改动",反有可能丧失原本的含意。因而即使是记录者,亦首先要对思想本身有一定程度的理解。

程颐说此语时,针对的是程颢提出的"浩然之气,天地之正气,大则无所不在,刚则无所屈,以直道顺理而养,则充塞于天地之间"。③ 程颐认为,坤卦的"直方大"一语中,方即刚。且《文言》中提出,"坤至柔而动也刚",因此不能说坤仅为柔而无刚。程颐指出,"只'刚则不屈',亦未稳当"。④ 在李籲所编《程氏遗书》一条下面,朱熹特别注明"杨遵道所录伊川语中,辨此一段非明道语"。⑤ 可见朱熹对杨迪所录《程氏遗书》卷十九非常重视。

整体来看,杨迪所录的《伊川语录》已经被归纳整理。如第 1—5 条是关于《大学》,第 6—30 条是关于《周易》,第 31—53 条是关于《论语》《孟子》,第 54—65 条是关于《诗》《书》《礼》,第 66—99 条则是一些史论、杂评。⑥ 而

---

① 《程氏遗书》卷十九,《二程集》,第 247 页。
② 《程氏遗书》卷十九,《二程集》,第 252 页。
③ 《程氏遗书》卷一,《二程集》,第 11 页。
④ 《程氏遗书》卷十九,《二程集》,第 252 页。
⑤ 《程氏遗书》卷一,《二程集》,第 11 页。
⑥ 此为大致的分类,具体的每一部分,亦偶有混杂有其他内容的情况。

有关《论语》《孟子》部分的语录,又是以性、气、才等概念的讨论开始,这一情况反映了整理者对于二程思想体系的理解。下文讨论的陈渊、罗从彦所编《二程语录》都有同样的整理情况。不难设想,杨迪记录的这一部分资料,之后必然受到杨时、陈渊等人的重视,之后再对语录进行整理、分类。综上所论,杨时的长子杨迪不仅具有才华,而且像其父亲一样对道学思想充满热情。只有可惜享寿不长,未能在道学思想史上留下更多的业绩。

三 陈渊与《程氏遗书》卷十八、《程氏外书》卷三

在朱熹建构的杨时、罗从彦、李侗的"道南一脉"中,罗从彦占有极其重要的地位。然而在南宋初年,杨时的弟子中最重要的人物是其女婿陈渊。① 《程氏外书》卷三为《陈氏本拾遗》,朱熹标注"延平陈渊,字几叟,杨文靖公门人"。② 与杨时长子杨迪以及罗从彦亲见程颐不同,已有资料中没有陈渊的相关记载。陈渊长期在杨时身边问学,留心对于二程语录收集整理,《程氏遗书》卷十八的《刘元承手编》就是经陈渊之手流传于世。《程氏外书》卷三《陈氏本拾遗》中的相关资料,亦为陈渊所收集。

《程氏外书》卷三共为 48 条,其内容几乎全为《论语》的解释,以下将分析该卷与"仁"相关的 5 条资料。

  10 人之一肢病,不知痛痒,谓之不仁。人之不仁,亦犹是也。盖不知仁道之在己也。知仁道之在己而由之,乃仁也。③

以人心不知四肢之痛养为不仁,这样的类比就是程颢强调的以觉训仁,虽然此则材料并未明确标注为程颢。④ 这里进而强调,"人之不仁"是由于

---

① 陈渊的具体生平参见孙逸超:《默堂年表》,收于《儒家典籍与思想研究》第十二辑,北京:北京大学出版社,2020 年。
② 《二程集》,目录第 8 页。
③ 《程氏外书》卷三,《二程集》,第 366—367 页。
④ 该卷的第 13 条材料,"'极高明而道中庸',非二事。中庸,天理也。天理固高明,不极乎高明,不足以道中庸。中庸乃高明之极。(伯淳)"(《程氏外书》卷三,《二程集》,第 367 页)以"伯淳"明确表明为程颢所说,《程氏外书》卷三中亦仅此一条有标注。另外,"伯淳"的标记表明该则记于程颢去世之前,"明道"的称谓还未使用。

"不知仁道之在己",即不能对内在之仁道有真切的体认。一旦能够体认仁道,自然会有感通外物的仁之发用。"知仁道之在己"即程颢所谓的"识仁",这是仁之发用的前提,也是为学工夫的重要指向。

  11 "克"者,胜也。难胜莫如"己",胜己之私则能有诸己,是反身而诚者也。凡言仁者,能有诸己也。(一作凡言克者,未能有诸己也。)必诚之在己,然后为"克己"。"礼"亦理也,有诸己则无不中于理。君子慎独,"敬以直内,义以方外",所以为"克己复礼"也。克己复礼则事事皆仁,故曰"天下归仁"。人之视最先,"非礼"而视,则所谓开目便错了。次"听",次"言",次"动",有先后之序。人能克己,(一作充仁。)则心广体胖,仰不愧,俯不怍,其乐可知,有息则馁矣。①

  上则材料诠释"克己复礼为仁。一日克己复礼,天下归仁焉。为仁由己,而由人乎哉?"(《论语·颜渊》)二程解释"克己"为"胜己",即"胜己之私",这与朱子学定论相同。但是二程进而强调"胜己之私"的目的是为了能够"有诸己""反身而诚"。去除私欲本身不是目的,"反身而诚",体认天理才是最终目标。甚至二程强调,只有体仁、识仁,"诚之在己",才能真正地"克己"。可见,去除私欲不是简单地排除外物干扰,而是应当在体认天理的基础上,胜己之私,自然能得"复礼",其所为"无不中于理"。进而二程引用《礼记》的"慎独",《周易》的"敬以直内,义以方外",强调只有以此使内心纯于天理,才能"克己复礼",一切行为都能符合仁之要求。视、听、言、动无不合于礼。可见,二程虽解释"克己"为"胜己之私",但二程更强调内心纯于天理,"充仁"的优先性,由此"心广体胖,仰不愧,俯不怍,其乐可知"。

---

① 《程氏外书》卷三,《二程集》,第367页。

2 "三月不违仁",言其久;过此,则"从心不踰矩",圣人也。圣人则浑然无间断,故不言三月。此孔子所以惜其未止也。①

对于"回也,其心三月不违仁"(《论语·雍也》),二程认为"三月"表示时间久,其德行已相距圣人不远。圣人的境界则是"从心所欲,不踰矩"(《论语·为政》),一切行为合于天理,"浑然无间断",不受时间的限制。

25 "叩其两端"者,如"樊迟问仁,子曰爱人;问知,子曰知人"。举其近者,众人之所知,极其远者,虽圣人亦如是矣。其与人莫不皆然,终始两端,皆竭尽矣。②

对于孔子所说"有鄙夫问于我,空空如也;我叩其两端而竭焉"(《论语·子罕》),二程认为孔子"叩其两端"是以众人皆知之事为例,以此启发。同样,樊迟问仁、问知,孔子回答"爱人""知人"(《论语·颜渊》),二程认为并非"爱人""知人"就是仁、知,事实上在二程看来,爱人、知人只是仁、知发用的一个具体表现。孔子正是通过爱人、知人这样身边简易之事启发弟子,使人领悟本然之道。

22 "愿无伐善",则不私矣;"无施劳",则仁矣。颜子之志,则可谓大而无以加矣。然以孔子之言观之,则颜子之言出于有心也。至于"老者安之,朋友信之,少者怀之",犹天地之化,付与万物,而已不劳焉,此圣人之所为也。今夫羁靮以御马,而不以制牛;人皆知羁靮之制在乎人,而不知羁靮之生由于马。圣人之化,亦由是也。③

此则材料中,对于颜渊之志"无伐善,无施劳",二程认为正是颜渊内心

---

① 《程氏外书》卷三,《二程集》,第366页。
② 《程氏外书》卷三,《二程集》,第369页。
③ 《程氏外书》卷三,《二程集》,第368页。

无私,仁体发用的表现。但与孔子之志"老者安之,朋友信之,少者怀之"(《论语·公冶长》)相比,二程指出"颜子之言出于有心",仍然有所拘迫,未能完全出于自然。而孔子之所言则是"犹天地之化,付与万物,而已不劳焉"。二程"羁靮以御马"的比喻值得注意,固然"羁靮之制"是源于人,是人在御马。但是羁靮能够御马的根本原因在于其符合马之性,其驾驭是自然合乎天理。二程指出,圣人能够付与万物而不劳,就在于其所为出于天性,合于外物之理。无私意之扰,合于天理而不劳,这是二程理想的工夫境界。

上述五条资料,以知痛痒说明仁,强调仁道在已、反身而诚,以及圣人无间断、以天地之化付与万物,皆为二程的核心思想。另外,在程颐晚年的相关语录中,四书等相关资料的解释越来越受到重视。罗从彦整理的二程语录同样集中于四书解释,由四书解释以阐发道学思想,由此可见北宋末年的学术倾向。

四 罗从彦与《程氏外书》卷六

《程氏外书》卷六为《罗氏本拾遗》,朱熹注记:"延平罗从彦,字仲素,杨文靖公门人。"[①]罗从彦在绍兴五年(1135)由广东博罗县的归乡途中,突然去世。据杨时的书信,罗从彦生前收集并整理大量二程语录,但因罗从彦于外地去世,其收集的材料还有待寻访。但是同年四月,杨时亦以83岁高龄去世,罗从彦家中的资料状况不得而知。《程氏外书》卷六的《罗氏本拾遗》,或许为绍兴二年(1132)罗从彦赴广东博罗县主簿任之前初步整理的材料。

该卷绝大多数的条目都以"明道""伊川"的标注明确区分二程,这是该卷显著特点。更重要的是在内容上,该卷所有材料都是二程对《周易》《论语》《孟子》等的解释,其中最主要的是《论语》,这一点与陈渊整理的《程氏外书》卷三相似。该卷的149条语录中,从第14条开始,[②]直到132条讨论"知

---

① 《二程集》,目录第8页。
② 第13条材料为:"善学者,要不为文字所梏。故文义虽解错,而道理可通行者不害也。"(《程氏外书》卷六,《二程集》,第378页)此则材料完全可以看作是读书为学之方,被罗从彦置于《论语》的解释内容之前。

言",所有材料全部以《论语》的顺序排列,可见是经罗从彦认真整理的。之后主要是《孟子》的相关解释,这也反映罗从彦希望汇集整理二程所有关于《周易》《论语》《孟子》等编撰的意图,但是《论语》以外其他部分未能施行。

《程氏外书》卷六第1条材料就是读经方法的不同。

  1 凡看书,各有门庭。《诗》《易》《春秋》不可逐句看,《尚书》《论语》可以逐句看。①

二程提出,《诗》《易》《春秋》领会其意即可,但《尚书》《论语》应当"逐句看",仔细品味。该则材料表明经书的特点各不相同,应当采取不同的读书方法。罗从彦将此则材料置于卷首,由此确立读书的基本态度。

从该卷第14条开始,皆按照《论语》的篇章顺序整理二程的相关解释。

  14 《论语》,曾子、有子弟子论撰。所以知者,唯曾子、有子不名。(伊川)②

在此条资料中程颐明确指出《论语》的编撰者为曾子和有子的弟子,因为《论语》通篇只有此二人不称字,而以曾子、有子这样的尊称表示。罗从彦将此排在《论语》解释的第一条,显然是希望整理出系统性的二程语录。

(一)仁之体

仁之体用关系的确立是洛学思想的重要贡献,二程强调学者要穷究仁之体,对于学者的行为实践而言,仁之本体的体认具有重要的基础性意义。

  57 知如水之流,仁如山之安。动静,仁知之体也,动则自乐,静则自寿。非体仁知之深者,不能如此形容之。(伊川)③

---

① 《程氏外书》卷六,《二程集》,第377页。
② 《程氏外书》卷六,《二程集》,第378页。
③ 《程氏外书》卷六,《二程集》,第382页。

"仁道难名"是二程对于仁之本体的基本态度。对于《论语·雍也》的"知者乐水,仁者乐山;知者动,仁者静;知者乐,仁者寿",程颐认为,知动、仁静是知、仁之体,即其本然应有的样态。由此本然而有水之流的动、山之静的安,乐与寿亦是知、仁的自然之表现。程颐强调只有真正体认仁、知之本体的人,才能有如此真切的形容。对于仁之体的"识仁""求仁"是二程思想的重要内容。另一方面,二程强调求仁离不开日用常行。

87 师、商过不及,其弊为杨、墨。杨出于义,墨出于仁。仁义虽天下之美,然如此者,失之毫厘,谬以千里。(伊川)①

对于孔子的评价"师也过,商也不及"(《论语·先进》),下文中程颐指出"子张少仁",那么"师也过"即可看作子张重义,之后有杨朱为我之弊。与此相反,子夏重仁,有后世墨子兼爱之弊。程颐强调,"仁义虽天下之美",但是"过犹不及","失之毫厘,谬以千里"。

146 仁,理也。人,物也。以仁合在人身言之,乃是人之道也。(伊川)

对于孟子所说"仁也者,人也;合而言之,道也"(《孟子·尽心下》),程颐明确指出,仁为理,人为物,"合而言之",即仁之理在人身的具体呈现就是"人之道"。人道源于最根本的天道,也是天道在人的具体呈现,亦是人之为人的根本。

136 恻恻然隐,如物之隐应也,此仁之端绪。赤子入井,其颡有泚,推之可见。(伊川)②

---

① 《程氏外书》卷六,《二程集》,第385页。
② 《程氏外书》卷六,《二程集》,第390页。

"今人乍见孺子将入于井,皆有怵惕恻隐之心","恻隐之心,仁之端也"(《孟子·公孙丑上》)。这是孟子说明"仁"的重要材料。同样"其颡有泚,睨而不视。夫泚也,非为人泚,中心达于面目"(《孟子·滕文公上》)。"中心达于面目"之"泚",程颐指出亦是仁德所发之端。程颐指出,人见到"孺子将入于井"之时,内心之仁与物相应,自然会有恻隐之情的表达,即"仁之端绪"。

仁之本体的体认是二程工夫论思想的首要目标,其困难在于仁之道大、仁之难言,很有可能"失之毫厘,谬以千里"。二程将体仁的工夫落实于仁之发用,无论对于本体之仁的体认还是践行,都需要落实于具体的仁之用。

(二) 仁之用

二程认为,《论语》中对仁的各种描述,多是形容仁之发用,这些正是学者为学、培养德性的切实入手之处。

> 16 孝弟本其所以生,乃为仁之本。孝弟有不中理,或至于犯上,然亦鲜矣。孟子曰:"孰不为事?事亲,事之本也。孰不为守?守身,守之本也。"不失其身而事亲,乃诚孝也。推此,亦可以知为仁之本。(明道)

《论语》中第二条为"孝弟也者,其为仁之本与!"为解释"为仁之本",程颢提出"孝弟本其所以生",此处的代词"其"显然指仁之体。孝悌的行为由仁之体而生,具体行为的"为仁"应当由此入手。程颢联系到《孟子·离娄上》的"事亲,事之本也","守身,守之本也","不失其身而能事其亲者,吾闻之矣",事亲首先要由守身开始,这才是"诚孝"。同样,只有诚孝才能为仁。由身边之事,由对父母孝、对兄长悌开始,由此进而求仁、体仁。

> 43 "知者利仁",知者以仁为利而行之。至若欲有名而为之之类,皆是以为利也。①

---

① 《程氏外书》卷六,《二程集》,第 381 页。

44 知者知仁为美,择而行之,是"利仁"也。心有其仁,故曰利。(伊川)①

对于《论语·里仁》第二条"仁者安仁,知者利仁",二程指出"知者以仁为利而行之"。虽然不能像"仁者"一样安于天理,但是"知者"知晓以天理之仁而为利才是大利,"知仁为美",故亦能依天理而为。比如智者"欲有名",亦知应依仁而为。在程颐的解释中,智是知道仁之行是有意义的,故能够依其要求而为。程颐指出,智者"心有其仁",知道仁之为利,但仍不能完全地体认仁之道,安于仁之体。二程强调仁之发用亦有其利,关键在于首先知晓仁之体。

101 "刚"者坚之体,发而有勇曰"毅","木"者质朴,"讷"者迟钝。此四者比之巧言令色则近于仁,亦犹不得中行而与狂狷也。(伊川)②

对于孔子所说"刚、毅、木、讷近仁"(《论语·子路》),程颐认为仁之具体发用呈现出"刚"之坚、"毅"之勇、"木"之质朴和"讷"之迟钝。虽然仍不能完全合于中道,但是与"巧言令色"相比更符合仁之要求。

104 原宪,孔子高弟,问有所未尽。盖克伐怨欲四者无,然后可以为仁,有而不行,未至于无,故止告之以为难。(伊川)③

《论语·宪问》第一章中原宪问:"克、伐、怨、欲不行焉,可以为仁矣?"孔子回答:"可以为难矣,仁则吾不知也。"程颐认为,去除"克、伐、怨、欲"即能够践行仁德,但实际难以去除此四者而"至于无",因而孔子强调这样的工夫并不容易。

---

① 《程氏外书》卷六,《二程集》,第381页。
② 《程氏外书》卷六,《二程集》,第386页。
③ 《程氏外书》卷六,《二程集》,第387页。

119　六言六蔽,正与"恭而无礼则劳","宽而栗,刚而无虐"之义。盖好仁而不好学,乃所以愚,非能仁而愚,徒好而不知学乃愚。(明道)①

对于孔子所说"六言六蔽"的"好仁不好学,其蔽也愚"(《论语·阳货》),程颢指出孔子所谓的"愚",并非因仁而愚钝,而是只知"好仁",不知"好学",这样的行为是愚。同样"恭而无礼则劳"(《论语·泰伯》),"劳"的原因不在于"恭",而是不能合于礼。同样《尚书·舜典》所谓"宽而栗,刚而无虐",亦有要求宽、刚之德不能脱离具体行为中的栗与无虐。

125　学不博则不能守约,志不笃则不能力行,切问近思在己者,则仁在其中矣。(明道)②

对于子夏所说"博学而笃志,切问而近思,仁在其中矣"(《论语·子张》),程颢强调博学、笃志而守约、力行,由己出发切问近思,这些具体的行为都是仁德的表现。仁德的践行亦当由此而为。

杨时即明确指出,《论语》中所说皆为"仁之用",学者要由此而求仁。以上二程的诸多解释中,皆强调本体之仁的不同发用。形而上与形而下的结合,是二程思想的重要特色。

(三) 反身而诚

二程强调心之本体即为理,"反身而诚"一方面表示学者要究明内心之理,另一方面强调具体的行为中使内心纯于天理,反复强调个体自身的主动性。

---

① 《程氏外书》卷六,《二程集》,第388页。
② 《程氏外书》卷六,《二程集》,第389页。

33 仁者如射,射而不中,不怨胜己者,反求诸己而已,岂有争也?故曰"其争也君子"。(伊川)①

《论语·八佾》中孔子指出:"君子无所争,必也射乎!揖让而升,下而饮,其争也君子。"程颐喻"仁者"的品质如射,射而不中,则"反求诸己而已"。在程颐看来,反躬内省是仁之品德的重要表现。"反求诸己",即是重视内在品德的提升。

145 恕者入仁之门。(伊川)

"万物皆备于我矣,反身而诚,乐莫大焉。强恕而行,求仁莫近焉。"(《孟子·尽心上》)这是二程非常重视的一则材料,在"反身而诚"之后,孟子又提出"强恕而行,求仁莫近"。对此,程颐指出"恕者入仁之门",个体之恕是践行仁德,体认仁体的落实之处。

90 "一日克己复礼,天下归仁"者,言一旦能克己复礼,则天下称其仁,非一日之间也。(伊川)②

《论语·颜渊》第一章孔子提出"一日克己复礼,天下归仁焉"。为何"一日克己复礼"即能"天下归仁"?程颐认为"天下归仁"为"天下称其仁",能够做到"克己复礼"即会得到天下之人对此的赞同,并非一日克己复礼,就能使整个社会完全改变。"克己"正是为仁工夫切实入手之处,故能获得天下之称赞。

93 子张少仁,无诚心爱民,则必倦而不尽心者也,故孔子因问而

---

① 《程氏外书》卷六,《二程集》,第380页。
② 《程氏外书》卷六,《二程集》,第385页。

告之。(伊川)

《论语·颜渊》中子张问政,孔子回答:"居之无倦,行之以忠。"程颐提出,孔子此言根本原因在于"子张少仁,无诚心爱民",故孔子以"无倦""忠"对其勉励。子张缺乏仁德修养,另一方面通过无倦、忠以"诚心爱民",这也是培养仁德的手段之一。

112　为仁在己,无所与让也。(明道)①

孔子所言"当仁,不让于师"(《论语·卫灵公》),因而程颢强调"为仁在己",所以"无所与让"。仁之行为源于学者内在之德性,那么在仁之当为之时,自然是义理所在,即使师长也"无所与让"。

117　"恭则不侮",盖一恭则仁道尽矣;又宽以得众,信为人所任,敏而有功,惠以使人,行五者于天下,其仁可知矣。(明道)②

孔子对子张指出,"恭、宽、信、敏、惠","能行五者于天下为仁矣","恭则不侮,宽则得众,信则人任焉,敏则有功,惠则足以使人"(《论语·阳货》)。程颢指出"一恭则仁道尽矣",与"诚""敬"相似,"恭"同样表示内心纯于天理,不受杂念干扰的状态。以纯于天理之心尽仁道,自然所为无不合于仁之要求。进而宽、信以处人,"敏而有功,惠以使人",能够达到这些方面的要求,自然充分具备仁德。

以恭、恕、诚心、为仁在己等命题,二程强调行为实践过程中个体的主动性。道德行为成立的根源不在于外在事物,而是内心之理,孟子所说的"反身而诚"在道德实践中具有重要意义。

---

① 《程氏外书》卷六,《二程集》,第388页。
② 《程氏外书》卷六,《二程集》,第388页。

（四）博施济众

二程强调仁之本体并无不同,但是仁之发用存在着各种各样的区别。实现治国平天下理想的"博施济众",一方面以行为纯于天理为基础,另一方面又需要借助气的外在作用。

62　圣则无大小,至于仁,兼上下大小而言之。博施济众亦仁也,爱人亦仁也。"尧、舜其犹病诸"者,犹难之也。博则广而无极,众则多而无穷,圣人必欲使天下无一人之恶,无一物不得其所,然亦不能,故曰"病诸"。"修己以安百姓",亦犹是也。（伊川）①

《论语·雍也》的最后一章子贡问"如有博施于民而能济众,何如?可谓仁乎?"二程与弟子的对话中反复出现有关此章的讨论。程颐提出,"圣则无大小,至于仁,兼上下大小而言之"。以上资料与《程氏遗书》卷十八《刘元承手编》第2条有相近之处,其中提到"盖仁可以通上下言之,圣则其极也"。② 程颐指出仁"兼上下大小而言之","通上下言之",仁的涵义中不仅有形而上之体,而包含具体的形而下之用。无论"博施济众"还是"爱人",都是仁之发用。博施济众,"尧、舜其犹病诸"的原因在于"圣人必欲使天下无一人之恶,无一物不得其所,然亦不能",程颐举出"修己以安百姓,尧、舜其犹病诸!"使天下百姓皆安其所,尧、舜亦难于完全做到。理想目标的实现需要众多的外在因素,这是不可强求的。因此行为的关键就是学者如尧、舜一样从自己之仁德出发,由近及远,为理想社会的实现而努力。

66　凡人有所计校者,皆私意也。孟子曰:"惟仁者为能以大事小。"仁者欲人之善而矜人之恶,不计校小大强弱而事之,故能保天下。犯而不校,亦乐天顺理者也。（伊川）③

---

① 《程氏外书》卷六,《二程集》,第382—383页。
② 《程氏遗书》卷十八,《二程集》,第182页。需要注意的是,《程氏遗书》卷十八《刘元承手编》是经杨时弟子陈渊之手而流传后世。
③ 《程氏外书》卷六,《二程集》,第383页。

曾子称赞颜渊:"以能问于不能,以多问于寡;有若无,实若虚,犯而不校。昔者吾友尝从事于斯矣。"(《论语·泰伯》)程颐指出,颜渊"以能问于不能,以多问于寡",正是其心不计较,没有私意的表现。程颐联系到孟子所说"惟仁者为能以大事小……以大事小者,乐天者也……乐天者保天下"(《孟子·梁惠王上》),仁者的品质"欲人之善而矜人之恶",故纯于天理而不计较小大强弱,以保天下。颜渊"犯而不校"亦是"乐天顺理",无私意计较之心的仁德之表现。

111 民于为仁,甚于畏水火,水火犹有蹈而死者,言民之不为仁也。(伊川)①

对于孔子的感叹:"民之于仁也,甚于水火。水火,吾见蹈而死者矣,未见蹈仁而死者也!"(《论语·卫灵公》)程颐直接指出,孔子叹惜"民之不为仁",但是由此亦不难看出,程颐的理想中,"为仁"不仅仅是君子学者之事,亦是所有百姓应有的行为方式。

67 人而不仁,君子当教养之。不尽教养,而惟疾之甚,必至于乱。(明道)②

此条针对孔子所说"好勇疾贫,乱也;人而不仁,疾之已甚,乱也"(《论语·泰伯》),程颢提出教养之重要性,"不尽教养","惟疾之甚,必至于乱"。对于普通的不仁之人亦施以道德教化,这也是学者所当为。

98 三十年为一世,三十壮有室也。"必世而后仁",化浃也。(伊川)

---

① 《程氏外书》卷六,《二程集》,第388页。
② 《程氏外书》卷六,《二程集》,第383页。

对于孔子所说"如有王者,必世而后仁"(《论语·子路》),程颐指出"三十年为一世",通过长期的教化使社会人人皆以仁之要求而为,"化狭也"。与上则材料的宗旨一致,程颐理想的社会教化绝不仅仅局限于士大夫等特定阶层,而是整个社会人人皆能践行仁德。

107 "晋文公谲而不正,齐桓公正而不谲",此为作《春秋》而言也。晋文公实有勤王之心,而不知召王之为不顺,故谲掩其正。齐桓公伐楚,责包茅,虽其心未必尊王,而其事则正,故正掩其谲。孔子言之以为戒。正者正行其事耳,非大正也,亦犹管仲之仁,止以事功而言也。(伊川)

孔子指出:"晋文公谲而不正,齐桓公正而不谲。"(《论语·宪问》)程颐认为这是孔子为作《春秋》而下的断语。进而对于《论语》中接下的一章孔子评价管仲"桓公九合诸侯,不以兵车,管仲之力也。如其仁!如其仁!"(《论语·宪问》)程颐指出孔子所说的"管仲之仁"就是"正行其事",仅其事功值得称赞,但亦非诚心而为的"大正"。

140 "君仁莫不仁,君义莫不义。"天下之治乱系乎人君仁不仁耳。离是而非,则生于其心,必害于其政,岂待乎作之于外哉?昔者孟子三见齐王而不言事,门人疑之。孟子曰:"我先攻其邪心。"心既正,然后天下之事可从而理也。夫政事之失,用人之非,知者能更之,直者能谏之。然非心存焉,则一事之失,救而正之,后之失者,将不胜救矣。格其非心,使无不正,非大人其孰能之?(伊川)

孟子提出:"惟大人为能格君心之非。君仁莫不仁,君义莫不义,君正莫不正,一正君而国定矣。"(《孟子·离娄上》)程颐强调:"天下之治乱系乎人君仁不仁耳。"同样对于孟子三见齐宣王而不言事,孟子指出"我先攻其邪心"(《荀子·大略》),心正之后,天下之事自然可从而理也。如果心存"非心",即使一事之失能够救正,但"后之失者,将不胜救矣"。因而程颐强调,纠正君子之邪心,使其充满仁德,这是"大人"的重要任务。

二程在强调学者自身诚意的同时,亦没有忽略对民众的教化,使普通民众亦能为仁行仁,最终实现博施济众的理想目标。然而一切行为的出发点,首先是君主以及学者自身的品德修养。

（五）仁德培养

求仁是杨时思想中最重要的内容,这一思想也反映在弟子整理的二程语录中。以下资料中,程颐明确"仁者大事"。

72 "子罕言利",非使人去利而就害也,盖人不当以利为心。《易》曰:"利者义之和。"以义而致利斯可矣。罕言仁者,以其道大故也。《论语》一部,言仁岂少哉？盖仁者大事,门人一一记录,尽平生所言如此,亦不为多也。（伊川）①

《论语·子罕》第一章"子罕言利与命与仁。"程颐将"与"作"和"字理解。孔子很少说"利",程颐指出孔子避免他人"以利为心",而非"去利而就害",完全不顾利益。《周易·文言》有"利者,义之和也"的说法,程颐赞成因义以致利,反对为利而谋利的作法。对于孔子很少说"仁",程颐指出"仁者大事""其道大",仁是儒家最重要的思想,即使《论语》中有大量关于"仁"的记录,但是相对于仁的重要性,"亦不为多"。所谓"子罕言仁",是相对于仁的重要思想而言,再多的言说也难以穷尽。

42 "里",居也,择仁而处之为美。（明道）②

《论语·里仁》第一条"里仁为美。择不处仁,焉得知？"程颢直接解释

---

① 《程氏外书》卷六,《二程集》,第383页。
② 《程氏外书》卷六,《二程集》,第381页。

就是"择仁而处",与仁者、有德之人的附近居住以提升个人品德,这是非常有意义的。

53 "三月不违仁",言其久也,然非成德之事。①

孔子称赞颜渊:"回也,其心三月不违仁。"(《论语·雍也》)对此,二程表示"三月"为约数,表示时间很久,但是与圣人之德仍有一定的差距。这一条的解释与前文讨论的《程氏外书》卷三《陈氏本拾遗》第2条非常相似,其中提道:"'三月不违仁',言其久;过此,则'从心不踰矩',圣人也。"②同样作为杨时弟子,二人年轻开始即为好友,那么完全有理由设想罗从彦是由陈渊所收集的材料抄录,并加以精练。这一点也为我们考察该资料的来源提供线索。

59 宰我言:如井中有人,仁者当下而从之否?子曰:君子可使之往,不可陷以非其所履;可欺以其方,难罔以非其道。(明道)③

对于宰我之问"仁者,虽告之曰:'井有仁焉'。其从之也?"孔子回答:"何为其然也?君子可逝也,不可陷也;可欺也,不可罔也。"(《论语·雍也》)程颢解释孔子所说,认为"君子可逝"意思为"可使之往","不可陷"意思为"不可陷以非其所履",君子所履始终为道,不可能陷其于失道之处。孔子所说"可欺"解为"可欺以其方","不可罔"解为"难罔以非其道",君子可能被一些方术欺骗,但是不会被与道相反之事蒙蔽。可见,对于孔子所说"不可陷""不可罔",程颢具体解释为君子不可能被与道相背之事所欺骗,顺道而行是君子的重要品质。

---

① 《程氏外书》卷六,《二程集》,第382页。
② 《程氏外书》卷三,《二程集》,第366页。
③ 《程氏外书》卷六,《二程集》,第382页。

110 "知及之,仁不能守之",此言中人以下也。若夫真知,未有不能行者。(伊川)①

对于孔子所说"知及之,仁不能守之,虽得之,必失之。"(《论语·卫灵公》)程颐认为这是说中等资质以下之人,而其知也非实有体认的"真知"。程颐多次以老虎伤人的例子强调,真知必实行。同样对于天理有"真知",必然会践行天理,行为符合仁义的要求。

以上诸多材料涉及二程求仁以及对仁德的不同描述,二程希望所有的学者皆能够成就仁德,这是道德行为以及理想社会实现的前提。培养仁德是二程思想中的核心问题。

第三节 结　　语

元丰四年(1081)谢良佐、游酢、杨时三人同在颍昌问学二程,杨时南归之时,程颢发出"吾道南矣"之感。在此之前,二程弟子皆为河南与关中的北方学者。游酢虽来自福建,但其长期在河南地区生活,未能真正地在南方传播洛学思想,由此更显杨时的重要。尤其是杨时晚年定居毗陵,热衷于语录编辑,不仅《二程集》中编入杨迪、陈渊、罗从彦所传之语录,而且第六章讨论的江南学者,亦受杨时影响。洛学思想的后世传播,福建学者的作用至关重要。

---

① 《程氏外书》卷六,《二程集》,第388页。

第五章　永嘉学者

宋哲宗元祐时期,永嘉学者鲍若雨、刘安世、刘安节等人自太学赴洛问学程颐,这是自游酢、杨时之后有据可考的南方学者。刘安节所录《程氏遗书》卷十八和鲍若雨所录《程氏遗书》卷二十三是考察元祐、绍圣时期洛学思想的重要材料,本章将对刘安节、鲍若雨的学行及其所录《伊川语录》进行讨论。

第一节　刘安节与《程氏遗书》卷十八

朱熹编撰的《程氏遗书》25卷中,标记为"刘元承手编"的《程氏遗书》卷十八是非常特殊的一卷。从数量来看,《程氏遗书》卷十八共259条,仅次于吕大临所记《程氏遗书》卷二上、下的共269条。① 其次在形式上,卷十八的语录排列明显地按照一定的思想体系加以整理。如果说《程氏遗书》的其他各卷是二程语录的话,那么卷十八完全可以称作分类整理后的二程"语类"。最后从流传来看,《程氏遗书》卷十八虽为永嘉学者刘安节所编,却是建炎元年(1127)十月刘安节之子刘诚任江西临川主簿时,杨时的女婿陈渊

---

① 如第二章所述,《程氏遗书》卷二上亦由两部分组成,在此前提下也可以说《程氏遗书》卷十八是二程语录中数量最多的一卷。

专门向其寻访而得。这亦反映了两宋之际二程著作的流传以及道学士人的交往。以下将围绕刘安节问学二程以及《伊川语录》的编纂,《程氏遗书》卷十八的内容、编排特色和两宋之际二程著作的流传情况依次予以讨论。

一 刘安节

刘安节,字元承,温州永嘉人,宋神宗熙宁元年(1068)生,元符三年(1100)进士,宋徽宗政和六年(1116)夏五月卒。与其堂弟刘安上(字符礼)一同师事程颐,人称大刘、小刘。和许景衡、周行己等人一并被称作"永嘉元丰九先生"。朱熹《伊洛渊源录》中收录了许景衡为其所作的《墓志铭》,黄宗羲《宋元学案》中"知州大刘先生安节"的内容基本源于许景衡的《墓志铭》。

据杨万里所论,刘安节等人早年师事乡贤林石,林石主张"为己之学"与二程主张的道学思想一致。① 另据许景衡所作的《墓志铭》中记载,刘安节"既冠,游太学"。刘安节的既冠之年为元祐二年(1087),也正是旧法党人重振之时,此时刘安节兄弟到京师,想必亦受这样的风气影响。不过有趣的是,许景衡的《墓志铭》中丝毫没有提及师事程颐以及编撰《伊川语录》之事,这大概与徽宗时期的政治气氛有关。考虑到之后的新旧党争,刘安节兄弟师事程颐应在元祐年间。

第二章已经提及,关中学者所记《程氏遗书》卷十五的资料在卷十八中有多处重复出现,甚至卷十八中直接出现苏昞与程颐的问学记录。这表明元祐年间,刘安节与苏昞等人曾一起在洛阳问学于程颐,或许刘安节已经接触到关中学者记载的语录,抄录部分资料。

元符二年(1099)九月因立刘氏为后一事,邹浩上书言极谏,触怒哲宗而被削官羁管。据《宋史》记载,"蔡卞、安惇、左肤继请治其祖送者王回等"。不畏政治迫害的送别人群中,就有刘安节。《墓志铭》中提及,"邹公浩以右正言得罪,公与其所厚者数辈,追路劳勉之"。② 由此可见,元符末年虽然旧

---

① 参见杨万里:《林石与温州"太学九先生"之显》,载于《清华大学学报(哲学社会科学版)》2010年第2期。
② 《伊洛渊源录》卷九,《朱子全书》第12册,第1068页。

法一派不断地遭到打击,但仍有着极强的势力,刘安节亦自觉地参与旧法党人的活动。

在记于徽宗政和元年(1111)七月至十月间的《龟山语录》"毗陵所闻"中,第一条即"刘元承言:'相之无所不用其敬,尝挂真武画像于帐中,其不欺暗室可知。'"①刘安节路过毗陵,拜访在此定居的杨时。一般认为《龟山语录》为陈渊所记,此时陈渊得知刘安节编有二程语录,后来专门拜访其子刘诚寻访此卷。

程颐评价刘安节:"只它守得定,不变却,亦早是好手。"二程生前,已经有不少门人记录的语录流传,如前引谢良佐所说"昔从明道、伊川学者,多有《语录》……二刘(刘安节、刘安上)各录得数册"。②谢良佐特别指出刘安节兄弟整理的《伊川语录》,可见徽宗时期该卷语录已在道学群体中广泛流传。③ 南宋初年的重要道学家高闶亦曾指出刘安节整理的《伊川语录》的重要性:"伊川先生议论不事文采,岂有意于传远哉? 然犹班班可考者,以有刘元承之徒口为传授故也。"高闶充分肯定刘安节整理的《伊川语录》,可见此时刘安节编纂的《伊川语录》已经获得了道学群体的重视。

二 《程氏遗书》卷十八的思想分析

刘安节所编《程氏遗书》卷十八的显著特色即程颐语录经过了刘安节的编辑整理。不仅内容相似的条目被放在一起,而且全部的259条亦是按照仁、恭敬、修身、静敬、养气、释老、论孟、六经、史论、礼仪的顺序排列。显然,这样的编排本身,体现了刘安节对于洛学尤其是程颐思想的理解。下面将着重通过仁、敬、气的三个方面予以讨论,分析刘安节所编《伊川语录》中的思想特色。

(一) 仁

《程氏遗书》卷十八的前7条都是有关仁之本性的讨论。第1条语录即

---

① 《龟山语录》四,《杨时集》卷十三,林海权整理,北京:中华书局,2018年,第388页。
② 谢良佐著:《上蔡语录》卷下,《朱子全书外编》第3册,第34页。
③ 高闶:《伊洛辨》,《刘安节集》,上海:上海社会科学出版社,2006年,第86页。

程颐提出的求仁之方,"将圣贤所言仁处,类聚观之,体认出来"。这样的一个说法,对于后来湖湘学派的张栻有很大的影响。前7条有关仁之问题的关注,主要强调本体之性的仁与具体发用的情之间的区别。对于孟子所说的"恻隐之心,仁也",恻隐之情就是爱,但程颐明确反对世人"以爱为仁"的观点,程颐提出:"爱自是情,仁自是性。"① 换言之,爱之情是本体之性仁的发用,但是不能直接地将发用之爱看作本体之性。

对于《论语·学而》中有子所说的"孝悌也者,其为人之本欤"。在卷十八的第3条,程颐同样基于"仁是性也,孝弟是用也"的区分,指出"性中只有仁义礼智四者"。② 对于"孝悌为仁之本",程颐认为孝悌是当作"行仁之本",即由对父母、兄长的孝悌行为,可以实现仁之本性。但是同样的,不能将具体的行为等同于本性之仁。

在第6条中,弟子以五谷之种比喻仁,种子待阳气而生比喻心的作用。在程颐的弟子看来,本体之性必须借助于心的作用才能展现出来。程颐否定这一观点,并指出"阳气发处,却是情也。心譬如谷种,生之性便是仁也"。③ 程颐认为,生之本性就是仁,即不可以将谷种的生长看作阳气的作用。阳气只是外在的因素,具有决定性的还是种子自身。这里,程颐强调生之性的仁与具体之发用的情的区别,反映了程颐性体情用的基本观点。在第8条有关忠恕的讨论上,程颐再次提出"忠恕只是体用","然恕不可独用,须得忠以为体",突出反映了理学体用观的思维方式。

在刘安节所编的《伊川语录》中,特别将有关仁的7条语录放在卷首,足以体现刘安节对于二程之学的关心所在,即对于仁学问题的重视。陈来指出,两宋之际道学思想发展的动力就在于仁学思想的探索,同样二程以后直至朱熹早年所关心的问题,其重点都在于仁学问题的探讨。刘安节所编的《伊川语录》将有关仁的讨论放在卷首,亦反映了这一道学理

---

① 《程氏遗书》卷十八,《二程集》,第182页。
② 《程氏遗书》卷十八,《二程集》,第183页。
③ 《程氏遗书》卷十八,《二程集》,第184页。

论趋势。

（二）敬

《程氏遗书》卷十八第 28 条为"涵养须用敬,进学则在致知"。① 这是程颐工夫论思想的标志性命题。"敬"是程颐工夫论的核心概念,卷十八的第 9—15 条讨论诚敬等关系;第 16—34 条讨论进学致知的问题;第 35、37 条再次提到静敬的关系问题。

在恭与敬的关系上,本卷第 9 条程颐提出:"敬是持己,恭是接人。""君臣朋友,皆当以敬为主也。"② 程颐强调在处理人伦关系时敬的重要性,甚至可以说,敬是人际交往的基本态度和原则。而如何在接人之时恭敬,程颐强调在平时以敬来涵养。只有平时涵养以诚敬之心,才能在接人处事时能够诚敬相接。在第 11 条,程颐特别指出"有诸中者,必形诸外"。③《周易·系辞》提出"君子敬以直内,义以方外"。在程颐看来,"直内"与"方外"本身就只是一个工夫,只要能够做到"敬以直内",那么在有事之时,必然能够以义的原则对待。这样与二程熙宁、元丰时期的思想是一以贯之的,"敬"是二程修养论的一个基本工夫。

在第 35 条,程颐提到对于修养工夫而言,"不用静字,只用敬字"。④ 为了有别于禅老思想,静的工夫在理学家那里一直非常紧张。一方面理学家肯定静中工夫的作用,如尹焞即曾经提道"伊川每见人静坐,便叹其善学"。⑤ 但是另一方面,对于静中工夫易流于释老之学的危险,理学家亦是时刻警惕。在此,程颐强调无事时的敬中涵养,可以替代释老静的工夫。而且关键是,敬中工夫不同于佛教的空,而是要保持孟子所说的"必有事焉",敬的涵养应当是以理为指导。在此意义上,程颐强调"学者莫若且先理会得敬。"对于"敬何以用功"的提问,程颐回答"莫若主一"。⑥ 一即是理,以理

---

① 《程氏遗书》卷十八,《二程集》,第 188 页。
② 《程氏遗书》卷十八,《二程集》,第 184 页。
③ 《程氏遗书》卷十八,《二程集》,第 185 页。
④ 《程氏遗书》卷十八,《二程集》,第 189 页。
⑤ 《程氏外书》卷十二,《二程集》第 432 页。
⑥ 《程氏遗书》卷十八第 83 条,《二程集》,第 202 页。

规范学者的一言一行。

在第 101 条有关敬与集义的讨论中,程颐指出:"只知用敬,不知集义,却是都无事也。"对于敬义区别,程颐进而指出:"敬只是持己之道,义便知有是有非。"敬是修己待人的态度,义是具体事情上的是非,这样的态度还需要有义之是非的指导。程颐强调敬之工夫不能离开义,即理的原则。敬的涵养不能是凭空的涵养,而是在义理之规范下的涵养。程颐同样强调敬的工夫与集义养气不能分开,这一点在程颐变化气质的思想中同样有所体现。

(三) 气

"气"的讨论是二程思想中的一个重要问题。在《程氏遗书》卷十八 259 条语录中,有 20 余条的资料都涉及气的问题,所占近十分之一。但是,值得注意的是,卷十八中讨论"气"的问题,并非后来朱熹所关心的理气关系,而是气质修养、变化气质的内容。

与《太极图说》中周敦颐"惟人也得其秀而最灵"的观点一致,程颐同样强调"人乃五行之秀气,此是天地清明纯粹气所生也"。① 程颐肯定,虽然人与万物都是天地之气所生,但是不同于万物,人所禀赋之气更加清明纯粹,这是人优于万物的表现。另一方面,具体到人而言则每个人所禀之气又有不同,体现了人与人的差异。程颐指出,"人有实无学而气盖人者,其气有刚柔也"。② 对于"人性本明,因何有蔽"的提问,程颐在坚持人性本善的前提下,指出在于才禀之气。"性无不善,而有不善者才也。性即是理,理则自尧、舜至于涂人,一也。才禀于气,气有清浊。禀其清者为贤,禀其浊者为愚。"③ 人的本然之性等同于天理,都是善的。所以有善恶、贤愚之分,则在于气的清浊。如何通过为学之功夫以达到气质之变化,显然是程颐工夫论的重要目标。

在卷十八的第 37 条到第 45 条,集中讨论的就是为学变化气质的问题。第 37、38 条都提到,人在黑暗或者涉及鬼神之时,皆不免有恐惧之心。程颐

---

① 《程氏遗书》卷十八第 78 条,《二程集》,第 199 页。
② 《程氏遗书》卷十八第 16 条,《二程集》,第 186 页。
③ 《程氏遗书》卷十八第 92 条,《二程集》,第 204 页。

认为:"不免惧心者,只是气不充。""须是气定,自然不惑。气未充,要强不得。"要认识到,"精气为物",万物之生即为精气所化。而魂魄、鬼神等,程颐亦没有否定,只是强调这些都不过"游魂为变",乃"存者亡,坚者腐"的状态。但是,如何克服这样的恐惧之心,程颐回到以敬涵养的方法,"须是涵养久,则气充,自然物动不得"。① 如何克治气的不足,程颐还是立足于孟子以来儒家义理养气的传统。

程颐反复要求学者通过为学工夫、诚敬培养以变化气质。"学至气质变,方是有功。"②"积学既久,能变得气质,则愚必明,柔必强。"③另外,在变化气质的工夫上,程颐强调以志胜气。"若是志胜气时,志既一定,更不可易。"④另外,在学者提到若有人因家贫为了赡养父母而不得不应举求仕,无法讲究出处进退之时。程颐指出,"此只是志不胜气。若志胜,自无此累"。⑤ 孟子曾经提出"志者,气之帅也"(《孟子·公孙丑上》)。道学思想中,志是理的体现。志以胜气,就是以义理克服习气,使人的行为符合义理的规范。

程颐强调,众人所受之理没有不同,而其不同在于才气之禀。学者为学的目的在于变化气质,而其途径则是通过义理以养气。在这一点上,程颐尤其重视孟子的养气之说,在《程氏遗书》卷十八的第 96 条到第 102 条中,讨论的就是这一问题。程颐要求:"《孟子》养气一篇,诸君宜潜心玩索。"⑥"气须是养,集义所生。积集既久,方能生浩然气象。"⑦程颐对于孟子所说的"持其志,无暴其气",提出应当"内外交相养也"。而形容浩然之气的"配义与道",程颐解释说:"谓以义理养成此气,合义与道。"⑧对于气之不充、气

---

① 《程氏遗书》卷十八第 37、38 条,《二程集》,第 190 页。
② 《程氏遗书》卷十八第 39 条,《二程集》,第 190 页。
③ 《程氏遗书》卷十八第 44 条,《二程集》,第 191 页。
④ 《程氏遗书》卷十八第 40 条,《二程集》,第 190 页。
⑤ 《程氏遗书》卷十八第 56 条,《二程集》,第 194 页。
⑥ 《程氏遗书》卷十八第 96 条,《二程集》,第 205 页。
⑦ 《程氏遗书》卷十八第 102 条,《二程集》,第 207 页。
⑧ 《程氏遗书》卷十八第 98、99 条,《二程集》,第 206 页。

之不齐的问题,学者只有以义理养气,即用义理的要求不断地规范日常言行,才能最终变化气质,生出浩然气象。

以上对于《程氏遗书》卷十八中所反映的程颐有关仁、敬以及气的思想予以了分析,刘安节将相关的资料归类排在一起,这样的分类、排列虽然不是十分严格,但是基本反映了其对于程颐思想的接受情况。在由第1—107条讨论了仁、性情、敬、修身处事、释老进退等内容之后,在第108—159条则集中收录了程颐对于《论语》《孟子》的解释,而160—159条则是有关"五经"的看法。之后是196—204条是评论历史上的儒家人物,第205—211条是理学史论,最后的第231—253条则是有关礼仪的集中讨论。由此可见,刘安节的整理程颐语录时,有着明确的分类意识,这是该卷在《程氏遗书》25卷中的独特之处。

第二节　鲍若雨与《程氏遗书》卷二十三

鲍若雨、刘安节等永嘉学者一同问学程颐,其严毅刻苦给当时的同门学者留下深刻印象。本节将讨论鲍若雨生平、《程氏遗书》卷二十三的版本情况以及相关思想进行讨论,从中亦可看出有关四书的诠释和讨论在《伊川语录》中的分量越来越大。朱熹标注鲍若雨"永嘉人,字汝霖,一云商霖"。①鲍若雨与《程氏遗书》卷十八的记录者刘安节等人一同受学于程颐,时间应为元祐、绍圣年间。

《程氏外书》卷十二中,鲍若雨问"尧、舜之道,孝弟而已矣"(《孟子·告子下》)的记录出现了三次,应当是尹焞回忆此事,分别为冯忠恕、祁宽和吕坚中所记,但是三人记录内容有些出入。

74　鲍若雨、刘安世、刘安节数人自太学谒告来洛,见伊川,问:

---

①　《二程集》,目录第5页。

"尧、舜之道,孝弟而已矣。尧、舜之道,何故止于孝弟?"伊川曰:"曾见尹焞否?"曰:"未也。"请往问之。诸公遂来见和靖,以此为问。和靖曰:"尧、舜之道,止于孝弟。孝弟非尧、舜不能尽。自冬温夏清,昏定晨省,以至听于无声,视于无形,又如事父孝故事天明,事母孝故事地察,天地明察,神明彰矣,直至通于神明,光于四海,非尧、舜大圣人,不能尽此。"复以此语白伊川,伊川曰:"极是。纵使某说,亦不过此。"①

95 温州鲍若雨(商霖)与乡人十辈,久从伊川。一日,伊川遣之见先生。鲍来见,且问:"尧、舜之道孝弟而已矣,如何?"先生曰:"贤懑,只为将尧、舜做天道,孝弟做人道,便见得尧、舜道大,孝弟不能尽也。孟子下个而已字,岂欺我哉?《孝经》:'事父孝,故事天明;事母孝,故事地察。'只为天地父母只一个道理。"诸公尚疑焉,先生曰:"《曲礼》视于无形,听于无声,亦是此意也。"诸公释然,归以告伊川。伊川曰:"教某说,不过如是。"次日,先生见伊川,伊川曰:"诸人谓子靳学,不以教渠,果否?"先生曰:"某以诸公远来依先生之门受学,某岂敢辄为他说。万一有少差,便不误他一生?"伊川颔之。②

128 鲍若雨与同志数人见伊川,问:"尧、舜之道,孝弟而已矣。恐孝弟不足以尽尧、舜之道。"伊川令与和靖商量。诸人见和靖,和靖对曰:"此何所疑? 孝以事亲,弟以事长。能尽孝弟之道者,惟尧、舜能之。"诸人未喻。和靖曰:"且如孝子亲于无形,听于无声,孝弟之至,通于神明。且道此个道理如何?"鲍复见伊川,伊川曰:"某亦不过如此说。"鲍又曰:"尹秀才直是秘此道,不肯容易说。"伊川后问之,和靖曰:"此道众所公共,某何敢秘其说? 但恐一语有差,则有累学者。"伊川曰:"某思虑不及。"③

第74条语录表明"鲍若雨、刘安世、刘安节数人自太学谒告来洛,见伊

---

① 《程氏外书》卷十二,《二程集》,第431页。
② 《程氏外书》卷十二,《二程集》,第435页。
③ 《程氏外书》卷十二,《二程集》,第441页。

川",数名温州的学者一同来洛问学伊川。如上所述,刘安节整理的《伊川语录》为《程氏遗书》卷十八,朱熹标注"所记有元祐五年遭丧后、绍圣四年迁谪前事"。① 据此推断,鲍若雨亦就为元祐五年(1090)至绍圣四年(1094)间曾在程颐处问学。鲍若雨提问:"尧、舜之道,何故止于孝弟?""恐孝弟不足以尽尧、舜之道。"程颐令鲍若雨先向尹焞请教。但是第74条记录为鲍若雨尚未见过尹焞,第95条则记载鲍若雨"久从伊川",这就与从未见过尹焞的记录似乎有所出入。若鲍若雨久从程颐而未见过尹焞的可能性很低。

对于"尧、舜之道,孝弟而已矣",尹焞提出"孝弟非尧、舜不能尽"。关于《孝经》中孔子所说:"昔者明王事父孝,故事天明;事母孝,故事地察。""天地明察,神明彰矣。""孝悌之至,通于神明,光于四海,无所不通。"孝悌本身就是天地之道,"非尧、舜大圣人,不能尽此"。尹焞的回答亦获得程颐肯定,表示:"极是。纵使某说,亦不过此。""教某说,不过如是。""某亦不过如此说。"

第95条中还记录尹焞指出鲍若雨质疑的原因是"只为将尧、舜做天道,孝弟做人道",鲍若雨以为尧、舜之道为治国平天下的天道,而孝悌只是修身齐家的人道,而不能理解无论天道还是人道,其所蕴含的天理都是一贯的,"天地父母只一个道理"。对于诸人的疑问,尹焞举出《礼记·曲礼》所说"为人子者……听于无声,视于无形",以此表明具体的孝悌本身就如《孝经》所说"通于神明,光于四海,无所不通"。

第95条、第128条还记录了鲍若雨的评价:"尹秀才直是秘此道,不肯容易说。"尹焞向程颐解释自己言语的谨慎在于担心"万一有少差,便不误他一生"?"但恐一语有差,则有累学者"。道体本身难以言语说明,因而在讨论说明之时,更应注意言语表达,否则差之毫厘,谬以千里。对此,程颐再次表示赞同,道体本身难以言说,需要学者自己以身体之,以心验之,这亦是二程的一贯观点。以上三则材料也反映了尹焞对于程颐思想的思想及其观点之谨慎。

---

① 《二程集》,目录第4页。

以上分析了鲍若雨相关的一些信息,程颐还有一封《答鲍若雨书并答问》,鲍若雨详细提问之问后,程颐作以简短回答。以下将主要围绕《程氏遗书》卷十八以上回书中的相关思想进行分析。

一 真知

真知是程颐非常重视的概念,程颐强调学者只有真正地知道,才可能有自觉的道德行为,卷十三的第1条的内容就是真知。

> 1 今语小人曰不违道,则曰不违道,然卒违道;语君子曰不违道,则曰不违道,终不肯违道。譬如牲牢之味,君子曾尝之,说与君子,君子须增爱;说与小人,小人非不道好,只是无增爱心,其实只是未知味。"守死善道",人非不知,终不肯为者,只是知之浅,信之未笃。①

程颐提出君子与小人的不同,小人虽然也说"不违道",但是不能真正地了解道,实际行为违背道的要求。君子同样说"不违道",实际行为亦"不肯违道",就在于君子知道,自觉行道而不肯违背。程颐举例,君子真正地品尝过美味的食品,了解其美味,听人谈论时感同身受,自然有"增爱心"。而小人并不了解,只是口耳相传,听人所言,则"无增爱心"。程颐由此指出,孔子要求"笃信好学,守死善道"(《论语·泰伯》),而有"不肯为者,只是知之浅,信之未笃",不能真正地知"道",自然也不能"守死善道"。

> 14 《中庸》之说,其本至于"无声无臭",其用至于"礼仪三百,威仪三千"。自"礼仪三百,威仪三千",复归于"无声无臭",此言圣人心要处。与佛家之言相反,尽教说无形迹,无色,其实不过无声无臭,必竟有甚见处?大抵语论闲不难见。如人论黄金曰黄色,此人必是不识金。

---

① 《程氏遗书》卷二十三,《二程集》,第305页。

若是识金者,更不言,设或言时,别自有道理。张子厚尝谓佛如大富贫子。横渠论此一事甚当。①

程颐指出《中庸》所说"上天之载,无声无臭",最终体现为"礼仪三百,威仪三千"。"礼仪三百,威仪三千"的本源无不在于"上天之载,无声无臭",这是孔子所传之道的关键,道体现于日用常行之中。程颐由此批评佛教所说"无形迹""无色",都不过是《中庸》的"无声无臭",但是不知道无形无色之道必然体现为具体的事物。比如人们形容黄金,只是说"黄色",一定不是真正地了解黄金。真正的识金者,知道黄金难以形容,仅说黄色反而不能如实地描述黄金。张载批评佛教是"大富贫子",虽有一定的见识,但是所知有限。此则材料中,一方面程颐批评佛教仅仅以空无为全部,另一方面程颐指出道体难以用语言形容,这也是二程一贯的观点。

23　先生前日教某思"君子和而不同"。某思之数日,便觉胸次广阔,其意味有不可以言述。窃有一喻,愿留严听。今有人焉,久寓远方,一日归故乡,至中途,适遇族兄者,俱抵旅舍,异居而食,相视如途人。彼岂知为族弟,此亦岂知为族之兄邪? 或告曰:彼之子,公之族兄某人也;彼之子,公之族弟某人也。既而欢然相从,无有二心。向之心与今之心,岂或异哉? 知与不知而已。今学者苟知大本,则视天下犹一家,亦自然之理之也。先生曰:"此乃善喻也。"②

此条应为本卷的记录者鲍若雨所论,虽然是由"君子和而不同"(《论语·子路》)一句引出,但其所喻确是"知与不知"的不同。鲍若雨提出如人在旅途中遇到族兄,不知之时"视如途人",知道同族关系之后,"欢然相从,无有二心"。二人之间并无其他的不同,只是知道同族关系,即无有二心。

---

① 《程氏遗书》卷二十三,《二程集》,第307页。
② 《程氏遗书》卷二十三,《二程集》,第309页。

鲍若雨提出,"学者苟知大本,则视天下犹一家,亦自然之理之也"。学者若能真正地知道,自然能如对待同族一样"视天下犹一家","中国为一人",程颐赞此"善喻"。鲍若雨此处所说,正是程颐不断强调地真知。只有学者真正地了解道,就必然能够自觉地行道。

由君子"不肯违道",识金难言以及"苟知大本"等材料可见,程颐强调学者应当穷究道之本身,而非停留于规则规范的认知。这样的思想与第二章程颐所举老虎伤人的例子相似,真知道老虎的危险,自然会表现出相应的行为。二程反复要求学者求道,其原因即在于此。

二 忠恕

由上文论述可知,忠恕是二程始终强调的重要概念,表示人之行为纯于天理,不受外物干扰的状态。

> 5 人谓尽己之谓忠,尽物之谓恕。尽己之谓忠固是,尽物之谓恕则未尽。推己之谓恕,尽物之谓信。①

《中庸》提道:"唯天下至诚,为能尽其性;能尽其性,则能尽人之性;能尽人之性,则能尽物之性;能尽物之性,则可以赞天地之化育;可以赞天地之化育,则可以与天地参矣。"对于与之相似"尽己之谓忠,尽物之谓恕"的观点,程颐同意"尽己之谓忠"的说法,忠即是充分地发挥内心之理,不受外物干扰。"尽物之谓恕"的说法被程颐否定,程颐认为学者的工夫不应以外物为中心,而是应当推己及物,即人以内心之理权衡外物,做出正确的行为,此即为恕。最终实现《中庸》所说"尽物之性",赞天地化育,与天地参,内心之理与外物之理完全相合,可称之为信。

> 8 问:"'吾道一以贯之',而曰'忠恕而已矣',则所谓一者,便是

---

① 《程氏遗书》卷二十三,《二程集》,第306页。

仁否?"曰:"固是。只这一字,须是子细体认。一还多在忠上?多在恕上?"曰:"多在恕上。"曰:"不然。多在忠上。才忠便是一,恕即忠之用也。"①

孔子对曾子说"吾道一以贯之",曾子进而阐释"夫子之道,忠恕而已矣!"(《论语·子路》),这是二程与学者反复讨论的一则重要材料。学者提问"吾道一以贯之"的"一"是否可以理解为"仁",程颐肯定了这一说法,孔子之道的根本就是仁。对于曾子所说的忠恕,程颐认为忠是关键。如上则材料分析,忠即为尽己之性,充分发挥内心之理,推己及物,自然会有针对具体事物的恕之用,合于仁的道德要求。

9 又问:"令尹子文忠矣,孔子不许其仁,何也?"曰:"此只是忠,不可谓之仁。若比干之忠,见得时便是仁也。"②

《程氏遗书》卷二十二上所记谢天申的提问中,就涉及孔子称令尹子文之忠,但不以仁许之,即其所作之事仅止于仁。此则材料中程颐又提出:"微子去之,箕子为之奴,比干谏而死。孔子曰:'殷有三仁焉。'"(《论语·微子》)在程颐看来,"令尹子文三仕为令尹,无喜色;三已之,无愠色。旧令尹之政,必以告新令尹"(《论语·公冶长》)。令尹子文在其任上尽道而为,不以个人之喜怒影响应有的行为,此可称之为对职责的忠。但是"比干谏而死",其谏不仅仅是在职尽道,更重要的是怀有对黎民百姓的恻隐之心,应该孔子称之为仁。

综上可见,忠即充分发挥内在之理,恕即内在之理在具体事物上的发用。忠恕相比,程颐强调尽己之忠。程颐将恕解释为推己及物,反对"尽物之谓恕"的观点,强调道德行为的根据在于己而非物。理在不同的事物上有

---

① 《程氏遗书》卷二十三,《二程集》,第306页。
② 《程氏遗书》卷二十三,《二程集》,第306页。

不同的展现,程颐明确指出只有源于恻隐之心的尽己之忠,才可以称为仁。

三 气

气是二程思想体系中不可或缺的概念。通过气的概念,二程的思想架构得以完善的呈现。以下将从气之生成论、工夫论、命定说、知言养气的方面进行讨论。

在本源上,理具有根本性。但是理的呈现离不开气的作用,理只有通过气才具有现实意义。对人而言,性为根本,但是血气之身亦不可轻视。

25 问:"先生曰:'尽其道谓之孝弟。'夫以一身推之,则身者资父母血气以生者也。尽其道者则能敬其身,敬其身者则能敬其父母矣。不尽其道则不敬其身,不敬其身则不敬父母,其斯之谓欤?"曰:"今士大夫受职于君,尚期尽其职事,又况亲受身于父母,安可不尽其道?"①

对于程颐所说"尽其道谓之孝弟",弟子进一步引申身体为受父母血气以生,尽道则能敬己之身,尽己之身则能孝敬父母。程颐赞同这样的观点,进而补充受职于君,在官位上尚知尽职尽责,受身于父母,更应当尽其身之道。尽其身之道即充分发挥本有的天命之性,从而立身行道。

10 螟蛉蜾蠃,本非同类,为其气同,故祝则肖之。又况人与圣人同类者?大抵须是自强不息,将来涵养成就到圣人田地,自然气貌改变。②

程颐以螟蛉与蜾蠃虽非同类,只因气同,"故祝则肖之"为例,指出"人与圣人同类",通过"自强不息"的努力,必然能够变化气貌,涵养到圣人田

---

① 《程氏遗书》卷二十三,《二程集》,第310页。
② 《程氏遗书》卷二十三,《二程集》,第306页。

地。程颐认为,虽然学而成为圣人的关键是在于培养内心的义理,然而内心义理的充实必然会表现为外在气貌的改变,即所谓的变化气质。

> 12 问:"夫子曰'吾不复梦见周公',圣人固尝梦见周公乎?"曰:"不曾。孔子昔尝寤寐间思周公,后不复思尔。若谓梦见周公,大段害事,即不是圣人也。"又曰:"圣人果无梦乎?"曰:"有。夫众人日有所思,夜则成梦,设或不思而梦,亦是旧习气类相应。若是圣人,梦又别。如高宗梦傅说,真个有傅说在傅岩也。"①

孔子感叹:"甚矣,吾衰也! 久矣,吾不复梦见周公。"(《论语·述而》)程颐在此明确指出是孔子曾经"寤寐间思周公",而非神秘的梦中见周公。程颐在各个地方不断地去除学者心中的神秘因素,予以合理化解释。对于道家的"圣人无梦"一说,程颐认为圣人亦有梦,但是与常人之梦不同。江南学者唐棣所录的《程氏遗书》卷二十二上中,程颐就令学者"思圣人与众人之梦如何? 梦是何物?"②此则材料中程颐明确指出,众人之梦为"日有所思,夜则成梦",或者"旧习气类相应"而成梦。然而圣人之梦则如商高宗梦傅说,是以理至诚相通而成梦。③ 可见程颐认为圣人之梦与常人不同在于,圣人以理成梦,常人则是因气而成梦。从问答的内容来看,该则材料与卷二十二上第60条似乎是在同一场合由不同学者所记。

> 24 先生教某思孝弟为仁之本。某窃谓:人之初生,受天地之中,禀五行之秀,方其禀受之初,仁固已存乎其中。及其既生也,幼而无不知爱其亲,长而无不知敬其兄,而仁之用于是见乎外。当是时,唯知爱敬而已,固未始有事物之累。及夫情欲窦于中,事物诱于外,事物之心

---

① 《程氏遗书》卷二十三,《二程集》,第307页。
② 《程氏遗书》卷二十二上,《二程集》,第289页。
③ 关于二程的感通思想,参见拙文《论二程"感而遂通"的思想——兼论斯洛特的"移情"概念》,《现代哲学》2013年第6期。

日厚,爱敬之心日薄,本心失而仁随丧矣。故圣人教之曰:"君子务本,本立而道生。孝弟也者,其为仁之本与!"盖谓修为其仁者,必本于孝弟故也。先生曰:"能如此寻究,甚好。夫子曰:'敬亲者不敢慢于人,爱亲者不敢恶于人。'不敢慢于人,不敢恶于人,便是孝弟。尽得仁,斯尽得孝弟,尽得孝弟,便是仁。"又问:"为仁先从爱物上推来,如何?"曰:"不敬其亲而敬他人者,谓之悖礼,不爱其亲而爱他人者,谓之悖德,故君子'亲亲而仁民,仁民而爱物'。能亲亲,岂不仁民?能仁民,岂不爱物?若以爱物之心推而亲亲,却是墨子也。"

因问:"舜与曾子之孝,优劣如何?"曰:"《家语》载耘瓜事,虽不可信,却有义理。曾子耘瓜,误斩其根。曾皙建大杖以击其背,曾子仆地,不知人事,良久而苏,欣然起,进曰:'大人用力教参,得无疾乎?'乃退,援琴而歌,使知体康。孔子闻而怒。曾子至孝如此,亦有这些失处。若是舜,百事从父母,只杀他不得。"又问:"如申生待烹之事,如何?"曰:"此只是恭也。若舜,须逃也。"①

这一段有关"孝弟为仁之本"的阐发应为本卷的记录者鲍若雨所说。鲍若雨提出人之生禀五行之秀气,"仁固已存乎其中","幼而无不知爱其亲,长而无不知敬其兄,而仁之用于是见乎外"。但是后受事物、情欲之累,"事物之心日厚,爱敬之心日薄,本心失而仁随丧矣"。故学者应始于孝悌以修为其仁。这是洛学的基本思想,亦获得程颐的肯定。程颐举出《孝经》中孔子所说"爱亲者不敢恶于人,敬亲者不敢慢于人","尽得仁,斯尽得孝弟。尽得孝弟,便是仁"。孝悌是仁之行为的表现,进而对于他人亦不敢恶、不敢慢,这是仁德具备的表现。对于"为仁先从爱物上推来"的观点,程颐指出这是墨子的兼爱。如孟子所说"亲亲而仁民,仁民而爱物"(《孟子·尽心上》)。仁德的发用应当先由自己的亲人,再到周围的民众,最后爱物,而墨子的兼爱思想与此恰恰相反。此则材料中对于《孔子家语》所载曾子耘瓜之

---

① 《程氏遗书》卷二十三,《二程集》,第309—310页。

事,程颐表示其如《孟子》中所载舜完廪浚井事一样皆不可信,但其所蕴含的义理值得学者深思。程颐提出"若是舜,百事从父母,只杀他不得",这也是程颐强调的经权之用。孝顺父母为理之义,但不因此丧失生命,亦有需要权之用。曾子至孝,但不知避害之权,故其所为亦有失处。

气是人之现实存在,学者的工夫虽然以理为主导,但气是首要的对象,必须加以注意。

2 志不可不笃,亦不可助长。志不笃则忘废。助长,于文义上也且有益,若于道理上助长,反不得。杜预云:"优而柔之,使自求之;厌而饫之,使自趣之;若江海之浸,膏泽之润,涣然冰释,怡然理顺,然后为得也。"此数句煞好。①

此处程颐所说"志不可不笃,亦不可助长",显然来自孟子所说"心勿忘,勿助长"(《孟子·公孙丑上》)。另外,孟子还提出"夫志,气之帅也"(《孟子·公孙丑上》),一方面"志不笃则忘废",没有纯于理的志的主导,气之涵养亦无法实现。另一方面如果志上助长,志与气不合,过犹不及,"反不得"。程颐在此推崇晋代杜预在《春秋左氏经传集解序》所说,"若江海之浸,膏泽之润,涣然冰释,怡然理顺",志与气合才能真正有得。

7 小人之怒在己,君子之怒在物。小人之怒,出于心,作于气,形于身,以及于物,以至无所不怒,是所谓迁也。若君子之怒,如舜之去四凶。②

对于君子之怒与小人之怒的区别,程颐认为"君子之怒在物","如舜之去四凶",其怒是针对具体事物而发,但心合于理,因而"不迁怒"。但是小

---

① 《程氏遗书》卷二十三,《二程集》,第305页。
② 《程氏遗书》卷二十三,《二程集》,第306页。

人之怒则是"出于心",其心已不能合于理,"作于气,以及于物",对于外在事物没有分别的无所不怒,这称可称之为迁。可见程颐认为小人之怒虽然根本在于心不合于理,但是亦需要经由气的中介作用。

气是不可避免的存在,二程亦不否定受气影响的命定说。

13 问:"富贵、贫贱、寿夭,固有分定,君子先尽其在我者,则富贵、贫贱、寿夭,可以命言;若在我者未尽,则贫贱而夭,理所当然,富贵而寿,是为徼幸,不可谓之命。"曰:"虽不可谓之命,然富贵、贫贱、寿夭,是亦前定。孟子曰:'求则得之,舍则失之,是求有益于得也,求在我者也;求之有道,得之有命,是求无益于得也,求在外者也。'故事君子以义安命,小人以命安义。"①

学者提出"在我者未尽",即个人德行仍有待提高之人,"富贵而寿,是为徼幸,不可谓之命"。对此程颐认为,人之"富贵、贫贱、寿夭,是亦前定",即人之外在际遇具有一定的偶然性。程颐认为求外在之物的态度应如孟子所说"求之有道,得之有命"(《孟子·尽心上》),学者应当"以义安命"。相反"小人以命安义",顺境之时能够依理而为,逆境之时则不依理义。程颐要求学者"求在我者",对于外在事物则应当"以义安命"。

二程虽不否定气数之命,但为学的根本在于以理养气。

17 问:"横渠言'由明以至诚,由诚以至明',此言恐过当。"曰:"'由明以至诚',此句却是。'由诚以至明',则不然,诚即明也。孟子曰:'我知言,我善养吾浩然之气。'只'我知言'一句已尽。横渠之言不能无失,类若此。若《西铭》一篇,谁说得到此?今以管窥天,固是见北斗,别处虽不得见,然见北斗,不可谓不是也。"②

---

① 《程氏遗书》卷二十三,《二程集》,第307页。
② 《程氏遗书》卷二十三,《二程集》,第308页。

此则材料中,程颐提出"横渠之言不能无失,类若此",可见程颐晚年认为张载的思想不能无批判地接受。"由明以至诚"由知道以至诚意,程颐认为此句有益。但是"由诚以至明",程颐认为则有弊病。"诚即明",如果不能明道,诚之工夫也是不可能的,"由诚以至明"是具有逻辑悖论的观点。程颐强调孟子所说"知言养气"即已概括学者德行培养的工夫。程颐亦称赞:"若《西铭》一篇,谁说得到此?"即使张载的观点有偏失之处,"别处虽不得见",但是以《西铭》为标致的张载根本思想"然见北斗,不可谓不是也"。

四 与理为一

程颐特别重视道德的纯粹性,只有天理是一切行为的根据和判断准则,人的行为发用不应受其他任何事物、情欲的影响。

> 11 问:"'有杀身以成仁,无求生以害仁。'窃谓苟所利者大,一身何足惜也?"曰:"但看生与仁孰重。夫子曰:'朝闻道,夕死可矣。'人莫重于生,至于舍得死,道须大段好如生也。"曰:"既死矣,敢问好处如何?"曰:"圣人只赌一个是。"①

对于孔子所说"志士仁人,无求生以害仁,有杀身以成仁"(《论语·卫灵公》),二程门人提问杀身成仁之利大,故"一身何足惜也?"程颐虽然没有直接批评以利为标准的观点,但其指出评价的标准应当是"看生与仁孰重"。如孔子所说"朝闻道,夕死可矣"(《论语·里仁》),"道须大段好如生",关键在于道,而非以利衡量。对于程颐所说的"好"字,学者又提问"既死矣,敢问好处如何?"程颐再次强调"圣人只赌一个是"。道义是圣人行为的唯一准则,哪怕带有生命危险。程颐强调道德行为的纯粹性,行为依据只有天理而不能受其他任何外在的干扰。下面一条资料程颐同样强调道德行为的纯粹性。

---

① 《程氏遗书》卷二十三,《二程集》,第306—307页。

15 圣人与理为一,故无过,无不及,中而已矣。其他皆以心处这个道理,故贤者常失之过,不肖者常失之不及。①

"圣人与理为一",一切行为皆源于义理,如孟子所说"由仁义行"(《孟子·离娄下》),"故无过,无不及,中而已矣"。但是其他人"皆以心处这个道理",常常以受外物影响的心而作用,故有过有不及,不能纯于天理。

16 陈恒弑其君,孔子沐浴而朝,请讨之。左氏载孔子之言,谓"陈恒弑其君,民之不与者半,以鲁之众加齐之半,可克也"。恁地是圣人以力角胜,都不问义理也。孔子请伐齐,以弑君之事讨之。当时哀公能从其请,孔子必有处置,须使颜回使周,子路使晋,天下大计可立而遂。孔子临老,有此一件事好做,奈何哀公不从其请,可惜。②

对于"陈恒弑其君"之事,《左传》记载孔子对鲁君提出"以鲁之众加齐之半,可克也"。程颐对此表述非常不满,似乎孔子只是"以力角胜,都不问义理也"。如上所述道德行为应当完全出于天理,在程颐看来孔子以弑君之事伐齐,这是义所当为。而非可克即伐,不可克即不伐。当然程颐亦在此谋划孔子的具体处置,"使颜回使周,子路使晋,天下大计可立而遂"。虽然在具体从事的过程中需要一定的权宜方策,但此不应作为行动的依据,只有天理才是道德行为的唯一标准。

19 "期月而已,三年有成",何也？曰:"公孙弘谓'三年有成,臣切迟之'。唐文宗时,李石责以宰相之职,谓'臣犹以为太速'。二者皆不是。须是知得迟速之理。昔尝对哲宗说此事曰:'陛下若问如何措置,三年有成,臣即陈三年有成之事；若问如何措置,期月而已,臣即

---

① 《程氏遗书》卷二十三,《二程集》,第307页。
② 《程氏遗书》卷二十三,《二程集》,第308页。

陈期月之事。'当时朝廷无一人问着,只李邦直但云称职称职,亦不曾问着一句。"①

对于孔子所说"苟有用我者,期月而已可也。三年有成"(《论语·子路》),程颐认为,与其计较孔子所说的"期月"和"三年",莫若探究其背后的迟速之理。针对具体的事情做出与理相符的判断,这才是最关键的。程颐在不同的场合反复强调,经典中出现的数字并不重要,关键是圣人话语中的道理,才应为学者仔细思考。

如后世充满争议的"饿死事极小,失节事极大"。② 程颐极其强调道德的纯粹性,只有完全出于理的行为才具有正当性。以上所述"圣人与理为一","圣人只赌一个是",天理的标准在程颐的思想中具有绝对的权威。

五 四书解释

程颢通过四书的解释而阐发道学思想,程颐则进一步建立了四书的为学体系。程颐反复对年轻的学者强调四书的重要性,《论语》为孔子高足、已得孔子之道者编撰,更加值得重视。

> 3 《论语》是孔门高弟所撰,观其立言,直是得见圣人处。如"闵子侍侧,誾誾如也;子路行行如也,冉有、子贡侃侃如也。子乐。"不得圣人处,怎生知得子乐?誾誾、行行、侃侃,亦是门人旁观见得。如"子温而厉,威而不猛,恭而安",皆是善观圣人者。③

对于《论语·先进》所记"闵子侍侧,誾誾如也;子路,行行如也;冉有、子贡,侃侃如也。子乐",程颐认为孔子见闵子誾誾,子路行行,冉有、子贡侃侃,这些外在的表现一般人皆能见到。然而"子乐"二字,只有深得孔子之道

---

① 《程氏遗书》卷二十三,《二程集》,第308—309页。
② 《程氏遗书》卷二十二下,《二程集》,第301页。
③ 《程氏遗书》卷二十三,《二程集》,第305页。

者才能觉察。同样《论语·述而》所载"子温而厉,威而不猛,恭而安",亦是只有得孔子之道、善观孔子者才能如此形容。

4 夫子删《诗》,赞《易》,叙《书》,皆是载圣人之道,然未见圣人之用,故作《春秋》。《春秋》,圣人之用也。如曰:"知我者,其惟《春秋》乎!罪我者,其惟《春秋》乎!"便是圣人用处。①

孟子提出"孔子惧,作《春秋》。《春秋》,天子之事也。是故孔子曰:'知我者,其惟《春秋》乎!罪我者,其惟《春秋》乎!'"(《孟子·滕文公下》)程颐认为孔子"删《诗》,赞《易》,叙《书》,皆是载圣人之道",即孔子所说"述而不作"(《论语·述而》),以此传承古代的圣王之道。而"《春秋》,圣人之用",《春秋》中孔子以圣人之道批判历史,为后世立法,即"圣人用处"。正是《春秋》中不以天子之位而断天子之事,孔子感叹:"罪我者,其惟《春秋》乎!"

22 "王天下有三重",三重即三王之礼。三王虽随时损益,各立一个大本,无过不及,此与《春秋》正相合。②

对于《中庸》所说"王天下有三重",程颐明确"三重即三王之礼",虽然"随时损益",但皆要立其大本。程颐进而指出,三王的大本就体现于圣人为后世立法的《春秋》之中。这里程颐再次强调《春秋》作为圣人之用的重要性,这也是程颐解释《春秋》的基本观点。

6 问:"《武》未尽善处,如何?"曰:"说者以征诛不及揖让,征诛固不及揖让,然未尽善处,不独在此,其声音节奏亦有未尽善者。《乐

---

① 《程氏遗书》卷二十三,《二程集》,第305页。
② 《程氏遗书》卷二十三,《二程集》,第309页。

记》曰:'有司失其传也。若非有司失其传,则武王之志荒矣。'孔子'自卫反鲁,然后乐正,雅、颂各得其得所',是知既正之后,不能无错乱者。"①

《程氏遗书》第二十三章记载程颐认为"非是言武王之乐未尽善……传武王之乐则未尽善耳"。② 对此问题,程颐详细表示固然武王的征诛不及尧舜之揖让,但是《武》乐"声音节奏亦有未尽善者"亦是重要原因。程颐以孔子所说"吾自卫反鲁,然后乐正,雅、颂各得其所"(《论语·子罕》)。孔子正乐恰恰表明当时所传之乐有错乱。可见程颐认为"《武》尽美矣,未尽善也"的主要原因是"有司失其传"。

21 "暴其民甚,则身弑国亡;不甚,则身危国削,名之曰幽、厉,虽孝子慈孙,百世不能改也。"汉之君,都为美谥,何似休因问:"桀、纣是谥否?"曰:"不是。天下自谓之桀、纣。"③

由孟子所说:"暴其民甚,则身弑国亡;不甚,则身危国削,名之曰幽、厉,虽孝子慈孙,百世不能改也。"(《孟子·离娄上》)程颐感叹"汉之君,都为美谥"。另外对于桀、纣之称,程颐强调这并非谥号,而是后人的称谓。因其无道,"虽孝子慈孙,百世不能改也"。

18 问:"孔子对冉求曰:'其事也',非政。政与事何异?"曰:"闵子骞不肯为大夫,曾皙不肯为陪臣,皆知得此道理。若季路、冉求,未能知此。夫政出于国君。冉求为季氏家臣,只是家事,安得为政? 当时季氏专政,孔子因以明之。"或问:"季路、冉求稍明圣人之道,何不知此?"曰:"当时陪臣执国命,目见耳闻,习熟为常,都不知有君,此言不足怪。

---

① 《程氏遗书》卷二十三,《二程集》,第306页。
② 《程氏遗书》卷二十二上,《二程集》,第284页。
③ 《程氏遗书》卷二十三,《二程集》,第309页。

季氏问季路、冉求,可谓大臣与?孔子曰:'所谓大臣者,以道事君,不可则止。今由与求也,可谓具臣矣。''然则从之者与?'曰:'弑父与君,亦不从也。'除却弑父与君,皆为之。"①

孔子告诫冉求"其事也。如有政,虽不吾以,吾其与闻之"(《论语·子路》)。对于事与政之区别,程颐提出"夫政出于国君。冉求为季氏家臣,只是家事,安得为政?"孔子以此提醒冉求季氏专政之非。"闵子骞不肯为大夫,曾皙不肯为陪臣",皆因为季氏专政。弟子进而提问,何以子路、冉求作为孔门高足,仍然出仕季氏?程颐指出"当时陪臣执国命,目见耳闻,习熟为常",虽然二人并非"以道事君,不可则止",但是作为孔子门人,"弑父与君,亦不从也"(《论语·先进》)。弑父杀君等重大的是非上,子路、冉求二人亦能有所坚守。

26 夫民,合而听之则圣,散而听之则愚。合而听之,则大同之中,有个秉彝在前,是是非非,无不当理,故圣。散而听之,则各任私意,是非颠倒,故愚。盖公义在,私欲必不能胜也。②

《诗经·烝民》:"天生蒸民,有物有则。民之秉彝,好是懿德。"孔子称赞:"为此诗者,其知道乎!故有物必有则,民之秉彝也,故好是懿德。"(《孟子·告子上》)程颐提出"夫民,合而听之则圣,散而听之则愚"。合而听之,授民以道,而且"有个秉彝在前",则"是是非非,无不当理,故圣"。民众知道公义,则"私欲必不能胜"。相反"散而听之",不事教化,"各任私意",则"是非颠倒,故愚"。程颐虽然肯定"民之秉彝",本性之善,但是学者有待道德修养,民众有待道德教化才能"是是非非,无不当理",以公义胜私欲。

---

① 《程氏遗书》卷二十三,《二程集》,第308页。
② 《程氏遗书》卷二十三,《二程集》,第310页。

第三节 结 语

由本章讨论的永嘉学者刘安节、鲍若雨记录的《伊川语录》可见，永嘉学者问学时的严毅刻苦给同门学者留下深刻印象，其所编撰的《伊川语录》亦成为洛学思想研究的重要材料。但需要注意的是，此后的永嘉学者、江南学者多为太学生，亦未能如早期的河南学者、江南学者一样在程颐身边长期问学。四书的解释在语录中越来越多，程颐通过四书的重新诠释中向年轻的学者传授道学思想。杨时开启了道学南传的先声，但永嘉学者以及下章讨论的江南学者也为洛学在南宋的繁荣奠定了广泛的基础。

第六章　江南学者

元符三年(1100)程颐自涪陵归洛直至崇宁二年(1103)被追毁出身以来文字的近三年时间中，各地的年轻士子纷纷赴洛向程颐问学，这是程颐讲学传道的最后一段时期。此时间学者有福建学者如杨迪、罗从彦，已在第四章进行讨论。程颐晚年的高足、河南学者如尹焞、张绎将在第七章讨论。这两个群体以外，来自宋代两浙路的毗陵和温州的学者，特别引人注目。如前章所述，宋哲宗元祐时期已有刘安节、鲍若雨等温州学者开始问学程颐。宋徽宗初年，毗陵学者唐棣所记的《程氏遗书》卷二十二，详细地记录了众学者在洛阳向程颐问学的情景，这是其他各卷难以见到的。另外政和四年(1114)杨时徙居毗陵，使毗陵地区成为北宋末年新的道学活动中心，洛学在南方繁荣起来。同样寓居毗陵、杨时的好友邹浩，其子邹柄虽未亲见程颐但亦有程颐语录流传，即《程氏遗书》卷二十四，或许受杨时影响。本章将考察与毗陵地区相关的两卷语录《程氏遗书》卷二十二、卷二十四，分析程颐晚年的道学思想。

第一节　江南学者与《程氏遗书》卷二十二

唐棣所记《程氏遗书》卷二十二中出现的、当时向程颐问学的年轻学者多达17名，而且有多条资料出现针对某一问题、多名学者相继提问的情景，再现了当时讲学的盛况，在所有的二程语录中尤为醒目。或许是年轻学者问学,或许是程颐讲学方式的转变,该卷特别重视以四书体系为基础的为学进路和四书文本的诠释,这一特点在福建学者陈渊、罗从彦所编的语录亦有体现。本节将首先对该卷出现的年轻学者一一予以考察,然后对该卷记录的程颐思想将从仁、性、气等方面进行讨论。

一 《程氏遗书》卷二十二中学者考辨

《程氏遗书》卷二十二据朱熹所注,该卷原名《伊川杂录》,为毗陵学者唐棣所录。由此原因,其中出现的众多问学者也以毗陵学者为主。从问答的记载来看,仅唐棣提问时称"棣问",对其他学者皆称字,可以确定记录者就是唐棣。有关唐棣其人,至朱熹时已所知不多。《伊洛渊源录》卷十四为"程氏门人无记述文字者",其中记载:

> 唐棣
> 名棣,宜兴人。有《语录》一卷,见遗书。①

《宋元学案》的记载基本延袭《伊洛渊源录》,记载如下:

> 秘书唐先生棣
> 唐棣,字彦思,宜兴人。(云濠案:一作毗陵人。)官秘书丞。有《语录》一卷,见《遗书》(参《伊洛渊源录》)。②

宜兴属毗陵,即今常州、无锡、镇江地区。"《语录》一卷"即通行本《程氏遗书》卷二十二。《程氏遗书》卷二十二除原称《伊川杂录》的上卷97条以外,还有下卷43条。有关下卷的来历,朱熹注明为"延平陈氏本,自为一篇,无名氏,间与《杂录》相出入,故以附之"。③ 朱熹如此合并的原因是,卷

---

① 朱熹:《伊洛渊源录》卷十四,《朱子全书》第12册,第1105页。
② 《刘李诸儒学案》,《宋元学案》卷三十,第1080页。
③ 《二程集》,目录第5页。

下的第 6 条、第 34 条同样出现"棣问",与上卷记载体例相同。而且如谢天申、李处遯、范文甫等学者,《程氏外书》以外仅在此卷出现,可见为同一时期的记录。

《程氏遗书》卷二十二的显著特点即众多学者同时向程颐问学,而且提问者的名称皆清晰注明。一条语录中同时出现两个人以上的名字,就有如下数条:

  第 5 条 周恭先、潘旻
  第 12 条 周恭先、唐棣
  第 16 条 谢天申、周恭先
  第 22 条 唐棣、范文甫
  第 24 条 李处遯、张绎
  第 29 条 郑刚中、周恭先
  第 33 条 范季平、郑刚中
  第 69 条 周恭先、唐棣
  第 70 条 陈经正、唐棣
  第 96 条 周恭先、唐棣
  第 97 条 周恭先、唐棣
  卷下第 6 条 张绎、孟纯、李处遯、唐棣

以上所列唐棣、周恭先、谢天申、郑刚中、李处遯、潘旻、范文甫、张绎、陈经正、孟纯、范季平,相互之间都可以通过他人联系起来,可以认定以上 11 位学者在同一段时间,一起向程颐问学。除此以外,《遗书》卷二十二出现的学者还有畅中伯、李初平、孟厚、王拱辰、张景观、朱定。该卷总共出现 17 位问学者的名字,这在《二程遗书》中是最多的。[1]

---

[1] 学者出现的具体条目可参见本书附录。

在周孚先所录的《程氏遗书》卷二十的题注中，朱熹注明"周孚先字伯忱，毗陵人，建中靖国初从学"。① 周孚先之弟周恭先在卷二十二中出现，兄弟二人一同问学程颐，卷二十二当为建中靖国（1101）至崇宁二年（1103）程颐被"追毁出身以来文字"之前所录。另外，卷二十二的第 24 条记录："思叔告先生曰：'前日见教授夏侯旆，甚叹服。'"②夏侯旆任教授之职为崇宁初年，进一步证明该卷为此时所录。但需要注意的是，第四章提到杨时长子杨迪亦在此期间向程颐问学，但如周孚先一样卷二十二中没有出现两人的名字，或许并非同时问学。

《程氏遗书》卷二十二中的问学者，就重要性而言，仅次于记录者唐棣的就是周恭先和谢天申。《伊洛渊源录》中，周孚先、周恭先兄弟二人合为一条，记载如下：

> 周伯忱
>
> 名孚先，毗陵人。与其弟恭先伯温同受学，有《语录》及《答问》各数章，今见《书》《集》。伯忱尝为临安教官。其家有伊川帖数纸，其一，邢和叔问先生谓："二周与杨时似同，恕恐二周未可望杨时，如何？"先生答云："周孚先兄弟气质纯明，可以入道。颐每劝杨时勿好著书，好著书则多言，多言则害道。学者要当察此。"③

《二程遗书》的卷二十为周孚先所记，但其中只有 3 条，内容与他卷多有重复，如第 2 条与卷二十二上的第 14 条都是关于《左传》的问答，只是记录更加完整。而且两条都出现黄赟隅的名字，该人生平不详，应为程颐二十余岁年轻时的朋友。朱熹在《程氏遗书》目录的卷二十下标注，周孚先"建中靖国初从学"，即 1101 年，前一年正月宋哲宗去世。4 月程颐解除编管，"以赦复宣德郎，任便居住"。之后返回洛阳，10 月，"复通直郎，权判西京国子

---

① 《二程集》，目录第 4 页。
② 《程氏遗书》卷二十二，《二程集》，第 281 页。
③ 《伊洛渊源录》卷十四，《朱子全书》第 12 册，第 1108 页。

监"。周孚先于其弟在之后的一段时期问学。由此至崇宁二年(1103)四月被"追毁出身以来文字",这是程颐晚年集中讲学的时期,相关语录记载多在时。《宋元学案》中二人的记载多延袭《伊洛渊源录》,其记载如下:

> 盐场周先生孚先
> 周孚先,字伯忱,晋陵人。(云濠案:《伊洛渊源录》作毗陵人。)与弟伯温俱从伊川学。伊川尝谓先生兄弟气质纯明,可以入道。其后俱由乡荐入太学。先生调四明盐场,改建德尉,不就,后丐祠。伯温终坑冶官。

> 坑冶周先生恭先
> 周恭先,字伯温,伯忱之弟也。初见伊川,伊川曰:"从事觉有所得否? 学者要自得。"先生问何如可以自得,曰:"'思曰睿,睿作圣。'须是于思虑间得之。"又问颜子如何学孔子到此深邃,伊川曰:"颜子所以大过人者,只是得一善则拳拳服膺,与能屡空尔。"兄弟由乡荐入太学,气质不少异,尤笃于信道。释褐,授坑冶干官。每以沽名为戒,谓子孙曰:"吾殁后,毋为志文碑铭,以重吾不德。"终身恬于进取。(修。)①

由上可见,兄弟二人皆无意仕进、恬于进取。周孚先、恭先兄弟"气质纯明",源于《伊洛渊源录》中程颐与邢恕的问答,该条资料并未见于《二程集》。时人已将周氏兄弟与杨时并论,可见二人之聪颖。不过需要注意的是,这条资料本身存在矛盾之处。绍圣四年(1097)程颐"送涪州编管",其中就有邢恕的原因。② 周孚先、周恭先兄弟问学程颐是自涪州返回以后的

---

① 《刘李诸儒学案》,《宋元学案》卷三十,第 1074 页。
② 朱熹所作《伊川先生年谱》中记载"(元祐)四年十一月,送涪州编管。(见《实录》)门人谢良佐曰:'是行也,良佐知之,乃族子公孙与邢恕之为尔。'……(见《语录》)"(《二程集》,第 344 页。)该条语录出自杨时长子杨迪所记《程氏遗书》卷十八,原文为"谢某曾问:'涪州之行,知其由来,乃族子与故人耳。'(族子谓程公孙,故人谓邢恕。)……又问:'邢七(按,即邢恕)久从先生,想都无知识,后来极狼狈。'先生曰:'谓之全无知则不可,只是义理不能胜利欲之心,便至如此也。'"(《二程集》,第 261 页。)可见对于邢恕"不能胜利欲之心",程颐已经心生厌恶。

事情,邢恕与程颐仍有如此交谈的可能性很低。或许为他人所问,误传为邢恕。

《宋元学案》所载周恭先与程颐的两段问答,都出于《程氏遗书》卷二十二上。"学者要自得""须是于思虑间得之"见卷二十二上第96条,但原文为"伯温见先生",并没有"初见"的说法。① "颜子所以大过人者,只是得一善则拳拳服膺,与能屡空尔"见于本卷第12条,紧接程颐的回答,唐棣继续提问:"去骄吝,可以为屡空否?"②

《伊洛渊源录》和《宋元学案》中,谢天申、李处遯、潘旻的记载如下:

> 谢用休
> 名天申。(《伊洛渊源录》)③
> 合谢先生天申
> 谢天申,字用休,瑞安人也。见于《伊川语录》。和靖先生亦雅重之。以贤良荐,知合门。(《宋元学案》)④

> 李嘉仲
> 名处遯,洛人。亦见唐录。后为中书舍人,溺死维扬。(《伊洛渊源录》)⑤
> 舍人李先生处遯
> 李处遯,字嘉仲,洛人,见唐录。后为中书舍人,溺死维扬。(《宋元学案》)⑥

---

① 《程氏遗书》卷二十二上,《二程集》,第296页。另外,《宋元学案》中"从事觉有所得否?"一句,《二程集》中为"从来觉有所得否?"
② 《程氏遗书》卷二十二上,《二程集》,第279页。
③ 《伊洛渊源录》卷十四,《朱子全书》第12册,1108页
④ 《周许诸儒学案》,《宋元学案》卷三十二,第1136页。
⑤ 《伊洛渊源录》卷十四,《朱子全书》第12册,1109页
⑥ 《刘李诸儒学案》,《宋元学案》卷三十,第1081页。

潘子文

名旻。(《伊洛渊源录》)①

隐君潘先生旻

潘旻，字子文，瑞安人也。与敬亭诸公入洛从伊川。尝以子夏、子张之论交为问，伊川曰："子张是成人之交，子夏是小子之交。"先生退而有得。志趣高远，见当时政事混浊，党锢之祸正烈，遂隐居不仕。(《宋元学案》)②

由以上诸人的简短记录可知谢用休为温州瑞安人，与尹焞相交。李处遯为洛阳人，"唐录"即唐棣所录的《程氏遗书》第二十二卷，在扬州落水而死，其他信息所知有限。

潘旻，同为温州瑞安人，"敬亭"即《程氏遗书》卷二十三的记录者鲍商霖。"子夏、子张之论交"出于卷二十二上第17条，程颐的回答为"子夏、子张皆论交，子张所言是成人之交，子夏是小子之交"。③

陈经正的相关记载如下：

陈贵一

名经正，与其弟经邦贵叙同受学。四君皆永嘉人，名见唐录。(《伊洛渊源录》)④

陈先生经正

进士陈先生经邦(合传。)

陈先生经德(合传。)

陈先生经郛(合传。)

---

① 《伊洛渊源录》卷十四，《朱子全书》第12册，1108页。
② 《周许诸儒学案》，《宋元学案》卷三十二，第1142页。
③ 《程氏遗书》卷二十二上，《二程集》，第279页。
④ 《伊洛渊源录》卷十四，《朱子全书》第12册，1109页。按《校勘记》中指出"'叙'，成化本作'叔'，疑是。"如《宋元学案》所述，陈经正字贵一、陈经邦字贵新，"贵叙"二字或为"贵新"之误。

陈经正，字贵一，平阳人也。与其弟经邦从伊川游。谢持正之见伊川也，贵一实介绍之。经邦成大观进士，字实新。贵一、贵新皆有问答，见《语录》。其二弟经德、经郛亦私淑洛学者。平阳学统始于先生兄弟，成于徐忠文公宏父。贵一尝曰："盈天地间皆我之性，不复知我之为我。"

梓材谨案：谢山以经德、经郛为洛学私淑。然考《温州旧志》，谓经正与弟经邦、经德、经郛、永嘉鲍若雨俱受业二程之门，二程谓伊川也。《儒林宗派》亦以为程门弟子，第以经郛为经邦弟，经德为经郛弟。许横塘为其祖宗伟墓志云："男孙九人，经德、经邦、经郛、经正、经世、经言、经纶、经猷、经辨。"则经德最长，而经邦、经郛、经正皆其弟也。横塘亲见诸陈，且谓经德状其祖府君之行，告其所游许某，则其同在程门而非私淑可知矣。(《宋元学案》)①

朱熹所谓"四君皆永嘉人"，包括《伊洛渊源录》中陈贵一条目之前的谢天申、潘旻，加上陈经正、陈经邦共4人，皆为温州人。陈经邦仅见于《程氏外书》卷十一的第74条，而"成大观进士"，大观年间只有大观三年(1109)有省试，可知为该年中举。陈经正所说"盈天地间皆我之性，不复知我之为我"一句，出于《程氏外书》卷十一第37条。② 陈经德、陈经郛的名字没有在二程的相关资料中出现，"淑洛学者"还是"同在程门"仍待考证。

以上所述诸人除张绎、范文甫以外，其他学者的名字在卷二十二中仅出现一次。《伊洛渊源录》中，孟厚的记载较为详细。

孟敦夫

名厚，洛人。祁宽记尹和靖语云："孟敦夫来从伊川，又为王氏学。举业特精。独处一室，粪秽不治。尝献书于伊川，伊川云：'孟厚初时说

---

① 《周许诸儒学案》，《宋元学案》卷三十二，第1143—1144页。按，"经邦成大观进士，字实新"，此处"字实新"或为"字贵新"之误。
② 《程氏外书》卷十一，《二程集》，第413页。

得也似,其后须没事生事。'一日,语之曰:'子何不见尹焞、张绎,朋友间最好讲学。'然三公皆同齿也。敦夫见和靖,曰:'先生令厚来见二公。若彦明所愿见,如思叔莫不消见否?'和靖曰:'只不消见思叔之心,便是不消见焞之心也。'伊川尝谓学者曰:'孟厚不治一室,亦何益?学不在此,假使洒扫得洁净,莫更快人意否?'"然伊川之葬,门人畏党祸,莫敢至,独敦夫与尹、张、范棫、邵溥送焉。"(《伊洛渊源录》)①

孟先生厚

孟厚,字敦夫,洛人。从伊川,又为王氏学。举业特精,独处一室,粪秽不治。尝献书于伊川,伊川云:"孟厚初时说得也似,其后须没事生事。"一日,伊川语之曰:"子何不见尹焞、张绎?朋友间最好讲学。"然三公皆同齿也。先生见和靖曰:"先生令厚来见二公。若彦明固所愿见,如思叔莫不消见否?"和靖曰:"只不消见思叔之心,便是不消见焞之心也。"伊川之葬,门人畏党祸,莫敢至,独先生与尹、张、范棫、邵溥送焉。(《宋元学案》)②

《宋元学案》的记载同样延袭《伊洛渊源录》,《伊洛渊源录》的记载源于《程氏外书》卷十二的第 101 条。孟厚兼习洛学和王安石新学,且自恃甚高,献书程颐,而且一直未与张绎、尹焞来往。即使受程颐之命见尹焞之后,仍不屑与张绎见面。程颐对其评价,"初时说得也似,其后须没事生事",一方面肯定其才华"说得也似",另一方面则对其"没事生事"的过度分析予以了批评。针对孟厚"独处一室,粪秽不治",程颐表示"学不在此,假使洒扫得洁净,莫更快人意否?"如果孟厚的学问杂而无宗,即使房间整理得整洁明亮,亦不能使人敬服。

对于程颐去世之时,只有张绎、尹焞、范棫、邵溥和孟厚送葬,朱熹亦对孟厚之品行予以肯定。除此以外,二程的相关资料中还有两条有关孟厚的

---

① 《伊洛渊源录》卷十四,《朱子全书》第 12 册,第 1109—1110 页。
② 《刘李诸儒学案》,《宋元学案》卷三十,第 1077—1078 页。

资料,现摘引如下:

> 孟敦夫问:"庄子《齐物论》如何?"曰:"庄子之意欲齐物理耶?物理从来齐,何待庄子而后齐?若齐物形,物形从来不齐,如何齐得?此意是庄子见道浅,不奈胸中所得何,遂着此论也。"①
>
> 暇日静坐,和靖、孟敦夫(名厚,颍川人)、张思叔侍。伊川指面前水盆语曰:"清静中一物不可着,才着物便摇动。"②

孟厚问到庄子的《齐物论》,不难设想其本人对于《齐物论》一文非常赞同。但是程颐提出,"物理从来齐","物形从来不齐,如何齐得?"程颐从天理的角度对于庄子的齐物说予以批判,本然之天理自然相同,具体之物的区别亦是天理的不同展现。这条材料为唐棣所记,另一则材料是尹焞的一个回忆。张绎、尹焞、孟厚三人和程颐在一起,程颐由眼前水盆感叹"清静中一物不可着"。这样的说法与程颐居敬涵养的工夫论思想是一致的,强调内心不被外物所困扰。

《伊洛渊源录》还列出范文甫、畅中伯二人,但已不详其名。

> 范文甫
> 畅中伯
> 二人不详其名,见杨遵道录。③
> 范先生文甫
> 畅先生中伯合传。
> 范文甫、畅中伯二人,不详其名,见唐彦思录。④

---

① 《程氏遗书》卷二十二上,《二程集》,第289页。
② 《程氏外书》卷十二,《二程集》,第430页。
③ 《伊洛渊源录》卷十四,《朱子全书》第12册,第1110页。
④ 《刘李诸儒学案》,《宋元学案》卷三十,第1081页。

《伊洛渊源录》中称二人"见杨遵道录",但杨时长子杨迪所录的《程氏遗书》卷十九中未见二人的姓名,应为朱熹所误。《程氏遗书》中二人仅出现于卷二十二,即《宋元学案》所说"唐彦思录"。

以上诸人以外,唐棣所录的卷二十二还有一些《伊洛渊源录》中没有提及的问学者。如卷二十二卷下第 6 条中,与张绎、李处遯和唐棣一起问学的孟纯,以及卷上第 33 条的范季平、郑刚中,而且卷二十二中郑刚中名字的出现达 7 次之多。另外,卷二十二上第 7 条开头为"先生语子良曰",①子良为何人暂不得知。第 54 条出现"昔有朱定,亦尝来问学,但非信道笃者",除"曾在泗州守官"的记载之外,②其他情况也不清楚。卷下第 24 条有"顷吕望之曾问及此,亦曾说与他"。③ 吕望之为何人,无从可考。以上孟纯、范季平、郑中、子良、朱定、吕望之 6 人,可以确定曾经向程颐问学,但名字仅在卷二十二中出现,生平难以考证。

综上可见,唐棣所记《程氏遗书》卷二十二是二程语录中对于问学的具体情况记载最详尽一卷,后来亦没有太多整理。虽然此卷的张绎、唐棣等人的生平皆已不详,历史上未有显著的功绩,但该卷仍然是研究程颐晚年讲学与思想非常重要的材料。

二 《程氏遗书》卷二十二思想研究

《程氏遗书》卷二十二已属程颐晚年的讲学记录,在江南学者的问学中,仁、性、气的讨论仍然是主要问题。另外在四书的解释中,有关圣人气象以及孔门颜子、子贡、子路等的问辩亦被提出。丰富的记载中,程颐以四书为基础的教导体系已经确立,程颐的四书诠释亦有特色。通过和朱熹《四书章句集注》的比较,不难看出朱熹对程颐解释的选择性采纳。

(一) 仁

如前文所分析,自二程早期讲学起仁就是二程道学思想诠释的重要概

---

① 《程氏遗书》卷二十二上,《二程集》,第 278 页。
② 《程氏遗书》卷二十二上,《二程集》,第 288 页。
③ 《程氏遗书》卷二十二下,《二程集》,第 302 页。

念,仁与道是同样的本体性概念。

33 范季平问:"'博学而笃志,切问而近思,仁在其中',如何?"曰:"仁既道也,百善之首也。苟能学道,则仁在其中矣。"享仲问:"如何是近思?"曰:"以类而推。"①

在子夏所说"博学而笃志,切问而近思,仁在其中矣"(《论语·子张》)的解释中,程颐明确指出"仁既道也,百善之首也"。学者求仁需要通过博学、近思的学道,以最终体悟仁之体。程颐解释近思为"以类而推",推己及人,这也是程颐思想中的一个重要方面。

64 "知者乐水,仁者乐山",言其体动静如此。知者乐,所运用处皆乐;仁者寿,以静而寿。仁可兼知,而知不可兼仁。如人之身,统而言之,则只谓之身;别而言之,则有四支。②

在对"知者乐水,仁者乐山;知者动,仁者静;知者乐,仁者寿"(《论语·雍也》)的解释中,程颐认为仁者以其静而寿,知者以其运用而乐。"仁可兼知",仁德包含智之德。仁者包含四德,"百善之首",这是二程的一贯观点。仁是统而言之,如人之身。知是别而言之,如人之四肢,是一身的一部分。智之德虽然亦有其发用之处,但仁德是最根本的。

78 用休问:"陈文子之清,令尹子文之忠,使圣人为之,则是仁否?"曰:"不然。圣人为之,亦只是清忠。"③

谢天申提问,孔子所称陈文子之清,令尹子文之忠,但不以仁许之(《论

---

① 《程氏遗书》卷二十二上,《二程集》,第283页。
② 《程氏遗书》卷二十二上,《二程集》,第290页。
③ 《程氏遗书》卷二十二上,《二程集》,第293页。

语·公冶长》),如果是孔子做这些事情的话,可以称为仁吗?程颐强调,陈文子、令尹子文所为之事,只是清、忠之德,还不是最根本的全体之仁。仁德涵盖的内容远超于此,程颐进一步强调仁德的重要性。

确立仁德的重要性之后,学者具体的为仁、行仁则是工夫论层面的重要要求。

81 "仁者先难而后获",何如?曰:"有为而作,皆先获也,如利仁是也。古人惟知为仁而已,今人皆先获也。"①

"仁者先难而后获"(《论语·雍也》)是孔子对樊迟为仁的回答。程颐强调后获是不以仁为利,为仁是学者唯一的价值取向。与此相对,先获即有所图、有为,以仁为利。程颐指出真正的儒者"惟知为仁而已",为仁的过程中不应有其他因素的干扰。这样的思想被程门弟子杨时继承,发展出"君子之学,求仁而已"的观点。

48 楝又问:"克己复礼,如何是仁?"曰:"非礼处便是私意。既是私意,如何得仁?凡人须是克尽己私后,只有礼,始是仁处。"②

孔子对于颜渊问仁的回答"克己复礼为仁"(《论语·颜渊》),程颐指出非礼处即是私意,即不同于仁。在程颐的思想中,仁与私欲是截然对立的,"克尽己私后,只有礼,始是仁处"。二程思想中在后世饱受争议的说法"饿死事极小,失节事极大",③亦出于此卷,正是基于程颐天理、人欲严格对立的基本观念。

41 周伯温问:"'回也三月不违仁',如何?"曰:"不违处,只是无

---

① 《程氏遗书》卷二十二上,《二程集》,第294页。
② 《程氏遗书》卷二十二上,《二程集》,第286页。
③ 《程氏遗书》卷二十二下,《二程集》,第301页。

纤毫私意。有少私意，便是不仁。"又问："博施济众，何故仁不足以尽之？"曰："既谓之博施济众，则无尽也。尧之治，非不欲四海之外皆被其泽，远近有闲，势或不能及。以此观之，能博施济众，则是圣也。"又问："孔子称管仲'如其仁'，何也？"曰："但称其有仁之功也。管仲其初事子纠，所事非正。《春秋》书'公伐齐纳纠'，称纠而不称子纠，不当立者也。不当立而事之，失于初也，及其败也，可以死，亦可以无死。与人同事而死之，理也。知始事之为非而改之，义也。召忽之死，正也。管仲之不死，权其宜可以无死也。故仲尼称之曰：'如其仁'谓其有仁之功也。使管仲所事子纠正而不死，后虽有大功，圣人岂复称之耶？若以为圣人不观其死不死之是非，而止称其后来之是非，则甚害义理也。"又问："如何是仁？"曰："只是一个公字。学者问仁，则常教他将公字思量。"①

对周恭先的提问"回也，其心三月不违仁"（《论语·雍也》），程颐表示"不违仁"即是"无纤毫私意"，再次明确仁与私欲截然对立。对于子贡"博施济众"之问，孔子回答："何事于仁，必也圣乎！尧、舜其犹病诸！"（《论语·雍也》）程颐强调，尧之治亦有"势或不能及"之处，因而"博施济众"则无尽，亦是尧、舜的愿望，必须称其为圣。为仁只要克服私欲干扰，依理而为即可，为圣则需要天时地利等外在条件的辅助，所以会有"势或不能及"之处。

对于子路所问"桓公杀公子纠，召忽死之，管仲不死。曰：未仁乎？"，孔子评价管仲："桓公九合诸侯，不以兵车，管仲之力也。如其仁！如其仁！"（《论语·宪问》）程颐强调孔子只是称赞管仲"不以兵国"的"仁之功"。公子纠为不当立者，管仲不死，亦是"权其宜可以无死"，不违义理。对于最后周恭先"如何是仁"的问题，程颐指出"只是一个公字。学者问仁，则常教他将公字思量"。以公论仁是程颐思想的重要内容，公是仁德呈现的重要特

---

① 《程氏遗书》卷二十二上，《二程集》，第284—285页。

征,学者由思量公字以体认仁之体、仁之道,程颐将此看作体仁的重要方法。

由上可见,程颐强调仁即道,仁为众善之道,仁德具有超越性和优先性。程颐指出仁与私的对立,要求学者以公体仁,克己复礼,由此为仁、行仁。对于仁德的探求是二程终身贯彻的思想。

（二）性

以下唐棣与程颐的问答,分别依据《论语》《中庸》《孟子》的相关材料讨论了性、才、中、和等问题,下面将依次予以分析。

71　棣问:"孔、孟言性不同,如何?"曰:"孟子言性之善,是性之本,孔子言性相近,谓其禀受处不相远也。人性皆善,所以善者,于四端之情可见,故孟子曰:'是岂人之情也哉?'至于不能顺其情而悖天理,则流而至于恶,故曰:'乃若其情,则可以为善矣。'若,顺也。"

又问:"才出于气否?"曰:"气清则才善,气浊则才恶。禀得至清之气生者为圣人,禀得至浊之气生者为愚人,如韩愈所言、公都子所问之人是也,然此论生知之圣人。若夫学而知之,气无清浊,皆可至于善而复性之本。所谓'尧、舜性之',是生知也;'汤、武反之',是学而知之也。孔子所言上知下愚不移,亦无不移之理,所以不移,只有二,自暴、自弃是也。"

又问:"如何是才?"曰:"如材植是也。譬如木,曲直者性也;可以为轮辕,可以为梁栋,可以为榱桷者才也。今人说有才,乃是言才之美者也。才乃人之资质,循性修之,虽至恶可胜而为善。"

又问:"性如何?"曰:"性即理也,所谓理,性是也。天下之理,原其所自,未有不善。喜怒哀乐未发,何尝不善?发而中节,则无往而不善。凡言善恶,皆先善而后恶;言吉凶,皆先吉而后凶;言是非,皆先是而后非。"

又问:"佛说性如何?"曰:"佛亦是说本善,只不合将才做缘习。"

又问:"说生死如何?"曰:"譬如水沤,亦有些意思。"

又问:"佛言生死轮回,果否?"曰:"此事说有说无皆难,须自见得。

圣人只一句尽断了,故对子路曰:'未知生,焉知死?'佛亦是西方贤者,方外山林之士,但为爱胁持人说利害,其实为利耳。其学譬如以管窥天,谓他不见天不得,只是不广大。"①

唐棣首先从孟子说"性善"以及孔子所说"性相近"(《论语·阳货》)开始,提出"孔、孟言性不同"的问题。对此,程颐以"性之本"和"禀受处"区分,形而上的性善指人性的根本,形而下的性相近指人禀受之气各有不同。程颐继续强调人性本善,其证明就是人有恻隐、羞恶、辞让、是非的"四端之情"。程颐提出孟子所说"人见其禽兽也,而以为未尝有才焉者,是岂人之情也哉?"(《孟子·告子上》)"乃若其情则可以为善矣,乃所谓善也。若夫为不善,非才之罪也"(《孟子·告子上》)。程颐以"顺"解释"若",顺人之情,则所为皆善。"不能顺其情而悖天理,则流而至于恶"。

两段"才"的讨论之后,唐棣又问到"性",程颐明确提出"性即理也",而且禀承孟子的性善论,强调"天下之理,原其所自,未有不善"。程颐引用《中庸》所说"喜怒哀乐之未发,谓之中;发而皆中节,谓之和","发而中节,则无往而不善"。而且程颐从善恶、吉凶、是非的用法提出,善、吉、是为本源,因不得其正而有了恶、凶与非。对于佛教所说之性,程颐认为佛教亦强调人性本善,但是佛教将"将才做缘习",则有偏差。程颐认为才是人气禀所受,千差万别,没有特定的限制和规定。佛教则认为才之好坏由于缘习,即善恶因果,才之好坏是有规定的。佛教虽然说空、主张人皆有佛性,但是以才的因缘之说取消了本然之性的根本地位。另外,佛教将生死看作梦幻泡影,不过分执着,程颐认为"亦有些意思"。对于生死轮回,程颐禀受孔子所说"未知生,焉知死?"(《论语·先进》)六合之外,存而不论。一方面,程颐承认"佛亦是西方贤者",有见处,"只是不广大"。另一方面,"胁持人说利害,其实为利耳",其说生死轮回,根本上还是有利心。佛教是出于利心,这是二程批判佛学的基本观点。

---

① 《程氏遗书》卷二十二上,《二程集》,第291—292页。

"才"是此段问答中的重要问题。两则《孟子》的材料中,都出现"才",唐棣又继续提问"才出于气否?"程颐回答"气清则才善,气浊则才恶。禀得至清之气生者为圣人,禀得至浊之气生者为愚人"。程颐肯定才出于气,才之善恶取决于气之清浊,圣人、愚人之分亦在于所禀之气的清浊不同。另一方面,程颐肯定若从后天"学而知之"的角度而言,"气无清浊,皆可至于善而复性之本"。每个人都具备后天学习修养,变化气质而复性之本的潜能。"尧、舜,性之也;汤、武,身之也"(《孟子·尽心上》),"尧、舜,性者也;汤、武,反之也"(《孟子·尽心下》),尧、舜是生而禀得清气,即为圣人。商汤、周武则是后天努力,变化气质而为圣人。对于孔子所说"唯上知与下愚不移"(《论语·阳货》),程颐认为孔子所说"下愚不移",绝非不能变化气质,而是下愚之人自暴、自弃,不肯变化气质。

程颐以木之曲直为喻,"可以为轮辕,可以为梁栋,可以为榱桷"。一般话语所说"有才","是言才之美者",已经有所特指。道学思想中讨论的才,则是指人之气禀资质的不同。无论如何,对于气禀之才都需要"循性修之",即依照本性之理以修才,"虽至恶可胜而为善"。可见,虽然程颐承认历史上有"尧舜性之"生而为圣人者,但是对于普通人而言,通过后天学习的修养以为善,这是必不可少的工夫。

以上唐棣与程颐的问答,从孔、孟言性的区别开始,接着讨论才、气以及佛教的生死轮回,是一段非常完整的记录。所有问答都是基于四书的相关章句展开,这也反映了此一时期程门的论学特点。

73　伯温问:"'尽其心则知其性,知其性则知天矣',如何?"曰:"尽其心者,我自尽其心;能尽心,则自然知性知天矣。如言'穷理尽性以至于命',以序言之,不得不然,其实,只能穷理,便尽性至命也。"又问事天。曰:"奉顺之而已。"①

97　伯温又问:"孟子言心、性、天,只是一理否?"曰:"然。自理言

---

① 《程氏遗书》卷二十二上,《二程集》,第292—293页。

之谓之天,自禀受言之谓之性,自存诸人言之谓之心。"又问:"凡运用处是心否?"曰:"是意也。"棣问:"意是心之所发否?"曰:"有心而后有意。"又问:"孟子言心'出入无时,',如何?"曰:"心本无出入,孟子只是据操舍言之。"伯温又问:"人有逐物,是心逐之否?"曰:"心则无出入矣,逐物是欲。"①

以上两条材料皆为周恭先所问,基于孟子的材料提出心性问题。对于"尽其心者,知其性也。知其性,则知天矣。存其心,养其性,所以事天也"(《孟子·尽心上》),程颐强调尽心是"自尽其心",尽心则"自然知性知天"。这与《周易·说卦》所说"穷理尽性以至于命"的含义是相同的,穷理本身就是尽性至命。事天就是奉顺天理,依天理而为。

对于心、性、天,程颐指出从理的角度可以称作天,从人禀受而得的角度可以称作性,从其在人的处所而言称为心。天、性、心只是从不同的角度,对形而上本体的不同称谓。程颐进一步区分,心为本然之理的存在之处,而其针对具体事物的发用则称为意。心指天理的发动而言,针对具体的事物而有具体之意。对于"操则存,舍则亡。出入无时,莫知其乡"(《孟子·告子上》),程颐指出"出入"是对心之操舍而言,即在具体事物上的发用,而心本身属于天理,没有出入可言。对于"逐物",即心之发用受外在事物的干扰,程颐强调此为"欲",心是天理的发用之处,本身没有出入,更没有逐物。

综上可见,在对《孟子》相关材料的解读中,程颐提出人之本性即天理,人性本善。受后天禀受的气之清浊不同,人有圣愚之分,才已非本然之性。人所禀受之气,程颐称为才。人需要循性以修才,培养道德。工夫修养的过程中,程颐强调其关键就是穷理,穷理以知性知天。

(三)气

如上所述,程颐认为现实之人的善恶源于所禀之气的清浊,"气清则才善,气浊则才恶"。通过后天的努力,循性修之,人们都具有变化气质,胜恶

---

① 《程氏遗书》卷二十二上,《二程集》,第296—297页。

为善的可能。有关变化气质的问题,孟子所说的知言养气是一则非常重要的材料。

> 59　周伯温见,问:"'至大'、'至刚'、'以直',以此三者养气否?"曰:"不然。是气之体如此。"又问:"养气以义否?"曰:"然。"又问:"'配义与道',如何?"曰:"配道言其体,配义言其用。"又问:"'我知言,我善养吾浩然之气',如何?"曰:"知言然后可以养气,盖不知言无以知道也。此是答公孙丑'夫子乌乎长'之问,不欲言我知道,故以知言养气答之。"
>
> 又问:"'夜气'如何?"曰:"此只是言休息时气清耳。至平旦之气,未与事接,亦清。只如小儿读书,早晨便记得也。"又问:"孔子言血气,如何?"曰:"此只是大凡言血气,如《礼记》说'南方之强'是也。南方人柔弱,所谓强者,是义理之强,故君子居之。北方人强悍,所谓强者,是血气之强,故小人居之。凡人血气,须要理义胜之。"①

有关浩然之气,孟子提出:"我知言,我善养吾浩然之气。……其为气也至大至刚以直,养而无害,则塞于天地之间。其为气也配义与道,无是馁也。是集义所生者,非义袭而取之也。"(《孟子·公孙丑上》)程颐对周恭先指出是以义养气,"至大至刚以直"是形容浩然之气,为"气之体"。对于"配义与道",程颐从体用的角度提出"配道言其体,配义言其用"。道德形容浩然之气的本体,义形容具体的发用,体用兼举。"知言养气",程颐认为知言就是知道。孟子不欲直截言"知道",故使用比较含蓄的说法"知言"。浩然之气的存养首先在于学者知道,"然后可以养气"。

孟子有关气的另外一个重要观念就是"夜气","梏之反复,则其夜气不足以存。夜气不足以存,则其违禽兽不远矣"(《孟子·告子上》)。程颐认为夜气是指清浊而言的形下之气,"只是言休息时气清耳"。平旦之时,"未

---

① 《程氏遗书》卷二十二上,《二程集》,第289页。

与事接",人心没有杂事之牵扰,"亦清"。比如早晨读书便记得,亦是气清之功效。周恭先又提问孔子所说的"血气","君子有三戒:少之时,血气未定,戒之在色;及其壮也,血气方刚,戒之在斗;及其老也,血气既衰,戒之在得"(《论语·季氏》)。程颐提出如《中庸》中孔子所说"宽柔以教,不报无道,南方之强也,君子居之。衽金革,死而不厌,北方之强也,而强者居之"。在程颐看来,南方人柔弱,但是称之强,是义理之强,君子居之。北方人强悍,则是备气之强,小人居之。显然程颐称赞南方的义理之强。因此对于孔子所说的君子三戒,即当以义理克服血气之偏。这里通过对夜气、血气的解释,程颐并不否定气对于人之行为的影响。夜气清明,有利于学者之行。血气偏差,有害于学者之利。但是根本上,程颐要求学者时刻以义理为主导,"要理义胜之",纠正气之偏差。

9 问:"《春秋》书日食,如何?"曰:"日食有定数,圣人必书者,盖欲人君因此恐惧修省,如治世而有此变,则不能为灾,乱世则为灾矣。人气血盛,虽遇寒暑邪秽,不能为害;其气血衰,则为害必矣。"①

虽然此则材料中,程颐以人之气血比喻世之治乱,人气血衰,遇寒暑邪秽必为害,乱世有日食之变,亦必为灾害。学者在平时培养血气,一定程度上可以减轻外物的纷扰。人君"恐惧修省",即使有日食之变亦不为灾。程颐一方面强调气之外在作用,另一方面极力破除气之背后的神秘性。

52 又问六天之说。曰:"此起于谶书,郑玄之徒从而广之甚可笑也。帝者,气之主也。东则谓之青帝,南则谓之赤帝,西则谓之白帝,西则谓之黑帝,中则谓之黄帝。岂有上帝而别有五帝之理?此因《周礼》言祀昊天上帝,而后又言祀五帝亦如之,故诸儒附此说。"又问:"《周礼》之说果如何?"曰:"《周礼》中说祭祀,更不可考证。六天之说,正与

---

① 《程氏遗书》卷二十二下,《二程集》,第299页。

今人说六子是乾、坤退居不用之时同也。不知才乾、坤外,甚底是六子?譬如人之四肢,只是一体耳。学者大惑也。"①

53 又问:"郊天冬至当卜邪?"曰:"冬至祭天,夏至祭地,此何待卜邪?"又曰:"天与上帝之说如何?"曰:"以形体言之谓之天,以主宰言之谓之帝,以功用言之谓之鬼神,以妙用言之谓之神,以性情言之谓之乾。"②

54 又问:"《易》言'知鬼神之情状',果有情状否?"曰:"有之。"又问:"既有情状,必有鬼神矣。"曰:"《易》说鬼神,便是造化也。"又问:"如名山大川能兴云致雨,何也?"曰:"气之蒸成耳。"又问:"既有祭,则莫须有神否?"曰:"只气便是神也。今人不知此理,才有水旱,便去庙中祈祷。不知雨露是甚物,从何处出,复于庙中求耶?名山大川能兴云致雨,却都不说着,却只于山川外木土人身上讨雨露,木土人身上有雨露耶?"又问:"莫是人自兴妖?"曰:"只妖亦无,皆人心兴之也。世人只因祈祷而有雨,遂指为灵验耳。岂知适然?某尝至泗州,恰值大圣见。及问人曰:'如何形状?'一人曰如此,一人曰如彼,只此可验其妄。兴妖之人皆若此也。昔有朱定,亦尝来问学,但非信道笃者,曾在泗州守官,值城中火,定遂使兵士舁僧伽避火。某后语定曰:'何不舁僧伽在火中?若为火所焚,即是无灵验,遂可解天下之惑。若火遂灭,因使天下人尊敬可也。此时不做事,待何时邪?'惜乎定识不至此。"③

以上三则材料皆为谢天申所问,程颐以天理之说破除各种迷信。程颐指出:"帝者,气之主也。"上帝以外的青帝、赤帝、白帝、黑帝、黄帝,不过是对昊天上帝的不同描述而已,绝非昊天上帝以外还有其他五帝。程颐所谓的上帝,亦不过天理、天道的别称而已。程颐指出,以天理涵盖世间万物而言,可称之为天。以天理主宰万事万物而言,可称之为帝。以天理之功用、造化

---

① 《程氏遗书》卷二十二上,《二程集》,第287页。
② 《程氏遗书》卷二十二上,《二程集》,第288页。
③ 《程氏遗书》卷二十二上,《二程集》,第288页。

万物而言,可称之为鬼神。以天理不可测之妙用而言称之为神,以性情而言称之为乾。天、帝、鬼神、乾坤,都不过是对天道、天理的不同称谓而已。

程颐进一步破除对气的神秘感,指出"名山大川能兴云致雨",不过是"气之蒸成","只气便是神也。"换言之,不是天地之气以外存在人格化的神或上帝,气的内在之理本身就是神。程颐反问,天旱之时去庙中祈祷,难道庙中的"木土人身上有雨露耶?"所谓的鬼神、妖怪,都不过是人心被迷惑,或者偶然的巧合而已,人们于是相信神秘的鬼神。程颐提到一位信道不笃的问学者朱定,对于人们抬僧伽避火之事,讽刺道何不将僧伽放于火中,以验其是否可信?程颐认为,确信形而上的天理就必须破除对于形而下之鬼神的迷信,二程思想更显得难能可贵。

63 棣问:"福善祸淫如何?"曰:"此自然之理,善则有福,淫则有祸。"又问:"天道如何?"曰:"只是理,理便是天道也。且如说皇天震怒,终不是有人在上震怒?只是理如此。"又问:"今人善恶之报如何?"曰:"幸不幸也。"①

唐棣提问一般人的基本观念"天道福善祸淫"(《尚书·汤诰》),程颐明确指出"善则有福,淫则有祸",不过是普遍的"自然之理"。程颐再次强调"理便是天道","皇天震怒"(《尚书·泰誓》)亦不过是形容理之表现而已,而非人格化的神在震怒。对于普通人困扰的"善恶之报",即所谓德福不一的问题,程颐指出这不过是"幸不幸",即机遇的问题。福善祸淫是自然之理,然而现实中的福报是否出现,则有命数的影响。程颐认为学者对此不应过分计较,不然即是仍有功利之心。程颐不仅要破除学者心中的神秘观念,还要强调学者行为由理而发的绝对性。

综上可见,气是二程解释现实世界各种差异的重要概念,但是程颐反复强调主宰气的天理、天道。另外对于各种自然现象、人之祸福,程颐努力去

---

① 《程氏遗书》卷二十二上,《二程集》,第290页。

除其中的神秘成分,指出学者应当穷理,以天理规范行为。

(四) 圣人气象

在为学的工夫论中,程颐特别要求学者"凡看文字,非只是要理会语言,要识得圣贤气象。""学者须要理会得圣贤气象。"①学者内在修养的不同,自然会表现出气象的不同,体认并培养这种气质是学者为学的重要目标。

56 用休问"老者安之,少者怀之,朋友信之。"曰:"此数句最好。先观子路、颜渊之言,后观圣人之言,分明圣人是天地气象。"②

谢天申提出孔子所说"老者安之,少者怀之,朋友信之"(《论语·公冶长》),程颐指出"此数句最好",仅此就可以看出孔子是"天地气象"。

17 子文问:"'师也过,商也不及',如论交,可见否?"曰:"气象间亦可见。"又曰:"子夏、子张皆论交,子张所言是成人之交,子夏是小子之交。"又问:"'主忠信,毋友不如己者',如何?"曰:"毋友不忠信之人。"③

对于潘旻所问"师也过,商也不及",程颐肯定二人论交友之不同,"气象间亦可见"。子张所说"君子尊贤而容众,嘉善而矜不能",此是成人之交。子夏所说"可者与之,其不可者拒之"(《论语·子张》),此是小子之交。二人学行修养之不同,同样在气质上有所反映。

31 亨仲问:"'自反而缩',如何?"曰:"缩只是直。"又问曰:"北宫黝似子夏,孟施舍似曾子,如何?"曰:"北宫黝之养勇也,必为而已,未若

---

① 《程氏遗书》卷二十二上,《二程集》,第283—284页。
② 《程氏遗书》卷二十二上,《二程集》,第288页。
③ 《程氏遗书》卷二十二上,《二程集》,第279页。

舍之能无惧也。无惧则能守约也。子夏之学虽博，然不若曾子之守礼为约，故以黝为似子夏，舍似曾子也。"①

另外对于子夏和曾子之不同，孟子提出"孟施舍似曾子，北宫黝似子夏"（《孟子·公孙丑上》）。程颐指出北宫黝虽然勇于必为，但只是气勇，未能如孟施舍无惧。子夏的不及曾子之处亦仅是学问广博，未能如曾子一样守礼为约，行为无不合于道，"自反而缩"，直道而行，"虽千万人吾往矣。"学者修养之不同，在气象言语上都有差异。因而程颐不断要求学者，"于《论》《孟》中深求玩味"，变化气质。② 而且程颐肯定学者变化气质以至圣人的可能。

70　陈贵一问："人之寿数可以力移否？"曰："盖有之。"棣问："如今人有养形者，是否？"曰："然，但甚难。世间有三件事至难，可以夺造化之力：为国而至于祈天永命，养形而至于长生，学而至于圣人。此三事，功夫一般分明，人力可以胜造化，自是人不为耳。故关朗有'周能过历，秦止二世'之说，诚有此理。"③

程颐指出"为国而至于祈天永命，养形而至于长生，学而至于圣人"，虽然至难，但是只要学者用功，"人力可以胜造化"。总之，程颐强调有德之人自然会在言语和行为上表现出相应的气象，察识圣人气象蕴含之理，于《论语》《孟子》等书中学者深求玩味，变化气质，最终能够生成圣贤气象，达到圣人的地位。人皆可以为尧舜，甚至人力可以胜造化，这是二程的基本观点。

（五）颜子

二程最推崇楷模就是颜子，在各种问答中对其不吝赞美。

---

① 《程氏遗书》卷二十二上，《二程集》，第282页。
② 《程氏遗书》卷二十二上，《二程集》，第279页。
③ 《程氏遗书》卷二十二上，《二程集》，第291页。

12 又问:"颜子如何学孔子到此深邃?"曰:"颜子所以大过人者,只是得一善则拳拳服膺,与能屡空耳。"棣问:"去骄吝,可以为屡空否?"曰:"然。骄吝最是不善之总名。骄,只为有己。吝,如不能改过,亦是吝。"①

此条首先为周恭先所问,颜子学孔子深邃,这已是当时儒者的共识。孔子强调,颜子"大过人者"在于"回之为人也,择乎中庸,得一善,则拳拳服膺而弗失之矣"(《中庸》),以及"回也其庶乎!屡空"(《论语·先进》)。对于颜子屡空,唐棣继续提出孔子所说"如有周公之才之美,使骄且吝,其余不足观也已!"(《论语·泰伯》)屡空之德是否与骄吝之弊相对?程颐指出,骄为有己,吝为不能改过,学者自身有弊病却不能改,"最是不善之总名"。颜子得善弗失还能屡空,这是颜子的重要德行。

32 棣问:"'考仲子之宫',非与?"曰:"圣人之意又在下句,见其'初献六羽'也。言初献,则见前此八羽也。《春秋》之书,百王不易之法。三王以后,相因既备,周道衰,而圣人虑后世圣人不作,大道遂坠,故作此一书。此义,门人皆不得闻,惟颜子得闻,尝语之曰:'行夏之时,乘殷之辂,服周之冕,乐则韶舞'是也。此书乃文质之中,宽猛之宜,是非之公也。"②

《左传》中所说"九月,考仲子之宫。初献六羽"。程颐强调"《春秋》之书,百王不易之法","周道衰,而圣人虑后世圣人不作,大道遂坠,故作此一书"。然而孔子的用意,"惟颜子得闻"。对于颜子问"为邦",孔子指出"行夏之时,乘殷之辂,服周之冕,乐则韶舞"(《论语·卫灵公》),就是对颜子指出"百世不易之法",进一步强调颜子在孔门的重要性。

---

① 《程氏遗书》卷二十二上,《二程集》,第279页。
② 《程氏遗书》卷二十二上,《二程集》,第283页。

45　棣问:"'退而省其私,亦足以发',如何?"曰:"孔子退省其中心,亦足以开发也。"又问:"岂非颜子见圣人之道无疑欤?"曰:"然也。孔子曰:'一以贯之。'曾子便理会得,遂曰:'唯',其他门人便须辩问也。"①

孔子称赞颜子"吾与回言终日,不违如愚。退而省其私,亦足以发。回也不愚"(《论语·为政》)。程颐肯定,颜子"不违如愚"正是其"见圣人之道无疑"的表现。程颐以孔子所说"吾道一以贯之"为例,曾子仅回答"唯",正是其已经领会孔子之道的表现。

程颐强调程颐具备"屡空"之德,孔子之道亦颜子得闻,唯颜子无疑。通过颜子形象的树立,程颐要求学者以颜子为榜样,培养自身道德。

(六) 子贡

孔子的门人中,子贡非常重要,但后世对其亦充满争议。《论语》中,孔子"一以贯之"之说只对曾子、子贡二人说过。然而子贡货殖、方人之弊,屡受孔子的批评。子贡的学行修养,程颐评价很高。

4　先生曰:"孔子弟子,颜子而下,有子贡。"伯温问:"子贡,后人多以货殖短之。"曰:"子贡之货殖,非若后世之丰财,但此心未去耳。"(周恭先字伯温)②

"颜子而下,有子贡",在程颐看来,孔门弟子中子贡仅次于颜子。对于"赐不受命,而货殖焉,亿则屡中"(《论语·先进》)的批评,程颐认为子贡所为绝非"后世之丰财",只是尚存计较之心,不如颜子纯粹。

34　亨仲问:"'吾与女弗如也'之与,比'吾与点也'之与,如何?"

---

① 《程氏遗书》卷二十二上,《二程集》,第285页。
② 《程氏遗书》卷二十二上,《二程集》,第277页。

曰:"与字则一般,用处不同。孔子以为'吾与女弗如'者,勉进学者之言。使子贡喻圣人之言,则知勉进己也;不喻其言,则以为圣人尚不可及,不能勉进,则谬矣。"①

郑刚中提问孔子对子贡所说"吾与女弗如也"(《论语·公冶长》)以及对曾皙所说"吾与点也"(《论语·先进》),程颐认为"与"字的辨析并非紧要问题,关键是理解何以孔子对子贡说"吾与女弗如也"。不难看出,程颐将"与"字作和的意思解,孔子与子贡皆不如颜子。程颐认为这是孔子勉进子贡,需要学者自身晓喻而勉进。

32　曰"予欲无言",盖为子贡多言,故告之以此。②
85　"我不欲人之加诸我,吾亦欲无加诸人",正《中庸》所谓"施诸己而不愿,亦勿施于人"。③

《论语》中孔子批评子贡之处非常多,以上两则材料所示,对于孔子所说"予欲无言",子贡紧张地担心"子如不言,则小子何述焉?"孔子表示"天何言哉?四时行焉,百物生焉,天何言哉?"(《论语·阳货》)前文所述,孔门的两位重要弟子颜子、曾子都有"不违如愚"和只曰"唯"的记载,而子贡却担心言语之不足,足见子贡之学行尚有不足。

另外,孔子对子贡和仲弓要求"己所不欲,勿施于人"(《论语·卫灵公》《论语·颜渊》)。然而子贡表示"我不欲人之加诸我,吾亦欲无加诸人",程颐表示与《中庸》所说"忠恕违道不远,施诸己而不愿,亦勿施于人"一致,但是孔子却直接否定:"赐也,非尔所及也。"(《论语·公冶长》)此则材料的记载仅到此为止,但不难推测,在程颐看来这既是孔子对子贡的批评,也是对子贡的勉进之语,亦可见孔子对子贡的期许。

---

① 《程氏遗书》卷二十二上,《二程集》,第283页。
② 《程氏遗书》卷二十二下,《二程集》,第303页。
③ 《程氏遗书》卷二十二上,《二程集》,第295页。

16　用休问:"夫子贤于尧、舜,如何?"子曰:"此是说功。尧、舜治天下,孔子又推尧、舜之道而垂教万世。门人推尊,不得不然。"伯温又问:"尧、舜非孔子,其道能传后世否?"曰:"无孔子,有甚凭据处?"①

对于宰我、子贡、有若三人称赞孔子,"宰我曰:'以予观于夫子,贤于尧舜远矣。'子贡曰:'见其礼而知其政,闻其乐而知其德。由百世之后,等百世之王,莫之能违也。自生民以来,未有夫子也。'有若曰:'岂惟民哉!麒麟之于走兽,凤凰之于飞鸟,泰山之于丘垤,河海之于行潦,类也。圣人之于民,亦类也。出于其类,拔乎其萃。自生民以来,未有盛于孔子也。'"(《孟子·公孙丑上》)谢天申等人质疑是否过誉。程颐进行辩护,表示如孔子"贤于尧舜远矣"等说法,不过是门人推尊之语。孔子继承尧舜之道,并将其传之后世。而且没有孔子的话,尧舜之道亦将晦暗不明,难于被后人所了解。就此而言,"夫子贤于尧舜""生民未有"之说,亦不为过。

综上可见,子贡的言行固然有未及颜子之处,且常被孔子批评,但是对于子贡的品行程颐予以肯定。子贡绝非后世的货殖唯利之人,其求道卫道之心亦可为儒者之榜样。

(七) 子路

与子贡一样常受孔子批评的就是子路,甚至孔子称子路"升堂矣,未入于室也"(《论语·先进》)对其学问德行有所不满。

5　潘子文问"由之瑟,奚为于丘之门",如何?曰:"此为子路于圣人之门有不和处。"伯温问:"子路既于圣人之门有不和处,何故学能至于升堂?"曰:"子路未见圣人时,乃暴悍之人,虽学至于升堂,终有不和处。"(潘旻字子文。)②

---

① 《程氏遗书》卷二十二上,《二程集》,第279页。
② 《程氏遗书》卷二十二上,《二程集》,第277页。

程颐认为,虽然子路于孔门有不和之处,这是由于未从学于孔子之时,性格暴悍。从学之后,以理修身,变化气质,虽然能够升堂,但"终有不和处",故"未入于室也"。仅从本章程颐的观点分析,子路暴悍乃其所禀之气,但是子路在孔门能够以理修身,逐渐去除以往的暴悍之气。

  31 子路"片言可以折狱",故鲁愿与小邾,射盟,而射止愿得季路一言,乃其证也。①
  27 孔子愿乘桴浮于海,居九夷,皆以天下无一贤君,道不行,故言及此尔。子路不知其意,便谓圣人行矣。"无所取材",言其不能斟酌也。②

孔子称赞子路"片言可以折狱"(《论语·颜渊》),子路之才有可取之处。孔子称"道不行,乘桴浮于海。从我者其由与?""由也,好勇过我,无所取材"。(《论语·公冶长》)程颐认为,孔子只是叹惜"天下无一贤君,道不行",但是子路不能领会孔子之意,以为孔子有意愿"乘桴浮于海,居九夷"。可见与颜子、曾子相比,子路之学行修养仍有不及,不能斟酌领会孔子的言外之意。

在程颐看来,子贡、子路之才皆有难能可贵之处,但是整体的品德修养不及颜子、曾子。尤其"子路好勇"的解释可见,程颐贯彻学以变化气质的思想,正是子路问学孔子,循道而为,才能变化其暴悍之气。

(八)孟子

入宋以后,孟子在儒家的地位逐步升。从问学者的提问可见,此时已有观点认为孟子可以比肩孔子。

  18 棣问:"使孔、孟同时,将与孔子并驾其说于天下邪?将学孔子

---

① 《程氏遗书》卷二十二下,《二程集》,第303页。
② 《程氏遗书》卷二十二下,《二程集》,第302—303页。

邪?"曰:"安能并驾?虽颜子亦未达一间耳。颜、孟虽无大优劣,观甚立言,孟子终未及颜子。昔孙莘老尝问颜、孟优劣,答之曰:'不必问,但看其立言如何。凡学者读其言便可以知其人,若不知其人,是不知言也。'"①

程颐坚决反对孟子能够与孔子并驾其说于天下的观点,指出莫若孟子,即使颜子与孔子相比"亦未达一间耳",仍有所不足。况且与颜子相比,"孟子终未及颜子"。程颐回忆曾对孙觉说,学者不必计较颜、孟的优劣,关键是从颜、孟之言体会其用意,想见其人。如果未能真正地想见其人,亦是未能真正理解文本。这一思想显然就是上文讨论的察识圣贤气象。

36 贵一问:"齐王谓时子欲养弟子以万钟,而使国人有所矜式,孟子何故拒之?"曰:"王之意非尊孟子,乃欲赂之尔,故拒之。"②

对于陈经正所问齐王"欲中国而授孟子室,养弟子以万钟,使诸大夫国人皆有所矜式"(《孟子·公孙丑下》),程颐指出孟子拒绝的原因在于齐王并非真正地尊崇孟子之道,践行孟子主张的仁政,只是以"使国人有所矜式"的借口,用金钱的方式笼络人心而已。可见程颐的解读不被文本本身所限制,而是以天道的标准想见孟子之本意,这也是二程反复强调的读书之方。

61 又问:"《金縢》,周公欲代武王死,如何?"曰:"此只是周公之意。"又问:"有此理否?"曰:"不问有此理无此理,只是周公人臣之意,其辞则不可信,只是本有此事,后人自作文足此一篇。此事与舜喜象意一般,须详看舜、周公用心处。《尚书》文颠倒处多,如《金縢》尤不可信。"③

---

① 《程氏遗书》卷二十二上,《二程集》,第280页。
② 《程氏遗书》卷二十二上,《二程集》,第283页。
③ 《程氏遗书》卷二十二上,《二程集》,第290页。

《尚书·金縢》记载周公欲代武王而死,"以旦代某之身",程颐认为将其看作"周公人臣之意"即可,具体的记载则不可全信。即使是《尚书》中秦博士伏生所传,列入今文尚书的《金縢》篇,程颐也认为"《金縢》尤不可信",该篇只是后人依据周公祈祷之事的伪作。程颐提出《孟子》所载舜完廪浚井之事,学者只须由此体会舜喜象意的用心即书,不必实信其事。在《程氏遗书》其他地方的记载中,程颐完全否定此事的真实性,认为只是后人捏造。程颐对文献记载真实性的判定并非出于考证,完全依据理之标准,而不必拘泥于文献本身,这也是洛学解经的显然特征。

23 思叔问:"孟子言'善推其所为',是欤?"曰:"圣人则不待推。"①

对于孟子所说"古之人所以大过人者无他焉,善推其所为而已矣"(《孟子·梁惠王上》),程颐表示"圣人则不待推",如舜"由仁义行"(《孟子·离娄下》),外在的行为直接由内心之理而发,故不待推,这也是圣人境界的一种表达。事实上,"推"是程颐强调为学之方,对于普通学者而言"善推其所为"仍然是重要的工夫方法。

由以上程颐对孟子相关的诠释来看,程颐的观点在他人看来不免有武断之处,但是从道学的角度而言,相较于文献本身,领悟文献中所载之道才是最关键的。程颐解释的目的不在于文献本身,而是借此使学者了解孔孟之道,这是道学文献解释的重要特征。

三 四书体系的建立与四书解释

以上分析已可看出,无论学者提问还是程颐回应,全部是依据四书的资料展开。在程颐晚年的思想中,四书体系已经基本形成。对于四书的具体内容,程颐亦有自己独特的解释。由《四书章句集注》可见,朱熹亦是有选择

---

① 《程氏遗书》卷二十二下,《二程集》,第302页。

地采纳。

(一) 四书体系

四书不仅是阐发道学思想的重要材料,还是学者为学的经典体系。本卷第 1 条即提出《大学》《论语》《孟子》的重要性。

    1 棣初见先生,问"初学如何?"曰:"入德之门,无如《大学》。今之学者,赖有此一篇书存,其他莫如《论》《孟》。"①

唐棣回忆第一次程颐,程颐向其明确提出初学入德"无如《大学》",其次重要的则是《论语》和《孟子》。如果综合程颐晚年的材料,可以看出四书的为学体系已经非常成熟。

    2 修身,当学《大学》之序。《大学》,圣人之完书也,其间先后失序者,已正之矣。②

    61 《礼记》除《中庸》《大学》,唯《乐记》为最近道,学者深思自求之。《礼记》之《表记》,其亦近道矣乎!其言正。③

    54 学者当以《论语》《孟子》为本。《论语》《孟子》既治,则六经可不治而明矣。读书者,当观圣人所以作经之意,与圣人所以用心,与圣人所以至圣人,而吾之所以未至者,所以未得者,句句而求之,昼诵而味之,中夜而思之,平其心,易其气,阙其疑,则圣人之意见矣。④

程颐强调《大学》为"圣人之完书",修身应以其为本。《礼记》中与《大学》同等紧要的即《中庸》,其次则为《乐记》《表记》。《大学》《中庸》以外,学者应从《论语》《孟子》开始,若能了解其中之深意,"则六经可不治而明

---

① 《程氏遗书》卷二十二上,《二程集》,第 277 页。
② 《程氏遗书》卷二十四,《二程集》,第 311 页。
③ 《程氏遗书》卷二十五,《二程集》,第 323 页。
④ 《程氏遗书》卷二十五,《二程集》,第 322 页。

矣"。对于学者为学而言,四书具有基础性意义。

  3 《论语》是孔门高弟所撰,观其立言,直是得见圣人处。如"闵子侍侧,誾誾如也;子路行行如也,冉有、子贡侃侃如也,子乐。"不得圣人处,怎生知得子乐?誾誾、行行、侃侃,亦是门人旁观见得。如"子温而厉,威而不猛,恭而安",皆是善观圣人者。①

对于《论语》,程颐强调其为孔子高足所撰。程颐以孔子门人各自的气象为例,指出只有了解孔子之人,才能察知"子乐"(《论语·先进》)。另外,"子温而厉,威而不猛,恭而安"(《论语·述而》)的描述,也是"善观圣人"的弟子所记。程颐强调《论语》中的记述非常重要,理应为学者所重视。

  3 善读《中庸》者,只得此一卷书,终身用不尽也。②
  90 《中庸》之书,学者之至也,而其始则曰:"戒慎乎其所不睹,恐惧乎其所不闻。"盖言学者始于诚也。③
  82 曾子言夫子之道忠恕,果可以一贯,若使他人言之,便未足信,或未尽忠恕之道,曾子言之,必是尽仍是。又于《中庸》特举此二义,言"忠恕违道不远",恐人不喻,故指而示之近,欲以喻人,又如禘尝之义,如视诸掌,《中庸》亦指而示之近,皆是恐人不喻,故特语之详。然则《中庸》之书,决是传圣人之学不杂,子思恐传授渐失,故著此一卷书。④
  129 《中庸》之书,是孔门传授,成于子思。⑤

程颐认为子思为《中庸》之作者,对于学者而言《中庸》"乃学者之至",

---

① 《程氏遗书》卷二十三,《二程集》,第 305 页。
② 《程氏遗书》卷十七,《二程集》,第 174 页。
③ 《程氏遗书》卷二十五,《二程集》,第 325 页。
④ 《程氏遗书》卷十五,《二程集》,第 153 页。
⑤ 《程氏遗书》卷十五,《二程集》,第 160 页。

"只得此一卷书,终身用不尽也"。之所以能如此,就在于《中庸》"传圣人之学不杂"。以忠恕为例,《论语》中曾子指出:"夫子之道,忠恕而已矣!"(《论语·里仁》)《中庸》中则进一步提出"忠恕违道不远",并详细加以解释。而且《中庸》是子思担心孔子之道失传,特别书写下的,显然具有更加重要的意义。在程颐的思想中,《大学》《论语》《孟子》《中庸》的为学体系已然成型。

与"六经"相比,程颐认为"四书"对于学者体道而言更加重要。

148 学《春秋》亦善,一句是一事,是非便见于此,此亦穷理之要。然他经岂不可以穷?但他经论其义,《春秋》因其行事,是非较着,故穷理为要。尝语学者,且先读《论语》《孟子》,更读一经,然后看《春秋》。先识得个义理,方可看《春秋》。《春秋》以何为准?无如《中庸》。欲知《中庸》,无如权,须是时而为中。若以手足胼胝,闭户不出,二者之间取中,便不是中。若当手足胼胝,则于此为中;当闭户不出,则于此为中。权之为言,秤锤之义也。何物为权?义也。然也只是说得到义,义以上更难说,在人自看如何。①

程颐指出《春秋》言事,"一句是一事,是非便见于此,此亦穷理之要"。与其他经论相比,因为《春秋》是针对具体之事而言,更容易体认背后之道。但是,要培养由事体道的能力,程颐认为要由《论语》《孟子》开始,"先识得个义理"。再读《中庸》,以此为准,以此批判《春秋》所载之事。可见对于程颐而言,"四书"不仅是学者为学的引导书,也是义理判断的基准。

96 周伯温见先生,先生曰:"从来觉有所得否?学者要自得。六经浩渺,乍来难尽晓,且见得路径后,各自立得一个门庭,归而求之可矣。"伯温问:"如何可以自得?"曰:"思。'思曰睿,睿作圣',须是于思虑闲得之,大抵只是一个明理。"棣问:"学者见得这道理后,笃信力行

---

① 《程氏遗书》卷十五,《二程集》,第164页。

时,亦有见否?"曰:"见亦不一,果有所见后,和信也不要矣。"又问:"莫是既见道理,皆是当然否?"曰:"然。凡理之所在,东便是东,西便是西,何待信?凡言信,只是为彼不信,故见此是信尔。孟子于四端不言信,亦可见矣。"①

程颐向周恭先强调,"学者要自得"。如何自得?程颐提出"六经浩渺,乍来难尽晓",暗含之意即学者应从"四书"入手,反复诵读,"于思虑闲得之"。四书之后,"见得路径后",再求六经之理。程颐强调,"凡理之所在,东便是东,西便是西",道理在四书之中,道理是都是确信无疑的。

程颐强调为学从四书入手,就是首先穷究四书中的义理。

2 先生曰:"古人有声音以养其耳,采色以养其目,舞蹈以养其血脉,威仪以养其四体。今之人只有理义以养心,又不知求。"②

程颐紧接着强调,古人修身有声音以养其耳,彩色以养其目,舞蹈以养其血脉,威仪以养其四体,但是这些皆已不传,只有《大学》《论语》《孟子》等书所载的义理仍可以养心,对于学者而言更显珍贵。值得注意的是,在张绎记录的卷二十一中,亦有同样的表述。

4 程子曰:"古之学者易,今之学者难。古人自八岁入小学,十五入大学,有文采以养其目,声音以养其耳,威仪以养其四体,歌舞以养其血气,义理以养其心。今则俱亡矣,惟义理以养其心尔,可不勉哉!"③

以上两则记录的内容几乎完全相同,程颐皆强调今唯有义理养心,由此更加突出以四书为首、承载义理的儒家经典的重要性。前文提到,张绎与唐

---

① 《程氏遗书》卷二十二上,《二程集》,第 296 页。
② 《程氏遗书》卷二十二上,《二程集》,第 277 页。
③ 《程氏遗书》卷二十一上,《二程集》,第 268 页。

棣有一同在程颐处问学的经历,或者是程颐对众人所说,或者是在不同的场合反复强调,可见这是程颐直到晚年反复强调的基本观念。

76　贵一问:"'兴于《诗》'如何?"曰:"古人自小讽诵,如今人讴唱,自然善心生而兴起。今人不同,虽老师宿儒,不知《诗》也。'人而不为《周南》《召南》',此乃为伯鱼而言,盖恐其未能尽治家之道尔。欲治国治天下,须先从修身齐家来。不然,则犹'正墙面而立。'"①

这里与陈经正(字贵一)的问答中涉及"兴于《诗》,立于礼,成于乐"(《论语·泰伯》)以及"子谓伯鱼曰:'女为《周南》《召南》矣乎?人而不为《周南》《召南》,其犹正墙面而立也与!'"(《论语·阳货》)如上所述,程颐强调"古人自小讽诵",有声音以养其耳,"自然善心生而兴起"。程颐所谓的养目、养耳、养四体、养血气,最终培养善心。程颐批评当时的"老师宿儒不知《诗》",就在于已不能领会诵诗以养心的目标。对于"人而不为《周南》《召南》",程颐强调这并非孔子之时人们已不讽诵《周南》《召南》,而是仅仅针对孔鲤(伯鱼)而言,担心其忽视学《诗》。《大学》所说治国、平天下,"须先从修身齐家来"。在程颐看来,修身即修心,又可称为养心、正心。

对于《大学》的具体问题,唐棣作了如下提问。

3　又问:"如何是格物?"先生曰:"格,至也,言穷至物理也。"又问:"如何可以格物?"曰:"但立诚意去格物,其迟速却在人明暗也。明者格物速,暗者格物迟。"②

程颐强调初学入德无如《大学》,唐棣提出《大学》八条目中最基本的格物问题。程颐解释格为至,格物就是"穷至物理",这最终成为朱熹采纳的格

---

① 《程氏遗书》卷二十二上,《二程集》,第293页。
② 《程氏遗书》卷二十二上,《二程集》,第277页。

物定说。但是唐棣又提问"如何可以格物?"程颐提出"立诚意去格物",学者之诚意是格物即穷至物理的前提,虽然有明暗迟速的不同,但诚意是不可或缺的。这与后世格物、致知、诚意、正心的工夫顺序稍有不同,程颐强调学者之诚意是格物工夫的一个前提。

10 棣问:"《礼记》言:'有忿懥、忧患、恐惧、好乐,则心不得其正。'如何得无此数端?"曰:"非言无,只言有此数端则不能以正心矣。"又问:"圣人之言可践否?"曰:"苟不可践,何足以垂教万世?"①

针对《大学》所说"所谓修身在正其心者,身有所忿惕则不得其正,有所恐惧则不得其正,有所好乐则不得其正,有所忧患则不得其正",唐棣继续提问学者如何去除人心之忿惕、恐惧、好乐与忧患。在程颐看来,忿惕、恐惧、好乐与忧患皆属人之情,情作为性的发用,本来不应完全排斥。情之所发应得其正,做到无过无不及,而非绝情去欲。程颐强调《大学》工夫的实践性,学者的目标不是情之无,而是做到情之和。程颐进而指出,以四书所言的义理养心,同时就包含学者践行的一面:"苟不可践,何足以垂教万世?"

19 又问:"《大学》知本,止说'听讼吾犹人也,必也使无讼乎?无情者不得尽其辞,大畏民志',何也?"曰:"且举此一事,其他皆要知本,听讼则必使无讼是本也。"②

对于《大学》解释"知本",程颐强调《大学》是以孔子所谓"听讼"为例,治国平天下的根本目标在于"无讼",这才是根本所在。其他事情都应以此类推,关键在于知道万事万物之根本,即本源之理。

程颐强调《大学》《中庸》《论语》《孟子》四书重要性的同时,反复向学

---

① 《程氏遗书》卷二十二上,《二程集》,第 278 页。与《程氏遗书》卷十九第 5 条相同。
② 《程氏遗书》卷二十二上,《二程集》,第 280 页。

者强调读书之法。

11　伯温问:"学者如何可以有所得?"曰:"但将圣人言语玩味久,则自有所得。当深求于《论语》,将诸弟子问处便作已问,将圣人答处便作今日耳闻,自然有得。孔、孟复生,不过以此教人耳。若能于《论》《孟》中深求玩味,将来涵养成甚生气质!"①

程颐提出重要的读书之法"将圣人言语玩味久,则自有所得"。具体而言,程颐要求学者将《论语》中孔子与门人的问答反复体会,将孔子门人的问题当作自己的问题,将孔子的回答当作对自己的要求,这样"自然有得"。简而言之,程颐主张学者就《论语》《孟子》两部书,深求玩味,涵养气质。

44　先生曰:"凡看《语》《孟》,且须熟玩味,将圣人言语切已,不可只作一场说话。人只看得此二书切已,终身尽多也。"②

该条中程颐再次提醒学者,看《论语》《孟子》两书,"且须熟玩味,将圣人言语切已","不可只作一场说话"。程颐指出,对于《论语》《孟子》两书绝不能只停留于文字表面的理解,而应深入文字背后的义理,切已体会。

37　用休问:"'温故而知新',如何'可以为师'?"曰:"不然。只此一事可师。如此等处,学者极要理会得。若只指认温故知新便可为人师,则窄狭却气象也。凡看文字,非只是要理会语言,要识得圣贤气象。如孔子曰:'盍各言尔志。'而由曰:'愿车马,衣轻裘,与朋友共,敝之而无憾。'颜子曰:'愿无伐善,无施劳。'孔子曰:'老者安之,朋友信之,少

---

① 《程氏遗书》卷二十二上,《二程集》,第279页。
② 《程氏遗书》卷二十二上,《二程集》,第285页。

者怀之。'观此数句,便见圣贤气象大段不同。若读此不见得圣贤气象,他处也难见。学者须要理会得圣贤气象。"①

程颐强调"学者须要理会得圣贤气象",这与前文所说"深求玩味""将圣人言语切己""见意"是一致的,学者读《论语》不能仅停留于文字表面。谢天申(用休)就"温故而知新"(《论语·为政》)提问,仅仅复习巩固已学知识就可以成为他人的老师吗?显然现实中也是不可能的。程颐指出仅仅是"温故知新"的行为可以成为他人的榜样,并非以此就是别人真正的教师。程颐强调关键是要注意语言背后的"圣贤气象"。同样以子路、颜渊、孔子各言其志(《论语·公冶长》)为例,程颐亦强调由各自的不同说法,以体会内在不同的境界、气象。

93 凡看文字,先须晓其文义,然后可求其意;未有文义不晓而见意者也。学者看一部《论语》,见圣人所以与弟子许多议论而无所得,是不易得也。读书虽多,亦奚以为?②

程颐没有忽略理解文字意思的作用,但更重要的则是会通文字背后之"意"。《论语》中孔子与弟子的议论,其背后无不蕴含着深刻的道理。只有领会这些道理,才是学者读书为会之意义所在。

79 先生云:"某自十七八读《论语》,当时已晓文义,读之愈久,但觉意味深长。《论语》,有读了后全无事者,有读了后其中得一两句喜者,有读了后知好之者,有读了后不知手之舞之足之蹈之者。"③

该条与下面一条皆源于《河南程氏遗书》卷十九,为杨时长子杨迪所记。

---

① 《程氏遗书》卷二十二上,《二程集》,第283—284页。
② 《程氏遗书》卷二十二上,《二程集》,第296页。
③ 《程氏遗书》卷十九,《二程集》,第261页。

杨迪问学程颐与唐棣基本同时。该条的文义与唐棣所录的第 93 条类似,程颐指出自己十七八岁时读《论语》,已晓文义。但是"读之愈久,但觉意味深长",只有长期地反复体悟,才能得知圣贤的义理,识得圣贤气象。程颐进而批评,"有读了后全无事者",如上文所述是"只作一场说话"。在程颐看来,这与不曾读是无异的。在"其中得一两句喜者""知好之者"之上,程颐认为最高的表现是"不知手之舞之足之蹈之者",这是真正识得圣贤气象,晓得其中义理而出现的。

80　今人不会读书。如"诵《诗》三百,授之以政,不达;使于四方,不能专对;虽多,亦奚以为?"须是未读《诗》时,授以政不达,使四方不能专对;既读《诗》后,便达于政,能专对四方,始是读《诗》。"人而不为《周南》《召南》,其犹正墙面而立。"须是未读《周南》《召南》,一似面墙;到读了后,便不面墙,方是有验。大抵读书,只此便是法。如读《论语》,旧时未读是这个人,及读了后又只是这个人,便是不曾读也。①

紧接上面一条,程颐读书真正地读书,领会其中之意,一定会表现在具体行为上。程颐提出"诵《诗》三百,授之以政,不达;使于四方,不能专对;虽多,亦奚以为?"(《论语·子路》)诵《诗》以了解圣人之意之人,必然能够做到"达于政""专对四方"。另外,程颐提出孔子对伯鱼所说"人而不为《周南》《召南》,其犹正墙面而立也与!"(《论语·阳货》)读《诗》之后,"便不面墙",能够更加通达,这才是真正的读书之效。由此可见,一方面程颐肯定儒家经典所蕴含的义理必然产生具体的发用。另一方面,能够在具体的实践中发挥义理,这才是读书切己、识得义理的表现。

88　又问:"'王者必世而后仁',何如?"曰:"三十日壮,有室之时,父子相继为一世。王者之效则速矣。"又问:"善人教民七年,亦可以即

---

① 《程氏遗书》卷十九,《二程集》,第 261 页。

戎矣。"曰:"教民战至七年,则可以即戎矣。凡看文字,如七年、一世、百年之事,皆当思其如何作为,乃有益。"①

对于孔子所说"如有王者,必世而后仁"(《论语·子路》)、"善人教民七年,亦可以即戎矣"(《论语·子路》)。程颐强调"凡看文字,如七年、一世、百年之事",不应当拘泥于具体的数字,而"当思其如何作为",即王者如何使民仁,善人如何教民战,这样才能有益,这也是程颐反复强调的读书之法,即寻求背后的道理。

对于学者为学而言,程颐认为最重要的就是"理义以养心"。在古人之声音、彩色、舞蹈、威仪都已不存,而且也难以恢复的情况下,如果要涵养气质,只能依赖经书中的义理。综上所述,如何以理义养义?显然在程颐看来,就是熟读"四书",切己体会。可见北宋徽宗朝初年程颐与门人的讲学中,"四书"的经典地位进一步得以提升,相对"五经"更具有基础性意义,影响了后世的儒家经典观念。

(二) 四书诠释

如上可见,程颐晚年的讲学内容几乎全部是围绕四书展开,某些解释在后人看来不免有牵强之处。朱熹《四书章句集注》成为后世四书解释的权威,虽然朱熹整体上认同程颐,但是对于程颐的四书解释并未完全接受。仅此卷而言,《四书章句集注》有引用而赞同,有不引程颐之说,更有与程颐解释不同之处,亦可见经典诠释的复杂性。下面将就本卷程颐的四书诠释,依次进行分析。

79 《乡党》分明画出一个圣人。

"出,降一等"是自堂而出降级,当此时,放气不屏,故"逞颜色"。"复其位",复班位之序。"过位"是过君之虚位。

"享礼有容色",此享燕宾客之时,有容色者,盖一在于庄,则情不通

---

① 《程氏遗书》卷二十二上,《二程集》,第295页。

也。"私觌"则又和悦矣。皆孔子为大夫出入起居之节。

"缁衣羔裘,素衣麑裘,黄衣狐裘",各有用。不必云缁衣是朝服,素衣是丧服,黄衣是蜡服。麑是鹿儿。"齐必有明衣布",欲其洁。明衣如今凉衫之类。缁衣、明衣,皆恶其文之着而为之也。

"非帷裳必杀之",帷裳固不杀矣,其他衣裳亦杀也。

"吉月必朝服而朝"者,子在鲁致仕时月朔朝也。

"乡人傩",古人以驱厉气,亦有此理,天地有厉气,而至诚作威严以驱之。

式凶服、负版,盖在车中。①

程颐称赞《论语·乡党》一篇"分明画出一个圣人"。二程反复强调《论语》为孔门高足所撰,孔门弟子善形容孔子,《乡党》篇对孔子言行的形象描述充分体现这一点。"乡人傩"一段,程颐强调此为"古人以驱厉气,亦有此理"。这与唐棣所问"福善祸淫",程颐指出为"自然之理"是一样的。对于各种神秘经验,程颐不是简单地肯定或否定,而是从天理的角度破除其神秘性,强调学者不应对此执着,这正是二程思想的可贵之处。

以下的解释,朱熹《四书章句集注》中继承发展程颐的解释。

55 贵一问:"日月有明,容光必照。"曰:"日月之明有本,故凡容光必照;君子之道有本,故无不及也。"②

陈经正提问孟子所说"日月有明,容光必照"(《孟子·尽心上》),程颐提出"日月之明有本",所以能够"容光必照"。进而程颐要求"君子之道有本",才能于万事万物"无不及"。朱熹继承程颐所说君子之道有本的解释,

---

① 《程氏遗书》卷二十二上,《二程集》,第294页。
② 《程氏遗书》卷二十二上,《二程集》,第288页。

提出"明者,光之体;光者,明之用也","此章言圣人之道大而有本,学之者必以其渐,用能至也"。① 朱熹进一步以体用的观念说明程颐"君子之道有本"的观念,完善道学的理论体系。

60 又问:"'吾不复梦见周公',如何?"曰:"孔子初欲行周公之道,至于梦寐不忘;及晚年不遇、哲人将萎之时,自谓不复梦见周公矣。因此说梦便可致思,思圣人与众人之梦如何?梦是何物?""高宗梦得说,如何?"曰:"此是诚意所感,故形于梦。"②

周恭先提问孔子的感叹"甚矣,吾衰也! 久矣,吾不复梦见周公"(《论语·述而》)。程颐表示孔子早年"欲行周公之道,至于梦寐不忘","晚年不遇、哲人将萎之时",不复梦见周公。程颐表示,该章的重点不在于何以孔子晚年不梦周公,而是为何孔子会有周公之梦,众人则无此梦,关键在于孔子之志,欲行周公之道。传说的商高宗梦得傅说,亦是"诚意所感",自然会有此梦。在程颐看来,学者读此之时应当体会圣人之用心,而非拘泥于梦的体验。对该章的理解,朱熹与程颐相同。但是程颐要求学者"思圣人与众人之梦如何",体会圣人之用心,则不见于《集注》,此处亦体现了《语录》体内容灵活的魅力。

77 或问:"'伯夷、叔齐不念旧恶'如何?"曰:"观其清处,其衣冠不正,便望望然去之,可谓隘矣,疑若有恶矣,然却能不念旧恶,故孔子特发明其情。武王伐纣,伯夷只知君臣之分不可,不知武王顺天命诛独夫也。"问:"武王果杀纣否?"曰:"武王不曾杀纣,人只见《洪范》有'杀纣'字尔。武王代纣而纣自杀,亦须言杀纣也。向使纣曾杀帝乙,则武王却须杀纣也。石曼卿有诗,言伯夷'耻居汤、武干戈地,来死唐、虞揖

---

① 朱熹:《四书章句集注》,第356页。
② 《程氏遗书》卷二十二上,《二程集》,第289页。

让墟',亦有是理。首阳乃在河中府虞乡也。"问:"不食周粟如何?"曰:"不食禄耳。"①

孔子说:"伯夷、叔齐不念旧恶,怨是用希。"(《论语·公冶长》)孟子提道"伯夷非其君不事,非其友不友。不立于恶人之朝,不与恶人言;立于恶人之朝,与恶人言,如以朝衣朝冠坐于涂炭。推恶恶之心,思与乡人立,其冠不正,望望然去之,若将浼焉。是故诸侯虽有善其辞命而至者,不受也。不受也者,是亦不屑就已。……伯夷隘。"(《孟子·公孙丑上》)"伯夷,圣之清者也。"(《孟子·万章下》)程颐认为,孔子赞赏的就是伯夷能够"不怨旧恶"。但是,阻止武王伐纣,程颐表示"伯夷只知君臣之分不可,不知武王顺天命诛独夫"。对于《书序》中提到"武王胜殷,杀受(纣)",程颐认为"武王代纣而纣自杀,亦须言杀纣也"。伯夷、叔齐不食周粟,程颐认为"不食禄"。《四书章句集注》中,朱熹基本继承了程颐的观点。

80 居敬则自然简。"居简而行简",则似乎简矣,然乃所以不简。盖先有心于简,则多却一简矣。居敬则心中无物,是乃简也。②

"敬"是程颐工夫论思想的重要概念,本章中周恭先提问"心术最难,如何执持?"程颐的回答就是"敬",③以敬排除外在事物的纷扰。根据冉雍所说"居敬而行简",程颐提出"居敬则自然简"。相反"居简而行简",刻意而为,先有心于简,反而"不简"。程颐强调"居敬则心中无物",不受外物干扰,心纯于天理,才可称为简。在敬的论述上,朱熹完全赞成程颐所言,《集注》中亦引用此段材料。

83 公山弗扰、佛肸召子,子欲往者,圣人以天下无不可与有为之人,

---

① 《程氏遗书》卷二十二上,《二程集》,第293页。
② 《程氏遗书》卷二十二上,《二程集》,第294页。
③ 《程氏遗书》卷二十二上,《二程集》,第279页。

亦无不可改过之人，故欲往。然终不往者，知其必不能改也。子路遂引"亲于其身为不善"为问，孔子以坚白匏瓜为对。"系而不食"者，匏瓜系而不为用之物，"不食"，不用之义也。匏瓜亦不食之物，故因此取义也。①

对于"公山弗扰以费畔，召，子欲往。子路不说"(《论语·阳货》)以及"佛肸召，子欲往"(《论语·阳货》)，程颐指出其原因是"圣人以天下无不可与有为之人，亦无不可改过之人，故欲往。然终不往者，知其必不能改也"。这一段程颐的解释，被朱熹在《集注》中完整引用。朱熹还引张栻所说："然夫子于公山、佛肸之召皆欲往者，以天下无不可变之人，无不可为之事也。其卒不往者，知其人之终不可变而事之终不可为耳。一则生物之仁，一则知人之智也。"②张栻的解释亦与程颐一致，认为孔子欲往为"生物之仁"，不往为"知人之智也"，称赞孔子仁且智之德。

87　或问："善人之为邦，如何可胜残去杀？"曰："只是能使人不为不善。善人，'不践迹亦不入于室'之人也。'不践迹'是不践己前为恶之迹，然未入道也。"③

孔子感叹："善人为邦百年，亦可以胜残去杀矣。诚哉是言也！"(《论语·子路》)胜残去杀，程颐认为是"使人不为不善"，即民化于善而不为恶。所谓善人，程颐认为就是子张问善人之道，孔子所答"不践迹，亦不入于室"。(《论语·先进》)不践迹为"不践己前为恶之迹"，能够免于为恶但"未入道"之人，未能在根本上培养德性。有关此两章的解释，朱熹观点没有不同，并且引用尹焞所说"胜残去杀，不为恶而已，善人之功如是。若夫圣人，则不待百年，其化亦不止此"。④

---

① 《程氏遗书》卷二十二上，《二程集》，第294页。
② 朱熹：《四书章句集注》，第177页。
③ 《程氏遗书》卷二十二上，《二程集》，第295页。
④ 朱熹：《四书章句集注》，第144页。

90 问"大德不踰闲,小德出入可也。"曰:"大德是大处,小德是小处,出入如可以取、可以无取之类是也。"又问:"'言不必信,行不必果',是出入之事否?"曰:"亦是也,然不信乃所以为信,不果乃所以为果。"①

对于子夏所说"大德不踰闲,小德出入可也"(《论语·子张》),程颐指出大德、小德即德之大处、小处。德之大处不能逾越,但是小处可以有所出入。孟子所说"可以取,可以无取,取伤廉。取伤廉。可以与,可以无与,与伤惠。可以死,可以无死,死伤勇"(《孟子·离娄下》)以及"大人者,言不必信,行不必果,惟义所在"(《孟子·离娄下》)皆是指德之小处而言。大德、小德的解释,朱熹与程颐一致,但是"可以取,可以无取",朱熹认为皆是指"过犹不及之意"。②

94 子文问:"民可使由之,不可使知之。"曰:"不可使知之者,非民不足与知也,不能使之知尔。"③

潘旻提问"民可使由之,不可使知之"(《论语·泰伯》),程颐认为民"不可使知之"是"不能使之知",并非圣人不愿使民众知道,而是各种条件的限制无法实现。朱熹进一步明确此观点,"不可使之"是"不能使之知所以然也"。④ 并非有意地欺瞒民众,只是背后的所以然之理难于说明而已。

4 先生曰:"诚不以富,亦只以异",本不在"是惑也"之后,乃在"齐景公有马千驷"之上,文误也。⑤

---

① 《程氏遗书》卷二十二上,《二程集》,第295页。
② 朱熹:《四书章句集注》,第296页。
③ 《程氏遗书》卷二十二上,《二程集》,第296页。
④ 朱熹:《四书章句集注》,第105页。
⑤ 《程氏遗书》卷二十二下,《二程集》,第298页。

"子张问崇德、辨惑"(《论语·颜渊》)章的最后有《诗经》"诚不以富,亦只以异"一句,程颐以此为错简,应在"齐景公有马千驷,死之日,民无德而称焉"(《论语·季氏》)章之首,《四书章句集注》中朱熹引用此说。"齐景公有马千驷"章中,朱熹还补充道:"愚谓此说近是,而章首当有孔子曰字,盖阙文耳。大抵此书后十篇多阙误。"①

5 问:"'揖让而升,下而饮',是下堂饮否?"曰:"古之制罚爵皆在堂下。"又问:"唯不胜下饮否?"曰:"恐皆下堂,但胜者饮不胜者也。"②

对于射礼"揖让而升,下而饮"(《论语·八佾》),程颐认为"古之制罚爵皆在堂下",射毕皆下堂,胜者使不胜者饮酒。《四书章句集注》中朱熹亦赞同此说:"下而饮,谓射毕揖降,以俟众耦皆降,胜者乃揖不胜者升,取觯立饮也。"③

33 问"务民之义。"曰:"如项梁立义帝,谓从民望者是也。"④

对于孔子所说"务民之义,敬鬼神而远之,可谓知矣"(《论语·雍也》),程颐强调"从民望"以敬鬼神而不为其所惑,这是真正之智。《四书章句集注》中朱熹亦提出:"专用力于人道之所宜,而不惑于鬼神之不可知,知者之事也。"⑤专于人事、权实相合,这些是道学思想的可贵之处。

如上所述,在仁、敬、体用等理学关键思想方面,朱熹的四书解释禀承程颐。但是如下的解释中,朱熹没有采纳甚至否定程颐的思想,可见《四书章

---

① 朱熹:《四书章句集注》,第173页。
② 《程氏遗书》卷二十二下,《二程集》,第298页。
③ 朱熹:《四书章句集注》,第63页。
④ 《程氏遗书》卷二十二下,《二程集》,第303页。
⑤ 朱熹:《四书章句集注》,第89—90页。

句集注》的谨慎。

38　嘉仲问:"韶尽美矣,又尽善也。"先生曰:"非是言武王之乐未尽善,言当时传舜之乐则善尽美,传武王之乐则未尽善耳。"①

李处遁提问:"子谓《韶》,'尽美矣,又尽善也。'谓《武》,'尽美矣,未尽善也。'"(《论语·八佾》)程颐依《礼记·乐记》所说"有司失其传也。若非有司失其传,则武王之志荒矣",认为并非《韶》《武》本身有尽善尽美的差别,而是当时所传之人有尽善尽美的差别,"传武王之乐则未尽善耳"。这一解释朱熹没有采纳,朱熹注释:"武王之德,反之也,又以征诛而得天下,故其实有不同者。"②因而武王之乐未尽善,朱熹认为未尽善是指武王之乐本身。

39　先生曰:"'子在齐闻韶,三月不知肉味',非是三月,本是音字。'文胜质则史',史乃《周官》府史胥徒之史。史,管文籍之官,故曰:'史掌官书以赞治',文虽多而不知其意,文胜正如此也。"③

40　又曰:"学者须要知言。"④

对于"子在齐闻《韶》,三月不知肉味"(《论语·述而》),程颐提出"三月"为"音"字之误,该章应为"子在齐闻《韶》音,不知肉味。"在程颐看来,对于四书等文献中的月、年、世等时间之词,都没有特别的意义。在此处的更改中,程颐直接取消了"三月"的时间限定。这一解释朱熹没有采纳。"质胜文则野,文胜质则史。"(《论语·雍也》)程颐指出"史,管文籍之官",掌管众多文籍却不知其意。程颐由此强调,学者诵读经典的目的在于领悟文本中蕴含的圣人之道。下面一条语录中,程颐补充"学者须要知言",明确对学

---

① 《程氏遗书》卷二十二上,《二程集》,第284页。
② 朱熹:《四书章句集注》,第68页。
③ 《程氏遗书》卷二十二上,《二程集》,第284页。
④ 《程氏遗书》卷二十二上,《二程集》,第284页。

者提出读书要知圣人之道。

46 又问:"祭如在,祭神如神在。"曰:"'祭如在',言祭祖宗。'祭神如神在',则言祭神也。祭先,主于孝。祭神,主于恭敬。"①

该则为唐棣所问,"祭如在,祭神如神在"(《论语·八佾》),程颐以前句为祭祖宗,以后句为祭一般之神。祭祀祖先应以孝为主,祭祀一般之神要以恭敬为主。《四书章句集注》中,虽然朱熹引用了这一解释,但又提出"愚谓此门人记孔子祭祀之诚意"。② 可见朱熹认为此章只是表示祭祀之诚意的重要,不必做祭祖和祭神的区分。

49 谢用休问"入太庙,每事问。"曰:"虽知亦问,敬谨之至。"又问:"旅祭之名如何?"曰:"古之祭名皆有义,如旅亦不可得而知。"③

对于孔子"入太庙,每事问"(《论语·八佾》《论语·乡党》),程颐强调是"虽知亦问,敬谨之至"。但是朱熹认为"此盖孔子始仕之时,入而助祭也",并非"虽知亦问"。不过在注释之后,朱熹引用尹焞的解释:"礼者,敬而已矣。虽知亦问,谨之至也,其为敬莫大于此。"④虽然朱熹不赞同程颐的理解,但通过引用尹焞的解释,又保留了这一说法。

82 又问:"'述而不作',如何?"曰:"此圣人不得位,止能述而已。"⑤

---

① 《程氏遗书》卷二十二上,《二程集》,第285页。
② 朱熹:《四书章句集注》,第64页。朱熹引用程颐之语文字上稍有出入,为:"祭,祭先祖也。祭神,祭外神也。祭先主于孝,祭神主于敬。"
③ 《程氏遗书》卷二十二上,《二程集》,第286页。
④ 朱熹:《四书章句集注》,第65页。
⑤ 《程氏遗书》卷二十二上,《二程集》,第294页。

对于孔子所说"述而不作,信而好古,窃比于我老彭"(《论语·述而》),程颐认为并非孔子无制礼作乐之志,只是"不得位,止能述而已"。但是,朱熹的观点与程颐稍有不同,朱熹指出孔子"删《诗》《书》,定礼乐,赞《周易》,修《春秋》,皆传先王之旧,而未尝有所作也,故其自言如此。盖不惟不敢当作者之圣,而亦不敢显然自附于古之贤人;盖其德愈盛而心愈下,不自知其辞之谦也"。① 朱熹希望突显孔子自谦之意,而程颐则认为就是孔子志不得伸,止能述而已,言语之间有所出入。

84 唐棣之华乃千叶郁李,本不偏反,喻如兄弟,今乃偏反,则喻兄弟相失也。兄弟相失,岂不尔思,但居处相远耳。孔子曰:"未之思也,夫何远之有?"盖言权实不相远耳。权之为义,犹称锤也。能用权乃知道,亦不可言权便是道也。自汉以下,更无人识权字。②

对于古逸诗"唐棣之华,偏其反而。岂不尔思?室是远而",孔子感叹:"未之思也,夫何远之有?"(《论语·子罕》)程颐认为此章"言权实不相远耳"。权为称锤,如用权可知物之重量,程颐指出"用权乃知道"。但是程颐提醒,"不可言权便是道",权只是用以知道,但非道之本身。程颐的说法是基于道学权实体用的观念,但是程颐以此解释此章,朱熹完全没有采纳,《集注》中亦未引用此说。

86 "盖有不知而作之者",凡人作事皆不知,惟圣人作事无有不知。③

对孔子所说"盖有不知而作之者,我无是也"(《论语·述而》),程颐指出"凡人作事皆不知"相对,"圣人作事无有不知"。朱熹的解释与程颐没有

---

① 朱熹:《四书章句集注》,第93页。
② 《程氏遗书》卷二十二上,《二程集》,第294—295页。
③ 《程氏遗书》卷二十二上,《二程集》,第295页。

不同,"不知而作,不知其理而妄作"。但是朱熹提出"孔子自言未尝妄作,盖亦谦辞,然亦可见其无所不知也"。① 与朱熹强调孔子自谦相对,程颐所说"圣人作事无有不知"中显然难以看出这样的含义,程颐要强调的就是圣人行事的标准就是无不知理。程颐、朱熹二人的侧重亦有所不同。

95 或问:"诸葛孔明亦无足取。大凡杀一不辜而得天下,则君子不为,亮杀戮甚多也。"先生曰:"不然。所谓杀一不辜,非此之谓。亮以天子之命,诛天下之贼,虽多何害?"②

有学者根据孟子所说,伯夷、伊尹、孔子三人"行一不义、杀一不辜而得天下,皆不为也。是则同"(《孟子·公孙丑上》),认为诸葛亮"杀戮甚多","亦无足取"。程颐为此辩护,"亮以天子之命,诛天下之贼",根本不同于孟子所说"行一不义、杀一不辜",不能以此批评诸葛亮。

3 用休问哀公问社于宰我之事。曰:"社字本是主字,文误也。宰我不合道'使民战慄',故仲尼有后来言语。"③

"哀公问社于宰我",宰我提到"使民战栗",孔子气愤地表示:"成事不说,遂事不谏,既往不咎。"(《论语·八佾》)程颐在此直接提出"社字本是主字,文误也"。该句应为"哀公问主于宰我"。程颐的这一观点朱熹没有接受,认为"三代之社不同者,古者立社,各树其土之所宜木以为主也"。朱熹认为"社"字并没有错,而且引用尹焞所说"古者各以所宜木名其社,非取义于木也"。④ 朱熹以此表明,程颐以社字为主字之误的观点有些武断。

如上所述,《四书章句集注》并未采纳程颐所有的解释,这反映了朱熹本

---

① 朱熹:《四书章句集注》,第 99 页。
② 《程氏遗书》卷二十二上,《二程集》,第 296 页。
③ 《程氏遗书》卷二十二下,《二程集》,第 298 页。
④ 朱熹:《四书章句集注》,第 67 页。

人的判断,随继仁、敬、体用等道学基本思想的同时,朱熹并未拘泥二程之说,综合各家注释才确立了《四书章句集注》的定论。

毗陵人唐棣所录的《程氏遗书》卷二十二中程颐以四书阐发思想的特征非常明显。一方面有问学对象是以年轻学者为主的原因,另外也反映了程颐四书思想的成熟,四书成为学者为学和义理阐发的新经典。

第二节　邹柄与《程氏遗书》卷二十四

《程氏遗书》卷二十四为道学家邹浩之子邹柄所传,朱熹为之标注:"毗陵邹柄,道乡公之子,未尝亲见先生,不知其所传授。旧附《东见录》后。"①《东见录》即吕大临所记《程氏遗书》卷二。邹柄虽然没有亲见程颐,但其父邹浩与洛学门人杨时往来密切,杨时定居毗陵之后,邹柄亦有问学,其所传程颐语录或与杨时而来。《程氏遗书》卷二十四所记的洛学思想,以下将主要从读书之方、天理和气三个方面进行分析。

一　读书之方

学者修身是必要的为学步骤,具体而言程颐提出通过《大学》《论语》以体味圣人之道,以此变化气质。

> 2　修身,当学《大学》之序。《大学》,圣人之完书也,其间先后失序者,已正之矣。②

程颐不仅强调《大学》为"圣人之完书",而且学者修身亦当遵循《大学》

---

① 《二程集》,目录第 5 页。
② 《程氏遗书》卷二十四,《二程集》,第 311 页。

所说格物、致知、诚意、正心、修身、齐家、治国、平天下的顺序。对于《大学》之错简，程颐表示自己已经重新正之，排列顺序。以《大学》之序修身，这与第一节讨论的唐棣所录在思想上完全相同。

29 义训宜，礼训别，智训知，仁当何训？说者谓训觉，训人，皆非也。当合孔、孟言仁处，大概研究之，二三岁得之，未晚也。①

"义训宜，礼训别，智训知"，这些解释都没有争议。对于仁，程颐指出"训觉，训人，皆非也"，仁之含义难以用"觉"或"人"完全表达。程颐要求学者只有自己体认，"当合孔、孟言仁处，大概研究之，二三岁得之"。与程颢"识仁"的工夫思想不同，通过对于《论语》《孟子》等书的反复诵读以体会圣人之道，这也是程颐的求仁思想。

30 先生云："吾四十岁以前读诵，五十以前研究其义，六十以前反复紬绎，六十以后著书。"（著书不得已。）

接下来一条程颐提出自己的为学经历，"四十岁以前读诵，五十以前研究其义，六十以前反复紬绎"，不断地阅读印证，以此体认圣人之道。相应地，程颐认为一般学者亦应当遵循这样的为学方法，目的在于自己体认。著书只是为了向他人阐明道理、批驳谬误才不得已而为。

二 天理

程颐向学者讲学，反复强调人之行为应合于天理的纯粹性。只有人的行为完全符合道义的要求，不受外在事物欲望的干扰才具有道德的正当性。

---

① 《程氏遗书》卷二十四，《二程集》，第314页。

1 "天下雷行,物与无妄",先天后天皆合于天理者也,人欲则伪矣。①

由《周易》无妄卦的象辞"天下雷行,物与无妄"一句,程颐强调学者的行为应当"先天后天皆合于天理",人之行为的发用过程中,一旦有人欲的干扰则陷于"伪",失去了行为的纯粹性与正当性。

34 尽己为忠,尽物为信。极言之,则尽己者尽己之性也,尽物者尽物之性也。信者,无伪而已,于天性有所损益,则为伪矣。《易·无妄》曰:"天下雷行,物与无妄",动以天理故也。其大略如此,更须研究之,则自有得处。②

"尽己为忠,尽物为信",在鲍若雨所记的《程氏遗书》卷二十三第5条即有讨论。尽己即充分发挥内在的本然之性,此称作忠。尽物即人之所为与物之性的要求完全相符,没有偏差,此称作信,称作无伪。程颐强调"天下雷行,物与无妄",人当"动以天理",一切行为皆出于天理之要求。程颐所说伪之时"于天性有所损益",指人受外在事物情欲干扰之时,本性的发用被遮蔽的状况,而非心之本性有所增损。

9 人心私欲,故危殆。道心天理,故精微。灭私欲则天理明矣。③

对于《尚书·大禹谟》所说"人心惟危,道心惟微",程颐指出人心即私欲,与天理不合故危殆。道心即天理,精微难言。程颐强调"灭私欲则天理明",去除外在私欲的干扰,人心之发用自然无不合于天理,在此亦可见程颐思想中天理、人欲的紧张对立。

---

① 《程氏遗书》卷二十四,《二程集》,第311页。
② 《程氏遗书》卷二十四,《二程集》,第315页。
③ 《程氏遗书》卷二十四,《二程集》,第312页。

42　圣人无优劣，有则非圣人也。①

程颐强调"圣人无优劣"，一则圣人所为完全出于天理，没有优劣高下的计较。另外则是圣人所为完全没有功利计较之心，亦无所谓优劣之分。程颐指出，任何优劣计较都是受外在情物的干扰，已经不能纯于天理，因而可以说"有则非圣人也"。

22　孔明有王佐之心，道则未尽。王者如天地之无私心焉，行一不义而得天下不为。孔明必求有成，而取刘璋。圣人宁无成耳，此不可为也。若刘表子琮，将为曹公所并，取而兴刘氏可也。②

根据以上观点，程颐批评诸葛亮"有王佐之心，道则未尽"。诸葛亮希望恢复汉室，这是义理所在。但是诸葛亮"必求有成，而取刘璋"则为其有计较之心，不能"王者如天地之无私心焉，行一不义而得天下不为"。在程颐看来，学者只需依道而为，外在的成与不成，则是命数所在，不可强求，依不应受其影响。

14　庾公之斯遇子濯孺子，虚发四矢，甚无谓也。国之安危在此举，则杀之可也；舍之而无害于国，权轻重可也。何用虚发四矢乎？③

对于《孟子·离娄下》所载庾公之斯"抽矢叩轮，去其金，发乘矢而后反"。程颐指出如果"国之安危在此举"，国之大义所在庾公之斯不可任私情。相反如果"舍之而无害于国"，那么权其轻重，无须虚发四矢。程颐指出庾公之斯"我不忍以夫子之道，反害夫子"，此则是任私情而不明大义。行为的评价标准只有理义，而不能被私欲情感所扰乱，庾公之斯虚发四矢之过正

---

① 《程氏遗书》卷二十四，《二程集》，第315页。
② 《程氏遗书》卷二十四，《二程集》，第313页。
③ 《程氏遗书》卷二十四，《二程集》，第312页。

在于此。

程颐极其强调人之行为由理而发的纯粹性,以至人欲、优劣之分、必求有成、循任私情等影响天理作用的外在因素皆被程颐排斥。确立天理的权威,寻人之行为道德性的依据,拒绝任何外在的干扰,这是程颐思想的显著特征。

三 气

二程的思想虽然以理为主,但气是不可或缺的重要概念,是现实世界中具体的存在。在二程的思想中,人类行为中恶、人与动物本性表现的不同以及德福不一等问题需要通过气来解释。

13 犬、牛、人,知所去就,其性本同,但限以形,故不可更。如隙中日光,方圆不移,其光一也。惟所禀各异,故生之谓性,告子以为一,孟子以为非也。①

程颐以"隙中日光,方圆不移,其光一也"比喻人与动物虽然如方圆一样表现不同,但是日光一样的本然之理都是相同的。程颐指出"犬、牛、人,知所去就",行为中都有合于理义的表现,这表明人与犬、牛禀受的天理都是一样的,"其性本同"。但是犬、牛受气禀之形所限,不可改变,本然之性不可能像人一样完全地展现出来。由此程颐认为告子生之谓性的错误,就在于将气禀所拘而表现出来的以为是本然之性,亦由此受到孟子的批驳。

37 动物有知,植物无知,其性自异,但赋形于天地,其理则一。②

不仅人与犬、牛的差别源于气禀之异,程颐认为动物与植物的差异同样

---

① 《程氏遗书》卷二十四,《二程集》,第312页。
② 《程氏遗书》卷二十四,《二程集》,第315页。

是由于"赋形于天地"的气禀之异。此处所说的"其性自异"指的是后天表现出的气质之性的不同,若论本源"其理则一"。人、动物、植物,世间一切存在的根源都是同一个天理,只是由于形气得不同表现出千差万别的性质。

  16 "仁之于父子"至"知之于贤者",谓之命者,以其禀受有厚薄清浊故也。然其性善,可学而尽,故谓之性焉。禀气有清浊,故其材质有厚薄。禀于天谓性,感为情,动为心,质干为才。①

  对于孟子所说"仁之于父子也,义之于君臣也,礼之于宾主也,知之于贤者也,圣人之于天道也;命也,有性焉,君子不谓命也"(《孟子·尽心下》),程颐解释"命"是指禀受之气"有厚薄清浊",故每个人外在表现亦有所差异,"禀气有清浊,故其材质有厚薄"。但是所有人先天禀赋之理都是相同的,通过后天修养学习的努力,变化气质,每个人都具有恢复并充分展现本然之性的可能,故称之为性善。程颐解释性禀于天,性感于外物而发用为情,感动作用称为心。人生气禀而有不同的质干,同样的外物作用于心,不同的人会有不同的表现,此称为才。程颐对于性、情、心、才的规范定义成为了后世理学的思想基础。

  17 "生之谓性"与"天命之谓性",同乎?性字不可一概论。"生之谓性",止训所禀受也。"天命之谓性",此言性之理也。今人言天性柔缓,天性刚急,俗言天成,皆生来如此,此训所禀受也。若性之理也则无不善,曰天者,自然之理也。②

  对于《孟子·告子上》中"生之谓性"以及《中庸》首句"天命之谓性"的提问,程颐明确区分告子所说的"生之谓性"是指形而下的气禀之性,而《中

---

① 《程氏遗书》卷二十四,《二程集》,第312页。
② 《程氏遗书》卷二十四,《二程集》,第313页。

庸》"天命之谓性"则是指形而上的性之理,两句有着根本的不同。一般所说性格的"天性柔缓,天性刚急",所谓"天成""生来如此"都是指气之禀受,人与人有所差异。而性之理,人性之本原则"无理善",是无所不同、自然而然的"天"。

18 "天下言性,则故而已"者,言性当推其元本,推其元本,无伤其性也。①

接下一条中对于孟子所言"天下之言性也,则故而已矣。故者,以利为本。所恶于智者,为其凿也"(《孟子·离娄下》),程颐认为孟子的批评就在于当时之人已不能"推其元本"而言性,仅仅针对形而下的气禀之性而言,已经有所偏失。如时人批评的智者穿凿之害,就在于不能推知真正的智者"禹之行水也,行其所无事也"。程颐进而提出,不能分辨本然之性与气禀之性会导致根本性的错误。

36 在天曰命,在人曰性。贵贱寿夭命也,仁义礼智亦命也。②

由《中庸》"天命之谓性"一句,程颐指出从天的角度而言称为"命",这是人不能选择干预的。从人的角度而言称为"性",是人生而具有的。但是贵贱寿夭之命与仁义礼智之命不同,仁义礼智由形而上的天道、天理而来,贵贱寿夭则是形而下气数决定,二者之命有着根本性的不同。

15 "尧、舜性之",生知也。"汤、武身之",学而知之也。③

对于孟子所说"尧、舜,性之也;汤、武,身之也"(《孟子·尽心上》),程

---

① 《程氏遗书》卷二十四,《二程集》,第 313 页。
② 《程氏遗书》卷二十四,《二程集》,第 315 页。
③ 《程氏遗书》卷二十四,《二程集》,第 312 页。

颐强调尧、舜性之,所禀之气纯粹无杂,生而知之,即能完全尽性依天理而为。汤、身所禀之气仍有清浊厚薄之杂,有待后天之学以复本然之性,学而知之以行道。在二程的思想中,尧、舜作为理想的圣人固然难能可贵,但是学而知之、变化气质以行道才是学者应当切实努力的。

39 充实而有光辉,所谓修身见于世也。①

学者通过持之以恒的为学修身实践,集义养气,必然能够内在天理充实而有外部的光辉气象,修身见于世,这也是道学工夫论思想的重要目标。

程颐在强调本源之天理的同时,以气解释万事万物以及人之资质的不同。进而程颐区分天命之性与气禀之性,程颐要求学者以天命之性为本,进而扩充变化气禀之性。

《程氏遗书》卷二十四中对于仁、义、礼、智、信之德,程颐提出:

38 四端不言信者,既有诚心为四端,则信在其中矣。②

孟子所说的恻隐、羞恶、辞让、是非四端中没有信,这是因为信表示的是四端之充实,"诚心为四端,则信在其中矣"。信之德不仅是人能够诚心尽性的表现,而是也是人能够充分发挥本性的保证。

43 主一者谓之敬。一者谓之诚。主则有意在。③

程颐的重要思想"敬",本卷也提到"主一者谓之敬",一即是诚,诚即排除外在事物情欲的干扰,以本性所发之意为主宰,从而达到人之行为无不合于天理。邹柄所传的《程氏遗书》卷二十四中,除针对一般学者的读书之方,

---

① 《程氏遗书》卷二十四,《二程集》,第315页。
② 《程氏遗书》卷二十四,《二程集》,第315页。
③ 《程氏遗书》卷二十四,《二程集》,第315页。

理气的问题亦得到集中讨论。然而诚敬、忠恕的讨论开展减少,亦反映了程颐门下讲学风气的转变。

如前所述,本卷的编撰者邹柄并未亲见程颐,朱熹亦不晓此卷语录之来历。但是徽宗初年大量毗陵学者问学程颐,之后杨时定居毗陵讲学传道,使此处成为道学思想传播的重要地点。邹柄亦是受此影响,收集编撰了《程氏遗书》卷二十四。

第三节 结 语

元符三年(1100)程颐自涪州归洛之后,各地学者赴洛问学,一时盛况再现。虽然仅仅持续三年时间,但是不难发现程颐开始建立以四书为基础的学问体系,并通过系统性地四书阐释以发明道学的思想。二程弟子多有《论语》《中庸》等注释的著作,直至朱熹真正地建立四书体系。然而朱熹在吸收张载、二程等人解释的同时,亦对洛学弟子有所批判。通过本章的分析亦可发现,朱熹在注释选取之时十分谨慎,甚至程颐的许多解释亦未采纳,以至这些观点在相关研究中鲜有论及。考察朱熹继承二程的解释固然重要,朱熹没有采纳的内容亦有其学术意义。

第七章 张绎、尹焞

张绎、尹焞是程颐晚年的两大重要弟子,程颐亦经常将二人合在一起评价,如"尹焞鲁,张绎俊"。与张绎不同,尹焞早在元祐年间受时任太学博士的苏昞推荐,已经开始问学程颐。张绎则是十余年之后,程颐自涪陵返洛才开始问学。大观元年(1107)程颐去世不久,张绎亦亡故,未能充分地发展洛学思想。然而朱熹编撰的《程氏遗书》中有张绎所录《程氏遗书》卷二十一,尹焞的相关资料却只在《程氏外书》卷十二中出现。本章将围绕这些资料,对于张绎、尹焞的生平和相关思想进行分析。

第一节 张绎与《程氏遗书》卷二十一

张绎学行资料有限,本节将根据二程语录中的相关记载考察张绎学行,虽然张绎受到程颐时间不长,但很快获得程颐的器重,亦可见张绎之聪颖。另外围绕张绎所记《程氏遗书》卷二十一,亦将分析其中洛学思想。

一 张绎学行考论

张绎、尹焞为程颐晚年的重要弟子,但是程颐去世一年之后张绎亦亡故,故生平资料非常有限。《二程集》的相关记载中,保留了张绎的一些事迹。

86 张思叔三十岁方见伊川,后伊川一年卒。初以文闻于乡曲,自见伊川后,作文字甚少。伊川每云:"张绎朴茂。"①

张绎生于熙宁四年(1071),据此记载"三十岁方见伊川",可见是在元符三年(1100)程颐自涪州还洛之后。此则材料中提出张绎"初以文闻于乡曲",文采出众,但是问学程颐之后,认为只有道学才是真正的学问,由此"作文字甚少"。程颐对张绎的评价"张绎朴茂",下文还会分析。或许"朴茂"只是形容张绎后来的文章风格。

75 张思叔作《商税院题名记》,先生以为得体。李邦直卒,委思叔作祭文,多溢美。先生顾思叔曰:"《商税院题名记》,是公所为乎?"思叔唯唯。他日别制祭文用之,曰:"世推文章,位登丞辅;编简见其才华,廊庙存其步武。"②

此处记载程颐评价张绎的《商税院题名记》一文"为得体",李清臣(字邦直)去世,程颐亦委托张绎作祭文,可见程颐对其文章才华的肯定。宋徽宗朝任门下侍郎的李清臣于崇宁元年(1102)去世,可知该则语录于此时记载。对于张绎祭文中"多溢美",程颐有所不满,别制祭文,称赞李清臣:"世推文章,位登丞辅;编简见其才华,廊庙存其步武。"该文《祭李邦直》收于《程氏文集》卷十二。

47 崇宁初,范致虚言:"程颐以邪说诐行,惑乱众听,尹焞、张绎为之羽翼。"遂下河南府体究。学者往别,因言世故,先生曰:"三代之治,不可复也。有贤君作,能致小康,则有之。"③

---

① 《程氏外书》卷十二,《二程集》,第433页。
② 《程氏外书》卷十一,《二程集》,第418页。
③ 《程氏外书》卷十一,《二程集》,第414页。

此则记载范致虚上书称"程颐以邪说诐行,惑乱众听,尹焞、张绎为之羽翼"。程颐于崇宁二年(1103)四月被"追毁出身以来文字",学者往别,程颐感叹"有贤君作,能致小康,则有之"。按张绎问学程颐在元符三年(1100)四月以后之事,三年不到的时间被时人视作程颐之"羽翼",亦反映了张绎、尹焞二人在程颐门下的地位。

上文提到"张绎朴茂",但是除此以外《二程集》中的评价都与此不同。

19　子谓尹焞鲁,张绎俊。俊,恐他日过之;鲁者终有守也。①

20　尹子、张子见。先生曰:"二子于某言如何?"尹子对曰:"闻先生之言,言下领意,焞不如绎。能终守先生之学,绎亦不如焞。"先生欣然曰:"各中其病。"②

25　张思叔请问,其论或太高。伊川不答,良久曰:"累高必自下。"③

此三则材料提到问学的过程中,"张绎俊""其论或太高",都反映了张绎才识之高。虽然三则材料显然维护尹焞,提到"尹焞鲁……俊,恐他日过之;鲁者终有守也",张绎"累高必自下"。尹焞自己亦提道:"闻先生之言,言下领意,焞不如绎。能终守先生之学,绎亦不如焞。"这里已经可以明显看出,张绎颖俊、尹焞敦鲁的性格差异。

108　先生与思叔共学之久,一日,伊川问二子:"寻常见处同否?为我言之。"先生曰:"某不逮思叔。如凡有请问未达,必三四请益,尚有未得处,久之乃得。如思叔,则先生才说,便点头会意,往往造妙。只是某虽愚钝,自保守得。若思叔,则某未敢保他。"伊川笑曰:"也是,也是。"自后每

---

① 《程氏外书》卷十一,《二程集》,第412页。
② 《程氏外书》卷十一,《二程集》,第412页。
③ 《程氏外书》卷十一,《二程集》,第412页。

同请教退,伊川必谓诸郎曰:"张秀才如此不待,尹秀才肯待。"①

129 张思叔与和靖侍伊川,伊川问曰:"贤辈寻常商量事,有疑处否?"对曰:"张某所说,某不疑;某所说,张某不疑。张某聪明,道头知尾。某必待再三问然后晓。然但恐张某守不定如某。"伊川喜。②

147 尹彦明与思叔同时师事伊川先生。思叔以高识,彦明以笃行,俱为先生所称。先生没,思叔亦病死。彦明穷居教学,未尝少自贬屈,常以先生教人,专以"敬以直内"为本,彦明独能力行之。③

以上三条材料同样反映张绎、尹焞二人性格之不同。尹焞坦承"某不逮思叔"。如上文所言"闻先生之言,言下领意,焞不如绎",尹焞提到"先生才说,(张绎)便点头会意,往往造妙",而自己"必三四请益,尚有未得处,久之乃得"。但是尹焞也表示"某虽愚钝,自保守得。若思叔,则某未敢保他"。第二则材料亦是尹焞承认"张某聪明,道头知尾。某必待再三问然后晓。然但恐张某守不定如某"。第三则对于二人的不同,同样提出"思叔以高识,彦明以笃行"。对于程颐所教"敬以直内",尹焞能在程颐、张绎去世之后立行之,以证先前"终有守"之说。以上三则材料与《程氏外书》卷十一的第19、20条,应为尹焞所说而为不同学者概括所记。

元符三年(1100)程颐自涪陵返洛之后,早年的弟子多已流散各地,谢良佐是仅有几位仍在程颐身边的早年学者。

93 伊川归自涪陵,谢显道自蔡州来洛中,再亲炙焉。久之,伊川谓先生及张思叔绎曰:"可去同见谢良佐问之,此回见吾,有何所得。"尹、张如所戒,谢曰:"此来方会得先生说话也。"张以告伊川,伊川然之。④

---

① 《程氏外书》卷十二,《二程集》,第437—438页。
② 《程氏外书》卷十二,《二程集》,第441页。
③ 《程氏外书》卷十二,《二程集》,第444页。
④ 《程氏外书》卷十二,《二程集》,第434页。

此则材料记载程颐返洛之后,谢良佐再次来洛受学,程颐令张绎、尹焞见谢良佐,谢良佐回答:"此来方会得先生说话也。"此时距谢良佐初次问学二程已经二十余年的时间,亦可见学道之难,二程所揭示的天道思想需要学者数十年的体认践行。

51 谢良佐与张绎说:"某到山林中静处,便有喜意,觉着此不是。"先生曰:"人每至神庙佛殿处便敬,何也?只是每常不敬,见彼乃敬。若还常敬,则到佛殿庙宇,亦只如此。不知在闹处时,此物安在?直到静处乃觉。"绎言:"伊云,只有这些子已觉。"先生曰:"这回比旧时煞长进。这些子已觉固是,若谓只有这些子,却未敢信。"(胡本注云:"朱子权亲见谢先生云:'某未尝如此说。'恐传录之误也。")①

此则材料亦为谢良佐与张绎在程颐门下问学时所录,而且出自杨时长子杨迪所录的《程氏遗书》卷十九。杨迪此时亦在洛阳问学。谢良佐提及"到山林中静处,便有喜意"的感受,程颐对此表示"人每至神庙佛殿处便敬",此为人们平时受纷繁事物所扰,"每常不敬",到佛殿庙宇,没有事物纷扰之时便敬。同样在没有纷扰的山林中静处,便有喜意,只是因为人们的思虑在闹处中受到纷扰,这种喜意才被遮蔽。因而程颐要求学者常敬。虽然朱熹已标注谢良佐承认"某未尝如此说",可能有传录之误。但是此则材料中反映的敬以直内的工夫论思想,确实为程颐的重要观念。或许此事亦是杨迪听人所言,口耳相传之时,误为谢良佐所说。

24 思叔告先生曰:"前日见教授夏侯旄,甚叹服。"曰:"前时来相见,问后极说与他来。既问,却不管他好恶,须与尽说与之。学之久,染习深,不是尽说,力抵介甫,无缘得他觉悟。亦曾说介甫不知事君道理,观他意思,只是要'乐子之无知'。如上表言:'秋水既至,因知海若之

---

① 《程氏遗书》卷十九,《二程集》,第255—256页。

无穷;大明既升,岂宜爝火之不息?'皆是意思常要已在人主上。自古主圣臣贤,乃常理,何至如此!又观其说鲁用天子礼乐云:'周公有人臣所不能为之功,故得用人臣所不得用之礼乐。'此乃大段不知事君。大凡人臣身上,岂有过分之事?凡有所为,皆是臣职所当为之事也。介甫平居事亲最孝,观其言如此,其事亲之际,想亦洋洋自得,以为孝有余也。臣子身上皆无过分事,惟是孟子知之,如说曾子,只言'事亲若曾子可矣'。不言有余,只言可矣。唐子方作一事,后无闻焉,亦自以为报君足矣,当时所为,盖不诚意?"嘉仲曰:"陈瓘亦可谓难得矣。"先生曰:"陈瓘却未见其已。"(夏侯旄字节夫。)①

此则材料出自唐棣所录《程氏遗书》卷二十二,与张绎同时问学程颐。崇宁初年,夏侯旄任教授,该则材料所记为此时之事。该则材料最后李处遯提出"陈瓘亦可谓难得矣",程颐肯定陈瓘如颜子一样"未见其止"(《论语·子罕》)。可见当时李处遯亦在问学现场。由程颐所说可见,夏侯旄应当精于新学,已经"学之久,染习深"。对此程颐"不管他好恶","尽说与之","力抵介甫"。程颐批评王安石"不知事君道理","大段不知事君"。王安石"乐子之无知"(《诗经·桧风》),"常要己在人主上",而君主不要对下干涉。而且王安石提出"周公有人臣所不能为之功,故得用人臣所不得用之礼乐",因为周公功劳显赫,故用"天子礼乐"亦无可厚非。程颐指出"自古主圣臣贤,乃常理",昏主而有贤臣是不可能的。因而王安石认为君主无知无为即可安治天下,亦是不切实际的。而且人臣"凡有所为,皆是臣职所当为之事",没有所谓的过分之事,"臣子身上皆无过分事"。对于王安石"事亲至孝",程颐认为王安石对君主是乐其无知,对待父母可能"亦洋洋自得,以为孝有余也"。程颐指出孟子说过"事亲若曾子者,可也"(《孟子·离娄上》)。曾子被称作儒家孝行典范,但是孟子"不言有余,只言可矣"。臣事君、子事父皆为理义所当为,本当尽心尽力,无所谓过分之说。程颐举出唐介(字子方)

---

① 《程氏遗书》卷二十二上,《二程集》,第281页。

"自以为报君足矣","后无闻焉"。而王安石虽然亦能尽力事君、事亲,但是以此夸耀,洋洋自得,甚至以为"有人臣所不能为之功",此时已非诚意,这也是二程经常批评的王安石不知道。

  6 思叔问:"荀或如何?"曰:"或才高识不足。"孟纯问:"何颙尝称其有王佐才。"曰:"不是王佐才。"嘉仲问:"如霍光、萧、曹之徒如何?"曰:"此可为汉时王佐才。"棣问:"史称董仲舒是王佐才,如何?"曰:"仲舒是言其学术。若论至王佐才,须是伊、周,其次莫如张良、诸葛亮、陆宣公。"①

此则材料中张绎、孟纯、李处遯、唐棣四人相继向程颐提问。张绎首先问到东汉荀或,程颐认为荀或"才高识不足"。孟纯问同时期的何颙称荀或"有王佐才"。李处遯再接着提问西汉人物霍光、萧何、曹参,程颐肯定此三人"可为汉时王佐才"。最后唐棣提问,董仲舒是否可称作王佐才,程颐认为董仲舒只是学术可以称道,如果说具有平治天下的王佐才,最值得推崇的是伊尹、周公,其次为张良、诸葛亮以及陆贽。此时对话由张绎有关荀或评价的提问引出,诸人依次提问霍光、萧何、曹参、董仲舒,最后程颐提出合于道学思想的典范人物,这一连贯问答再现了张绎、孟纯、李处遯、唐棣四人向程颐问学的场景。

  101 孟敦夫(厚)来伊川,又从王氏,而举业特精,独处一室,粪秽不治。尝献书于伊川,伊川曰:"孟厚初时说得也似,其后须没事生事。"一日,语之曰:"子胡不见尹焞、张绎?朋友间最好讲学。"然三公皆同齿也。敦夫来见先生曰:"先生令某来见二公,若彦明则某所愿见,如思叔莫不消见否?"先生曰:"只不消见思叔之心,便是不消见某之心也。"伊川尝谓学者曰:"孟厚不治一室,竟亦何益?学不在此,假使扫洒得洁净,莫更快人意否?"②

---

① 《程氏遗书》卷二十二下,《二程集》,第298页。
② 《程氏外书》卷十二,《二程集》,第436页。

71　暇日静坐,和靖、孟敦夫(名厚,颍川人)、张思叔侍。伊川指面前水盆语曰:"清静中一物不可着,才着物便摇动。"①

以上两条资料中皆涉及与张绎、尹焞同一时期问学的孟厚,而且其中注明三人同齿。孟厚初来问学程颐时,独处一室,粪秽不治,亦不与他人往来。程颐评价,孟厚虽然"初时说得也似,其后须没事生事"。程颐令孟厚与张绎、尹焞共同讲学,但是孟厚对尹焞说,尹焞为其愿见,但张绎则不消见。此时亦可见张绎、尹焞二人性格之不同,同样有英气,孟厚、张绎二人不能相容。程颐也指出孟厚从王氏,专意举业,没有真心地理解道学思想,感叹"假使扫洒得洁净,莫更快人意否?"亦可见对孟厚为学态度的不满。

第二条资料中张绎、尹焞、孟厚三人一同陪侍程颐,程颐对面前的水盆感叹:"清静中一物不可着,才着物便摇动。"程颐最重视的敬以直内工夫,就是要排除外在事物情欲的干扰,以使内在的天理为主。清静中"才着物便摇动"就是与此相对,人心被外物干扰,行为不能纯于天理的状况。学者通过修养工夫,复归一物不着的清静。

76　范温讥张思叔曰:"买取锦屏三亩地,蒲轮未至且躬耕。"先生闻之曰:"于张绎有何加损也?"②
70　思叔诟詈仆夫,伊川曰:"何不动心忍性?"思叔惭谢。③

这里记载张绎的两件轶事,范祖禹的幼子范温嘲讽张绎"买取锦屏三亩地,蒲轮未至且躬耕"。范温说张绎虽有声名,但迟迟未能用于世。对此,程颐强调"于张绎有何加损也?"认为张绎不必对此芥蒂。而对张绎训斥仆夫一事,程颐批评何不于此"动心忍性",不要处处计较。这也反映了张绎不肯待,秉性耿直的特点。综上可见,张绎高识聪颖,有文采,问学短短1、2年之

---

①　《程氏外书》卷十二,《二程集》,第430页。
②　《程氏外书》卷十一,《二程集》,第418页。
③　《程氏外书》卷十二,《二程集》,第430页。

内即被程颐看重。只是因其早逝，未能有更多的学行资料传世。

综上可见，"张绎俊"，其到程颐门下不久即深信道学而且亦获得程颐的信任，成为程颐晚年的重要弟子。然而程颐去世不久张绎离世，未能充分发展道学，不得不感到叹惜。

二 《程氏遗书》卷二十一的思想内涵

《程氏遗书》卷二十一原名《师说》，为张绎所录。程颐去世一年之后，张绎因病过世。作为"伊川语录"，此卷应当在此之前完成并开始流传。此卷亦有程颐晚年的记录，如第9条程颐提道："吾受气甚薄，三十而浸盛，四十、五十而后完。今生七十二年矣，校其筋骨，于盛年无损也。"①此条记录于崇宁三年（1104），程颐72岁。前一年程颐被追毁出身以来文字，止四方学者来学，而张绎仍然留在程颐身边受学。张绎在程颐去世后不久亦亡故，其所留资料甚少。甚至程颐晚年所作《周易程氏传》，亦是杨时获得张绎保存的草稿，整理之后才流传于世。

此卷皆以"子""程子"或"先生"称程颐，亦与其他各卷不同。除卷上的23条，卷下还有25条。卷二十一下朱熹标注为："胡文定公家本，除重复，得此数章，以其辞意类《师说》，故以附其后。"②可见卷下是胡安国的家传本，与《师说》多有重复。需要注意的是，朱熹所谓"除复重"的部分，是否与卷二十一上的内容重复，还是与其他卷的内容重复，已无法详考。上下两卷合在一起的原因，只是卷下"辞意类《师说》，故以附其后"。虽然朱熹说卷下"辞意类《师说》"，但与卷上的内容相比，相似的似乎只有卷下最后一条"伊川先生病革，门人郭忠孝往视之，子瞑目而卧。忠孝曰：'夫子平生所学，正要此时用。'子曰：'道着用便不是。'忠孝未出寝门而子卒。"除此条具体记录程颐行实之外，其他条目几乎都是理学思想的解释，与卷上内容差别很大。况且此则材料记述程颐临终之时与郭忠孝的对话，但据尹焞所说，党事

---

① 《程氏遗书》卷二十一上，《二程集》，第269页。
② 《二程集》，目录第5页。

之后郭忠孝与程颐没有往来,故该条记载有误。作为程颐晚年的重要弟子,张绎必然了解相关情况,不应有此错误。

《程氏遗书》卷二十一上虽名为《师说》,其所记之事几乎都为程颐的交往行实。从最早的宋神宗熙宁初年程颐在成都与范纯仁、韩宗道交往,如第5条"范公尧夫摄帅成都,程子将告归,别焉"①以及第20条"程子过成都,时转运判官韩宗道议减役,至三大户亦减一人焉"。② 这些事情发生在程颐早年随父入蜀之时。最晚如第9条,"先生谓绎曰:'吾受气甚薄,三十而浸盛,四十五十而后完。今生七十二矣,校其筋骨,于盛年无损也。'"③发生于崇宁三年(1104)72岁,之前一年程颐被追毁出身以来文字,止四方学者来学。此外,该条中直接出现张绎之名"绎",以及第21条亦出现"绎曰:'邹浩以极谏得罪,世疑其卖直也。'"④由此称谓方式可见,卷二十一上的《师说》确实为张绎所亲记。不过,卷上虽然记录许多其他人无法得知之事,但除了第4条"古之学者易,今之学者难。古人自八岁入小学,十五入大学,有文采以养其目,声音以养其耳,威仪以养其四体,歌舞以养其血气,义理以养其心。今则俱亡矣,惟义理以养其心尔,可不勉哉!"⑤该条强调"义理以养其心"之外,对于程颐的道学思想,该卷确鲜有涉及,相反在卷下中有许多重要材料。下面将主要对卷下的相关思想予以分析。

(一) 理

天理的阐释是二程思想的核心,作为世间一切的本源,人一切行为的依据和判断亦在于天理。

> 6 理也,性也,命也,三者未尝有异。穷理则尽性,尽性则知天命矣。天命犹天道也,以其用而言之则谓之命,命者造化之谓也。⑥

---

① 《程氏遗书》卷二十一上,《二程集》,第268页。
② 《程氏遗书》卷二十一上,《二程集》,第272页。
③ 《程氏遗书》卷二十一上,《二程集》,第269页。
④ 《程氏遗书》卷二十一上,《二程集》,第272页。
⑤ 《程氏遗书》卷二十一上,《二程集》,第268页。
⑥ 《程氏遗书》卷二十一下,《二程集》,第274页。

程颐提出"理也,性也,命也,三者未尝有异",这样的思想经常被程门弟子杨时称作"一体异名,初无二致"。由此命题程颐强调穷事物之理即是尽本心之性,穷尽本心之性即可知晓天命。"天命犹天道",天命即天道之发用,造化生成万物。

> 7 《书》言天叙,天秩。天有是理,圣人循而行之,所谓道也。圣人本天,释氏本心。①

对于《尚书·皋陶谟》中"天叙有典,敕我五典五惇哉;天秩有礼,自我五礼有庸哉"的"天叙""天秩",程颐强调此即是天之理,"圣人循而行之"即为道。对于儒家之圣与佛教区别,程颐提出"圣人本天,释氏本心"。儒家要求遵循本然的天道,而佛教则以一切外物为虚妄,修为的目的就在于改变心对外物的认识。普遍永恒的天理的预设,这是儒家区别佛教的根本所在。

> 12 心,生道也,有是心,斯具是形以生。恻隐之心,人之生道也,虽桀、跖不能无是以生,但戕贼之以灭天耳。始则不知爱物,俄而至于忍,安之以至于杀,充之以至于好杀,岂人理也哉?②

程颐强调心为"生道",外在的行为、表象皆源于心之所发。"恻隐之心"作为"人之生道",桀、跖之人亦本然具有,只是戕贼蒙蔽而不能发现。程颐提出"始则不知爱物""至于忍""至于杀",最终以至"好杀",就是恻隐之心被完全遮蔽,违背天理。由此凸显正心工夫的重要性。

> 24 "人心惟危,道心惟微。"心,道之所在;微,道之体也。心与道,

---

① 《程氏遗书》卷二十一下,《二程集》,第274页。
② 《程氏遗书》卷二十一下,《二程集》,第274页。按,原标点"心生道也",依文意改为"心,生道也"。

浑然一也。对放其良心者言之,则谓之道心;放其良心则危矣。"惟精惟一",所以行道也。①

对于《尚书·大禹谟》中"人心惟危,道心惟微,惟精惟一,允执厥中",程颐指出"心,道之所在","心与道,浑然一也"。"微"指道之本体的隐微。此处材料中,"对放其良心者言之,则谓之道心"中"道心"或为"人心"之误,良心的蒙蔽丧失导致人心危殆,产生错误的行为。为了重新恢复天理以行道,必须通过"惟精惟一"的工夫以排除外在事情情欲的干扰。

20 文王之德,正与天合,"明明于下"者,乃"赫赫于上"者也。②

对于"明明在下,赫赫在上"(《诗经·大明》),程颐的理想中"赫赫在上"即是天道天理,文王作为儒家思想的圣人,其"明明于下"之德就是天道在人的展现。程颐理想的圣人就是完全地与天理合,在人世间展现天理。

(二) 气

程颐强调天理作为万事万物的本源,不受限制的存在于一切事物。形而下的气影响的只是天理的表现,而非事物的本质。

4 凡有血气之类,皆具五常,但不知充而已矣。③

任何具有血气之物,皆具备仁、义、礼、智、信五常,在此方面人与动物没有区别。但是动物受气禀所拘,不仅五常之性不能充分展现,而且也不能像人一样通过工夫修养,变化气质,充实以展现本然之性。

10 气有善不善,性则无不善也。人之所以不知善者,气昏而塞之

---

① 《程氏遗书》卷二十一下,《二程集》,第276页。
② 《程氏遗书》卷二十一下,《二程集》,第275页。
③ 《程氏遗书》卷二十一下,《二程集》,第273页。

耳。孟子所以养气者,养之至则清明纯全,而昏塞之患去矣。或曰养心,或曰养气,何也？曰："养心则勿害而已,养气则在有所帅也。"①

程颐强调"性则无不善"。人表现出来的善与不善,是由于"气有善不善",即气之清浊厚薄的影响,"气昏而塞之",故有不善的表现。对于气昏而塞,学者应当通过孟子所说的养气工夫,"养之至则清明纯全,而昏塞之患去"。对于"养心""养气"工夫之别的问题,程颐认为养心即使心不被外物侵害,养气则是使气有所帅,去其昏塞。

3 不动心有二：有造道而不动者,有以义制心而不动者。此义也,此不义也,义吾所当取,不义吾所当舍,此以义制心者也。义在我,由而行之,从容自中,非有所制也,此不动之异。②

对于孟子提出的"不动心",程颐提出"有造道而不动者,有以义制心而不动者"。"以义制心"即以吾所当取之义规范心,不被外在事物所干扰。"造道而不动"则是"义在我,由而行之,从容自中",即一切行为皆由内在之理义而发,从容自中,丝毫不受外在事物的干扰。

5 勇者所以敌彼者也,苟为造道而心不动焉,则所以敌物者,不赖勇而裕如矣。③

对于孟子所说养气之勇敌彼以不动心,程颐看到这些不过是"以义制心而不动者",还应当更进一步造道而不动心,则不赖于气之勇亦能依理而为。不难看出,程颐所说"造道而不动"正是源于孟子所说"舜明于庶物,察于人伦；由仁义行,非行仁义也"(《孟子·离娄下》)。这是理想的行为典范,学

---

① 《程氏遗书》卷二十一下,《二程集》,第274页。
② 《程氏遗书》卷二十一下,《二程集》,第273页。
③ 《程氏遗书》卷二十一下,《二程集》,第273页。

者修养的最终目标。

> 17　智出于人之性。人之为智,或入于巧伪,而老、庄之徒遂欲弃智,是岂性之罪也哉?善乎孟子之言:"所恶于智者,为其凿也。"①

对于孟子所说"天下之言性也,则故而已矣。故者,以利为本。所恶于智者,为其凿也"(《孟子·离娄下》),明确指出智源于人之性,原本为善。但是人受外物影响而使智入于巧伪穿凿,反而过犹不及。由此老子、庄子一派提出"弃智",此则是不知性。智源于人之本性,不但不可去而且是人性必然发用。学者的修养工夫应当正心以尽性,而非一味地抑制排除。程颐认为本然之性必然是善的,但是因为气的影响而在发用时有所偏差。老庄之偏在于看到发用时的偏差而一概地否认本性,可谓既不知性也不知通过修养工夫以克服气的影响。

(三) 忠恕

作为具体的工夫方法,忠恕是学者行为实践的道德准则,忠恕以行道是学者工夫的重要要求。

> 21　孟子曰:"强恕而行,求仁莫近焉。"有忠矣,而行之以恕,则以无我为体,以恕为用。所谓"强恕而行"者,知以己之所好恶处人而已,未至于无我也。故"己欲立而立人,己欲达而达人",所以"为仁之方"也。②

"万物皆备于我矣,反身而诚,乐莫大焉。强恕而行,求仁莫近焉。"(《孟子·尽心上》)这是二程非常重视的一则资料。以上材料为了说明求仁之方,为仁之方,程颐举出孟子所说"强恕而行"。此处忠与恕对,忠为体,

---

① 《程氏遗书》卷二十一下,《二程集》,第275页。
② 《程氏遗书》卷二十一下,《二程集》,第275—276页。

恕为用。程颐提出忠"以无我为体",形而上之本体的存在不受个人因素的影响,但是忠的发用却需要落实于如恕一样的个人具体行为。何谓"强恕而行"?程颐解释"知以己之所好恶处人",以自己的好恶对待别人,显然就是孔子所说"己所不欲,勿施于人","己欲立而立人,己欲达而达人"。在恕的行为过程中,是以自己的好恶看作行为的评判标准,因而不能像本体一样"无我",所以仅仅是"为仁之方",亦可看作求仁的重要手段。

8 忠者,无妄之谓也。忠,天道也。恕,人事也。忠为体,恕为用。"忠恕违道不远",非"一以贯之"之忠恕也。①

此次程颐明确指出"忠为体,恕为用",忠为本然之天道,恕为具体的人事之用。本然之天道又可以"无妄"形容,即不受任何事物的影响。曾子解释孔子的"一以贯之"之道时,提出"夫子之道,忠恕而已矣!"(《论语·里仁》)程颐认为,曾子所说的"忠恕"即体用之忠恕,孔子之道即由天道之体生发人事之用。这与《中庸》中"忠恕违道不远,施诸己而不愿,亦勿施于人"的表示不同,违道不远的忠恕已非本然之道,而是指具体的人事之用。

9 真近诚,诚者无妄之谓。②

在《程氏遗书》卷二十一的上下两卷中,儒学重要概念"诚"仅出现于此条。《中庸》和《孟子》中都提到"诚者天之道",在程颐看来"诚"与"忠"表示真实无妄的天道,天道的发用流行亦不受事物的影响,此可称为真。

16 "贞而不谅",犹"大信不约"也。

---

① 《程氏遗书》卷二十一下,《二程集》,第274页。
② 《程氏遗书》卷二十一下,《二程集》,第274页。

对于孔子所说"君子贞而不谅"(《论语·卫灵公》)就是《礼记·学记》中的"大信不约",学者循道而为,纯于天理,不受外在具体事物规定的影响,这是也程颐心中理想的工夫境界。

第二节 尹焞生平与程颐的思想

张绎、尹焞二人同年,皆为熙宁四年(1071)生。但是早张绎十年,不到二十岁尹焞已经开始问学程颐。以下是尹焞早年的一条重要材料。

> 107 先生曰:某才十七八岁,见苏季明教授。时某亦习举业,苏曰:"子修举业,得状元及第便是了也。"先生曰:"不敢望此。"苏曰:"子谓状元及第便是了否? 唯复这学更有裹?"先生疑之,日去见苏,乃指先生见伊川。后半年,方得《大学》《西铭》看。①

此条语录为尹焞弟子祁宽所记,此处的先生是指尹焞,伊川表示程颐。尹焞自述十七八岁时习举业,见张载的弟子太学教授苏昞(字季明)。苏昞激励尹焞,修举业不过状元及第,而"这学更有里",儒学的真谛永非举业所能穷尽。后受苏昞的推荐,尹焞问学程颐,半年后"方得《大学》《西铭》看"。至少在元祐五年(1090)之前,尹焞二十岁之前已经问学程颐,之后学习《大学》与《西铭》,反映了两书在二程思想中的重要性。早在二程于颍昌办学之际,即使学者诵读体究张载的《西铭》。学者为学修身从《大学》始,这也是程颐的一贯主张。

一 以公训仁

以公训仁是程颐的标志性思想,但是这一说法的提出与尹焞有关。或

---

① 《程氏外书》卷十二,《二程集》,第 437 页。

许被靖康之难的兵火所焚,现存《程氏遗书》《程氏外书》中,并没有专门的一卷为尹焞所记。尹焞所记的程颐语录未能流传,只是在《程氏外书》卷十二中,朱熹辑录了冯忠恕所记尹焞语 8 条、祁宽所记尹焞语 41 条以及吕坚中所记 14 条,尹焞的讲学在南宋初年,这 63 条语录可以看作尹焞晚年所传洛学思想的材料。尹焞对门人讲述这些思想,亦反映了其对二程思想的理解和接受。冯忠恕、祁宽、吕坚中三人所记之事多有重复,但侧重不两同,可以相互补充。

  116　先生云:初见伊川先生,一日有江南人鲍某守官西京,见伊川问仁曰:"仁者爱人便是仁乎?"伊川曰:"爱人,仁之事耳。"先生时侍坐,归,因取《论语》中说仁事致思,久之忽有所得,遂见伊川请益曰:"某以仁惟公可尽之。"伊川沉思久之,曰:"思而至此,学者所难及也。天心所以至仁者,惟公尔。人能至公,便是仁。"①

  此条为朱熹所辑吕坚中记录的第一条,而且涉及程颐的重要思想以公训仁,亦是尹焞初见程颐,元祐中期之事。此处所说"江南人鲍某"应当不是鲍若雨,同样为吕坚中所记的《程氏外书》卷十二第 128 条明确指出"鲍若雨与同志数人见伊川",而此则材料并非直称其名。而且冯忠恕所录《程氏外书》卷十二第 74 条注明"鲍若雨、刘安世、刘安节数人自太学谒告来洛",显然与"守官西京"不同。

  《论语·颜渊》中"樊迟问仁。子曰:'爱人。'"程颐强调"爱人"只是仁之事,而非仁之本身,这也是二程的一贯观点。听闻此问答,尹焞"取《论语》中说仁事致思,久之忽有所得",进而向程颐提出"仁惟公可尽之"。此处特别提及程颐"沉思久之",称赞尹焞"思而至此,学者所难及也。"进而补充:"天心所以至仁者,惟公尔。人能至公,便是仁。"程颐完全赞同尹焞唯公尽仁之说。

---

　　① 《程氏外书》卷十二,《二程集》,第 439 页。

此处程颐听闻尹焞"仁惟公可尽之"一语后"沉思久之",这一点特别提醒我们,"唯公尽仁"的说法很可能是尹焞首先提出,这种可能亦不应完全排除。程颐当时就接受了这一观点,进而提出天心至仁,唯公。人能至公,便是仁。之后以公训仁成为程颐思想的标志性命题。

88　谢收问学于伊川,答曰:"学之大无如仁。汝谓仁是如何?"谢久之无入处,一日再问曰:"爱人是仁否?"伊川曰:"爱人乃仁之端,非仁也。"谢收去,先生曰:"某谓仁者公而已。"伊川曰:"何谓也?"先生曰:"能好人,能恶人。"伊川曰:"善涵养。"①

此条材料为祁宽所记,与吕坚中相同,都是尹焞提出"仁者公而已"。虽然问学者谢收不同于吕坚中所记的江南人鲍某,但是问学者都提问"爱人是仁否?"程颐指出"爱人乃仁之端,非仁也。"两则记录应为同一件事,《程氏遗书》和《程氏外书》中,谢收一名仅在此条出现。之后,尹焞向程颐提出自己的想法"仁者公而已","能好人,能恶人",程颐称赞尹焞"善涵养"。

若仅从此条来看,尹焞提出"仁者公而已"之时,程颐"何谓也"的问题似乎是激发尹焞的思想。但是结合吕坚中所记,程颐听闻此说后"沉思久之",完全可以做出另外一个假定,即尹焞突然提出"仁者公而已"之后,程颐亦没有完全把握其中的涵义,故要求尹焞对此继续解释,尹焞提出孔子所说"唯仁者能好人、能恶人"(《论语·里仁》),即仁者能够不以己之是非,完全出于公义的好人、恶人。虽然尹焞的说法并不能涵盖程颐"以公训仁"的思想,但是完全可以认为程颐受此启发,进一步完善出以公训仁的思想系统。

以公训仁的思想在二程早期弟子谢良佐、李参以及关中学者的记录中都有出现。

---

① 《程氏外书》卷十二,《二程集》,第433页。

59　仁道难名,惟公近之,非以公便为仁。①

谢良佐回忆程颐所说,仁道本身难以用言语形容,为了体认仁之本体,学者可以借助"公"来思考仁,但是不能"公"赞同于仁,"公"只是仁体的发用和表现。谢良佐的记录虽然简短,但是完整概括了程颐以公训仁思想的各个方面。

3　"唯仁者能好人,能恶人。"仁者用心以公,故能好恶人。公最近仁。人循私欲则不忠,公理则忠矣。以公理施于人,所以恕也。②

该条资料为李籲之弟李参记录,李参学于程颐。用"仁者用心以公"解释"唯仁者能好人,能恶人",这正是尹焞向程颐提出此"仁者公而已"的说明。程颐指出"公最近仁"。进行程颐有关忠、恕提出,"公理则忠",以"以公理施于人"为恕。相反"循私欲则不忠",行为亦不能合于公理。程颐看来,公即人不受私欲干扰,无所偏好,内心之仁的发用纯于天理的表现。

77　立人达人,为仁之方,强恕,求仁莫近,言得不济事,亦须实见得近处,其理固不出乎公平。公平固在,用意更有浅深,只要自家各自体认得。③

84　仁之道,要之只消道一公字。公只是仁之理,不可将公便唤做仁。公而以人体之,故为仁。只为公,则物我兼照,故仁,所以能恕,所以能爱,恕则仁之施,爱则仁之用也。④

此两条材料出自《程氏遗书》卷十五的《入关语录》,为关中学者所记。

---

① 《程氏遗书》卷三,《二程集》,第63页。
② 《程氏外书》卷四,《二程集》,第372页。
③ 《程氏遗书》卷十五,《二程集》,第152—153页。
④ 《程氏遗书》卷十五,《二程集》,第153页。

朱熹标注:"先生元丰庚申、元祐辛未,皆尝至关中。但辛未年吕与叔已卒,此篇尚有与叔名字,疑庚申年。"①朱熹以元祐六年(辛未,1091)吕大临已经去世判断该录于元丰三年(庚申,1080),但据学界最新考证,朱熹的记录有误,吕大临去世于元祐八年(1093),元祐六年时吕大临仍然在世。若以该卷记于元祐六年,尹焞已经从学程颐,问学中尹焞提出"仁者公而已"的说法并为程颐所接受。在《入关语录》中,程颐继续发展出"仁之道,要之只消道一公字"的观点。

程颐强调对于孔子所说"立人达人,为仁之方","强恕,求仁莫近"的思想,不能仅停于口耳之学,而应切近体会。如何切近体会?程颐强调要体认"其理固不出乎公平"。第二条资料中,程颐指出"公只是仁之理,不可将公便唤做仁",公是仁之理,即仁的根本要求,但是不能直接等同于仁本身。"公而以人体之",人以公理而践行,其所为无不合于仁。公而无私意,故能"物我兼照",人之所为自然合于内外之理。以公理而为,故能推己及人而恕,恻隐而受,展现出仁之施用。程颐以公强调无私欲,心之发用合于天理。

    1 仁者公也,人(一作仁。)此者也;义者宜也,权量轻重之极;礼者别也,(定分。)知者知也,信者有此者也。万物皆有性,(一作信。)此五常性也。若夫恻隐之类,皆情也,凡动者谓之情。(性者自然完具,信只是有此,因不信然后见,故四端不言信。)②

《程氏遗书》卷九《少日所闻诸师友说》第一条即提出"仁者公也",此条以外其他内容多为《论语》《孟子》诠释的汇编。此则材料应为程颐所说,仁为公,人以公理行仁。义为适宜,针对具体的事物权其轻重而为。礼为别,以定分而区别。智为明辨是非。信表示仁、义、礼、智实有充满的状态。从本源而言,万事万物禀天理而生,皆有此五常性。本性感于外物而动发为

---

① 《二程集》,目录第3页。
② 《程氏遗书》卷九,《二程集》,第105页。

情,即恻隐、善恶、辞让、是非之情。

以上数条大概都记录上程颐赴涪陵之前,以下答问明确记录于程颐自涪陵回洛之后。

    41　周伯温问:"'回也三月不违仁',如何?"曰:"不违处,只是无纤毫私意。(一作欲,下同。)有少私意,便是不仁。"又问:"博施济众,何故仁不足以尽之?"曰:"既谓之博施济众,则无尽也。尧之治,非不欲四海之外皆被其泽,远近有闲,势或不能及。以此观之,能博施济众,则是圣也。"又问:"孔子称管仲'如其仁',何也?"曰:"但称其有仁之功也。管仲其初事子纠,所事非正。《春秋》书'公伐齐纳纠',称纠而不称子纠,不当立者也。不当立而事之,失于初也。及其败也,可以死,亦可以无死。与人同事而死之,理也。知始事之为非而改之,义也。召忽之死,正也。管仲之不死,权其宜可以无死也。故仲尼称之曰'如其仁',谓其有仁之功也。使管仲所事子纠正而不死,后虽有大功,圣人岂复称之耶?若以为圣人不观其死不死之是非,而止称其后来之是非,则甚害义理也。"又问:"如何是仁?"曰:"只是一个公字。学者问仁,则常教他将公字思量。"[①]

《程氏遗书》卷二十二是周恭先关于仁的提问,由颜渊"三月不违仁"是由"无纤毫私意"起,程颐又提出"能博施济众,则是圣也",孔子称管仲"如其仁",是称赞管仲的仁之功。最后对于"如何是仁"的问题,程颐提出"只是一个公字",由"公"以思量仁之本体。

综上所述,虽有程门早期弟子谢良佐以及关中学者的记录,但是在尹焞问学程颐之后,这些弟子依然在世并且有向程颐问学的经历。而且尹焞"仁惟公可尽"的观点,明确注明是其初见程颐之时提出。程颐受此启发,进一步扩展以公训仁的思想,并以此教导其他学者。在此意义上,尹焞的贡献亦

---

    ① 《程氏遗书》卷二十二上,《二程集》,第284—285页。

值得重视。

二 工夫思想

尹焞问学程颐时,除以公训仁的观点之外,另外重要的就是对程颐敬之思想的接受。

> 87 先生曰:"初见伊川时,教某看敬字,某请益。伊川曰:'主一则是敬。'当时虽领此语,然不若近时看得更亲切。"宽问:"如何是主一,愿先生善喻。"先生曰:"敬有甚形影?只收敛身心便是主一。且如人到神祠中致敬时,其心收敛,更着不得毫发事,非主一而何?"又曰:"昔有赵承议从伊川学,其人性不甚利,伊川亦令看敬字。赵请益,伊川整衣冠、齐容貌而已。赵举示先生,先生于赵言下有个省觉处。"①

尹焞回忆最初问学程颐时,程颐教其"看敬字",强调"主一则是敬"。对于祁宽"如何是主一"的问题,尹焞回答主一就是"收敛身心",不被外物所扰。比如"人到神祠中致敬时,其心收敛",人心纯于所为之事。尹焞以"整衣冠、齐容貌"指出,敬就是在日用常行中注意言表,提防不为外物所扰,诚心养气。

> 78 谢显道习举业,已知名,往扶沟见明道先生受学,志甚笃。明道一日谓之曰:"尔辈在此相从,只是学某言语,故其学心口不相应。盍若行之?"请问焉。曰:"且静坐。"伊川每见人静坐,便叹其善学。②

谢良佐早年习举业,赴扶沟问学程颢,显然为尹焞听闻之事。对于谢良佐等人为学的"心口不相应"之弊,程颢提出"且静坐"。程颐同样"每见人

---

① 《程氏外书》卷十二,《二程集》,第433页。
② 《程氏外书》卷十二,《二程集》,第432页。

静坐,便叹其善学",显然这都是以此静坐的方法帮助学者收敛身心,排除外物的干扰。

以下数条程颢的行事,亦为尹焞所听闻。

  83 先生尝问于伊川:"如何是道?"伊川曰:"行处是。"
  84 先生曰:"有人问明道先生:'如何是道?'"明道先生曰:"于君臣、父子、兄弟、朋友、夫妇上求。"

何谓道?程颢指出"于君臣、父子、兄弟、朋友夫妇上求",这与程颐所说"行处是"的观点是一致的。虽然道在君臣、父子、兄弟、朋友、夫妇上的展现不同的本然之道,但是对于本然之道的体认和践行同样离不开人伦日用,只有通过具体的践行才能体认道之本体。

  113 先生曰:"悟则句句皆是这个道理,道理已明后,无不是此事也。如孔子谓'六十而耳顺',闻无不通,然后可至不踰矩也。"明道作河洛竹木务时,过一寺门,墙上有人题"要不闷,守本分"。时田明之随行,明道每过,必曰好语。一日明之问之,明道曰:"只被人不守本分也。"后先生闻此语,复问伊川。伊川曰:"只为人不能尽分。"先生谓宽曰:"看伊川此语,岂不是悟则句句是?凡一言一句便推到极处,看尽分字是大小气象。"又谓宽曰:"才说尽分,便不消说闷也。"①

"明道作河洛竹木务"可见为熙宁五年(1072)之事,对于"要不闷,守本分"一语,程颢屡屡赞叹。对此程颐评价:"只为人不能尽分。"尹焞对祁宽指出"才说尽分,便不消说闷也"。从二程的思想来看,烦闷不乐根本在于不能识理,不守本分。只有明性尽分,日常依天理而为,自然和乐,这也是二程推崇的孔颜之乐境界。尹焞由此认为,源于程颐了悟根本之理,道理已明,

---

  ① 《程氏外书》卷十二,《二程集》,第438—439页。

一言一句皆能推到极处，从根本来看。这也是二程反复强调明道悟理的重要原因。

119 明道尝谓人曰："天下事只是感与应耳。"先生初闻之，以问，伊川曰："此事甚大，人当自识之。"先生曰："绥之斯来，动之斯和，是亦感与应乎？"曰："然。"①

与此条资料中程颢所说"天下事只是感与应耳"相似的为《程氏遗书》卷十五的《入关语录》中程颐所说"天地之间，只有一个感与应而已，更有甚事？"②《程氏遗书》卷十五存在争议，朱熹将其列为《伊川先生语一》的同时，也标注"或云明道先生语"，此条语录即可作为证明。但是整体来看《程氏遗书》卷十五中与程颐观点接近的更多，如上文有关"以公训仁"的讨论，都可看作程颐的观点。如果排除记载错误的因素，可以认为这一感应的观点为程颢提出，程颐亦完全接受。

对于"天下事只是感与应耳"，程颐强调"此事甚大，人当自识之"，对于仁体、道体等重要概念，程颐始终强调需要学者自我体认。尹焞提出子贡形容孔子"绥之斯来，动之斯和"（《论语·子张》）为孔子对于政事的感与应，程颐亦同意这一看法。在程颐看来，感应即当以本理天理对待外物，以发中节之应。

111 与叔问伊川曰："某见孟子亦有疑处。舜为法于后世，我犹未免为乡人。忧之如何？如舜而已。"伊川曰："圣人忧则有之，疑则无。夫何故？人所当忧，不得不忧。如孔子'是吾忧也'，若疑则无之矣。"③

对于吕大临"孟子亦有疑处"的发问，程颐强调："圣人忧则有之，疑则

---

① 《程氏外书》卷十二，《二程集》，第440页。
② 《程氏遗书》卷十五，《二程集》，第512页。
③ 《程氏外书》卷十二，《二程集》，第438页。

无。"程颐认为孟子已经识道明理,故无所疑。但是另一方面,程颐提出"得不得有命",孟子所说"舜人也,我亦人也;舜为法于天下,可传于后世,我由未免为乡人也,是则可忧也"(《孟子·离娄下》),可见虽然孟子已经知道尧舜之道,但是能否像舜一样"为法于天下","传于后世",则是受各种外在因素的影响,得不得有命。程颐认为,孔子所说"是吾忧也"(《论语·述而》)亦可作此理解,对于对圣人之道,孔子、孟子已无所疑。但是能否行道于天下,则为孔子、孟子所忧。尹焞问学程颐之时,吕大临仍然在世。此则对话是否为尹焞亲闻,亦待考证。

  75 游定夫(酢)问伊川曰:"戒慎乎其所不睹,恐惧乎其所不闻,便可驯致于无声无臭否?"伊川曰:"固是。"后谢显道(良佐)问伊川,如定夫之问。伊川曰:"虽即有此理,然其间有多少般数。"谢曰:"既云可驯致,更有何般数?"伊川曰:"如荀子谓'始乎为士,终乎为圣人',此语有何不可,亦是驯致之道,然他却以性为恶,桀、纣性也,尧、舜伪也,似此驯致,便不错了?"①

  122 游定夫问伊川:"戒慎乎其所不睹,恐惧乎其所不闻,及其至也,至于无声无臭乎?"伊川曰:"驯此可以至矣。"后先生与周恭叔以此语问伊川。伊川曰:"然其间亦岂无事?"恭叔请问,伊川曰:"如荀子云:'学者始乎为士,终乎为圣人',可以明之。"②

以上两则分别为祁宽和吕坚中所记,内容基本一样。对于《中庸》所说"戒慎乎其所不睹,恐惧乎其所不闻",程颐对游酢回答"便可驯致于无声无臭",对谢良佐却说:"虽即有此理,然其间有多少般数。"但是与祁宽所记不同,吕坚中所记则是尹焞与周行己(字恭叔)再问程颐,程颐回答"然其间亦岂无事?"程颐对游酢提出可以驯致,但又说在具体的过程中

---

① 《程氏外书》卷十二,《二程集》,第431页。
② 《程氏外书》卷十二,《二程集》,第440页。

"有多少般数"。程颐举出荀子所说"学者始乎为士,终乎为圣人",指出这也是"驯致之道"。但是荀子"以性为恶",认为桀、纣一样的恶人是本性,尧、舜一样理想的圣人反而是化性起伪,出现了根本性的错误。程颐认为戒慎恐惧以至无声无臭,这样的为学方向是正确的。但是在具体的过程中,不仅需要学者体认本源之道,还需要切实恭行,这些具体的事情都不可避免。

92 王介甫为舍人时,有《杂说》行于时,其粹处有曰:"莫大之恶,成于斯须不忍。"又曰:"道义重,不轻王公;志意足,不骄富贵。"有何不可? 伊川尝曰:"若使介甫只做到给事中,谁看得破?"①

对于王安石所说"莫大之恶,成于斯须不忍","道义重,不轻王公;志意足,不骄富贵"。程颐认为,这样的说法本身值得称赞,但是王安石位居宰相,其行为违背了自己的标准。尤其对于"道义重,不轻王公"一句,程颐经常批判王安石居功自傲,不守君臣之分。

69 和靖偶学《虞书》。伊川曰:"贤那得许多工夫?"②

此则材料亦当为尹焞早年问学程颐之事,尹焞学习《尚书·虞书》,程颐进行批评。在程颐看来,为学的目的在于识圣人之道,学者应当由四书以体认圣人之道,这样对于《尚书》等五经中反映的圣人之道自然明了。因而尹焞学习《尚书》,程颐认为就是本末倒置,因而即时提出批评。

程颐教导尹焞的工夫思想中,敬、静、感应、依理而为,在日用常行中做工夫,以四书为学习基础,这些都是二程的一贯主张,亦可见尹焞较为全面地继承二程的思想。

---

① 《程氏外书》卷十二,《二程集》,第 434 页。
② 《程氏外书》卷十二,《二程集》,第 430 页。

三 归洛讲学

以上所论之事可以认为是绍圣四年(1097)程颐赴涪州以前之事,以下分析的材料可以判断为元符三年(1100)程颐归洛以后之事。

73 伊川归自涪州,气貌容色髭发皆胜平昔。门人问何以得此?先生曰:"学之力也。大凡学者,学处患难贫贱,若富贵荣达,即不须学也。"①

此则材料明确记载,程颐自涪州返洛之后,气色容貌甚至发须皆胜以前,对此程颐指出"学之力也"。学者恰恰当在"患难贫贱"之时坚定操守,砥砺意志。当然"若富贵荣达,即不须学",亦是相对"患难贫贱"而言。孔子提出"贫而无怨难,富而无骄易"(《论语·宪问》)更进一步,学者应当"未若贫而乐道,富而好礼者也"(《论语·学而》)。能够达到这样的要求,显然都在于平时的学行修养。学以变化气象,这是二程一贯主张的思想。

67 和靖尝以《易传序》请问曰:"'至微者理也,至著者象也,体用一源,显微无间',莫太泄露天机否?"伊川曰:"如此分明说破,犹自人不解悟。"(祁宽录云:伊川曰:"汝看得如此甚善。"吕坚中录云:伊川曰:"亦不得已言之耳。")②

114 先生曰:"伊川《易序》既成,其中有曰:'体用一源,显微无间。'"先生告伊川曰:"似太泄露天机。"伊川曰:"汝看得如此甚善。"伊川作《诗序》二篇,昔人传之不真。先生一日请问:"曾作否?"伊川曰:"有之,但不欲示人。"再三请,乃得之,曰:"为子出此二篇。"今传之者是也。③

---

① 《程氏外书》卷十二,《二程集》,第430页。
② 《程氏外书》卷十二,《二程集》,第430页。
③ 《程氏外书》卷十二,《二程集》,第439页。

118　伊川自涪陵归,《易传》已成,未尝示人。门弟子请益,有及《易》书者,方命小奴取书箧以出,身自发之,以示门弟子,非所请不敢多阅。一日出《易传序》示门弟子,先生受之归,伏读数日后,见伊川。伊川问所见。先生曰:"某固欲有所问,然不敢发。"伊川曰:"何事也?"先生曰:"'至微者理也,至著者象也。体用一源,显微无间',似太露天机也。"伊川叹美曰:"近日学者何尝及此?某亦不得已而言焉耳。"①

以上三条资料对于程颐《易传序》中"体用一源,显微无间"之说"太泄露天机"的提问,在冯忠恕、祁宽以及吕坚中三人的记录中皆有出现,可见尹焞讲学之时对此说的强调。在《程氏外书》卷十二该内容第一次出现之时,朱熹特别列出三人的记载"如此分明说破,犹自人不解悟","汝看得如此甚善","亦不得已言之耳"。

相对冯忠恕与祁宽的记载,吕坚中的记录更为详细。程颐在涪州时,《易传》已经完成。返洛之后,仅仅在门人提问《周易》时,取出该书仅就所问的内容进行讲解。但是某日主动将《易传序》出示门人,有悖于平日。尹焞"伏读数日后"向程颐提出,"'至微者理也,至著者象也。'似太露天机也。"程颐夸赞尹焞提问的同时,强调为了使学者更加清晰地领悟"体用一源,显微无间"的思想,不得不出示此文。可见"体用一源,显微无间"已是程颐晚年的确定思想,日常讲学之时亦特意如此引导学者,但是门人始终难以领悟,故不得不直接点出此语。尹焞的讲学中,提到了《易传序》一文出示学者的前后经过。对于程颐的两篇《诗序》,尹焞亦提到早年有将他人所作的《诗序》误认为程颐的,程颐将此两篇《诗序》交给尹焞后才终于在学者中流传。

68　和靖尝请曰:"某今日解得心广体胖之义。"伊川正色曰:"如何?"和靖曰:"莫只是乐否?"伊川曰:"乐亦没处着。"②

---

① 《程氏外书》卷十二,《二程集》,第439—440页。
② 《程氏外书》卷十二,《二程集》,第430页。

115 先生一日看《大学》有所得,欲举似伊川。伊川问之,先生曰:"心广体胖只是自乐。"伊川曰:"到这里,和乐字也着不得。"①

以上冯忠恕和祁宽记载的两条资料,都提到尹焞对《大学》"富润屋,德润身,心广体胖,故君子必诚其意"的理解,"心广体胖"表示的就是人心诚意之后的乐。程颐进而强调,诚意之时"乐亦没处着","和乐字也着不得",诚意纯于天理的状态下,人之所为无不合于道,亦非和乐所能概括。

80 先生尝问伊川:"鸢飞戾天,鱼跃于渊,莫是上下一理否?"伊川曰:"到这里只得点头。"②

对于《中庸》引用《诗经》"鸢飞戾天,鱼跃于渊"表示"言其上下察也",程颐指出"到这里只得点头"。尹焞提出此句表示"上下一理",程颐认为此处表示的天道流行,生生不息的观点,如上文所说"和乐字也着不得"一样,都是难以用言语说明,需要学者自我体认。

77 伊川与和靖论义命。和靖曰:"命为中人以下说,若圣人只有个义。"伊川曰:"何谓也?"和靖曰:"行一不义、杀一不辜而得天下,皆不为也,奚以命为?"伊川大赏之。又论动静之际,闻寺僧撞钟。和靖曰:"说着静,便多一个动字。说动亦然。"伊川颔之。和靖每曰:"动静只是一理,阴阳死生亦然。"③

123 昔尝请益于伊川曰:"某谓动静一理。"伊川曰:"试喻之。"适闻寺钟声,某曰:"譬如此寺钟,方其未撞时,声固在也。"伊川喜曰:"且更涵养。"④

---

① 《程氏外书》卷十二,《二程集》,第439页。
② 《程氏外书》卷十二,《二程集》,第432页。
③ 《程氏外书》卷十二,《二程集》,第431—432页。
④ 《程氏外书》卷十二,《二程集》,第440页。

第 77 条为祁宽所记录尹焞与程颐论义命和论动静的两件事,吕坚中所记的第 123 条记录了论动静一事。尹焞"命为中人以下说,若圣人只有个义"的观点特别受到程颐的赞赏。程颐始终坚持,圣人所行应当完全依理合义,至于得与不得、成与不成则由外在环境限制,并行圣人行为的依据,因而"圣人只有个义","行一不义、杀一不辜而得天下,皆不为也"。因为圣人不会考虑命的得与不得,命只为"中人以下说"。

对于"动静一理",尹焞以"寺僧撞钟"为例,指出未撞之时,钟已具备发声之理,所以称为"声固在也"。发声之时只是受外物而动,钟之理的展现。另一方面,动静可以看作同一本本源之理的不同呈现形式,有声无声即是钟之理在撞与不撞的不同状态下的呈现,"阴阳死生亦然"。如周敦颐《太极图说》所言本然之道太极"动为阳,静为阴",以张载的观点来看,生死即气之聚散,本然之理都是同一的。需要注意的是,尹焞所说"动静只是一理"不是像佛教一样完全消除动静表象的差别,而是由此要求学者体认动静背后同一的本体,这是学者为学的重要目的。

在程颐晚年的讲学中,出现《易传序》"体用一源,显微无间","动静一理"以及尹焞解"心广体胖",程颐提出"和乐字也着不得",表明程颐以四书教导青年学者的同时,圆融的为学境界亦更加突出。

程颐去世之后,受政治环境影响,身处河南的尹焞反而无法进行道学传播的活动,以至南宋初年胡安国等人对尹焞不甚了解。靖康以后,宋高宗将尹焞由四川召至江南,尹焞最终成为南宋时期洛学思想传播的重要人物。

第三节 结 语

直至程颐去世,张绎、尹焞始终在程颐身边问学。然而张绎不久亡故,未能充分发扬洛学思想,甚至其保存的程颐所著《易传》,亦变得错乱不堪,最后由杨时在南方整理完成。尹焞虽然长期在洛阳居住,但由于洛学在北方的衰落,尹焞亦未能积极地发展洛学。相反,靖康之难以后,二程门人杨时、胡安国亦相继去世，众多学者转向尹焞问学，其成为南宋初年洛学传播的重要人物。张绎、尹焞与江南学者记录了程颐晚年思想，为南宋时期洛学在南方的发展奠定了基础。

结语　二程语录与洛学思想之魅力

返回思想发生的现场，本书试图通过二程语录的研究再现洛学思想发生的现实情境。二程的道学思想发展成为全国性的学术，乃至影响东亚近世社会，其重要性不言而喻。但是回到洛学发生的现场，却不难感受其发展过程中所充满的挫折和偶然。

元丰八年（1085），程颢突然去世。元祐二年（1087），刘绚、李籲又相继亡故，程颐在《祭李端伯文》中伤感地写道："半年之间，相继以亡，使予忧斯道者鲜，悲传学之难。"绍圣元年（1094），朱光庭去世，程颐再次哀叹："不幸七八年之间，同志共学之人相继而逝；今君复往，使予踽踽于世，忧道学之寡助。"道学之传，屡经挫折。如本书所论，二程早年的弟子仅有朱光庭与刘绚等少数河南学者。直至元丰元年（1078）程颢、程颐在扶沟兴学，河南学者谢良佐以外，关中学者吕大临、福建学者游酢至此问学，洛学的影响才开始扩大。随后元丰四年（1081）颖昌讲学，不仅有知府韩维的支持，程门四大弟子的谢良佐、游酢、杨时以外，河南学者刘绚、李籲，关中学者苏昞等人皆至此问学，盛况空前。甚至在杨时南归之时，程颢有"吾道南矣"之叹。但是四年以后的元丰八年（1085），程颢突然去世。随后刘绚、李籲、吕大临等早年弟子亦相继亡故，不得不使程颐感到传道之艰。

元祐二年（1087）程颐被罢崇政殿说书，道学在政治上又遭受挫折。至绍圣四年（1097）程颐被送涪陵编管的十年时间，道学缓慢发展。其间不仅谢良佐、游酢、杨时有向程颐问学的记载，年轻的尹焞也经苏昞推荐而向问学程颐。以永嘉学者周行己、刘安节、鲍若雨等为代表的南方士人赴洛问学,开始成为道学接受的新群体。然而在程颐编管涪陵的三年时间,洛学的发展再次中断。

元符三年(1100)程颐自涪陵归洛,不仅谢良佐继续问学,众多的年轻学者亦云集洛阳。重要的有河南学者有张绎、尹焞,福建学者有罗从彦、杨迪,毗陵学者唐棣等,洛学盛况再现。但崇宁二年(1103)程颐被"追毁出身以来文字","止四方学者",洛学再次遭遇政治上的挫折。随着大观元年(1107)程颐去世,其晚年属望甚高的张绎亦不久去世,洛学在北方的传播陷入低谷。

然而在此时期,二程的道学思想开始于其他地区慢慢流传,尤其是杨时在湖北荆州、浙江杭州、江苏毗陵等地讲学,成为洛学发展的新动力。虽然杨时、尹焞都指出当时流传的二程语录良莠不齐,但也反映了二程思想在四川、浙江、江苏等地的流传情况。但随着谢良佐、游酢等人的去世,杨时发出与程颐相似的伤感:"念昔从师,同志三人。今皆沦亡,眇余独存。"在洛学似乎渐趋消亡的北宋末年,72 岁的杨时突然被起用立朝。靖康之难,宋室南迁,王安石的新学在政治上被否定,作为元祐学术之一的洛学获得朝廷和士人的关注。得益于南宋初年杨时、胡安国,以及从四川召至江南的尹焞等人的推动,洛学的薪火终不至断绝。

从思想史的发展而言,二程兄弟真正地将道学思想发展为全国性的学术。周敦颐生前鲜为人知,除了道学方向的指引和孔颜之乐境界的提示以外,其理气论、心性论的思想体系并不完整。张载提出天命之性与气质之性的划分,留传有《西铭》等重要的道学文献,但张载的门人局限于关中学者。熙宁十年(1077),张载突然去世,之后吕大临、苏昞等人转入二程门下,以关洛合流的形式继续发展。关中学者所记的《程氏遗书》卷二与卷十五,无论语录数量、思想深度还是社会流传,对于二程思想的早期传播都具有举足轻重的作用。甚至程颐晚年的重要弟子尹焞的问学亦是经苏昞推荐。元丰四年(1081)二程在颍昌讲学,一时各地学者云集。杨时南归之时,程颢发出"吾道南矣"之叹,预示着后世洛学发展成为全国性的学术思想。元祐以后浙江的永嘉学者、徽宗初年的毗陵学者问学,程颐门下南方学者已经占据多数。尤其是在毗陵人唐棣所录的卷二十二中,除张绎等个别河南学者以外,程颐门下的年轻学者皆为南方人。洛学接受主体的改变表明洛学已经完全突破地域的限制,在全国范围传播。可见直至二程,周敦颐、张载以来的道学思想才真正地成为全国性的学术。

二程语录是洛学思想传播的重要载体。二程的早期门人除游酢、杨时等福建学者以外,皆以北方的河南、陕西学者为主,其所留下的《二程遗书》卷一(河南学者李籲)、卷二(关中学者吕大临)、卷十一至十四(河南学者刘绚),以及卷十五(关中学者)是二程思想早期传播的主要资料。程颢去世之后,南方学者的比重越来越多,永嘉学者刘安节编录的《程氏遗书》卷十八、福建学者杨迪录的卷十九、毗陵学者唐棣录的卷二十二,这些成为保存程颐思想的重要材料。

另外从思想上看,二程早期重视仁、诚敬、忠恕以及默识等工夫思想,至程颐晚年的讲学时期,四书的为学体系基本确立,语录中四书章句的诠释内容占有重要比例。如唐棣所录《程氏遗书》卷二十二中非常明显,甚至陈渊、罗从彦编撰的《程氏外书》卷三、卷六,已经发展为二程四书解释的汇集。这反映了洛学思想由工夫指点向四书解释的重心转变,四书和《易传》被赋予新的诠释内容。

杨时、游酢都有问学二程之后尽弃前学的经历,二程思想能够吸引全国的年轻学者,自然有其独特的魅力。对此,大致可以举出以下四点。

首先,二程确立形而上的天道本体观。二程强调天道、天理以及本然之性的超越性,一切具体的行为都应源于本体的要求。万事万物的存在是相对的形下之气,学者应当依据背后之本体,即事物的本然之理,默识本然之道。

其次,二程高举仁之德性,将对外恻隐、与物无对之仁看作道德行为的首要原则。二程指出爱非仁,生生为仁,仁德具有本体的创生属性。二程及门人都反复强调识仁、体仁、求仁的工夫,突显仁德的重要性。

再次,二程强调诚以合内外之道的行为实践。在早期河南、关中学者的语录中,二程反复说明诚敬、忠恕等工夫,要求学者在具体的生活中践行本然之道。将本然之道与日用常行相结合,道学思想从其诞生之初就具有鲜明的工夫实践特征。

最后,二程重视对"四书"和《易传》的诠释和发挥。二程的仁、诚敬、忠恕等思想皆源于对儒家经典的再诠释,以此确立思想的正统性。在程颐晚年的语录中,"四书"解释的比重越来越大,可见二程及其门人对文献整理和思想诠释的重视。

综上所论,二程思想的发展和传播几经波折,最终由于洛学思想的独特魅力,不仅发展为全国性的学术,更成为东亚近世社会的正统思想。作为思想发生的现场,二程与门人的讲学活动是不可忽略的历史事件,具有重要的思想史意义。

附录：《程氏遗书》《程氏外书》相关人物索引

早期河南学者

人物	卷数	条目
朱光庭	《程氏遗书》卷二上	142
	《程氏外书》卷一	标题
	《程氏外书》卷二	标题
	《程氏外书》卷十一	24、45、57
	《程氏外书》卷十二	标题、13、15、64
刘绚	《程氏遗书》卷二上	22、205
	《程氏遗书》卷六	1
	《程氏遗书》卷十一	标题
	《程氏遗书》卷十二	标题
	《程氏遗书》卷十三	标题
	《程氏遗书》卷十四	标题、1
	《程氏遗书》卷十七	标题、6
	《程氏遗书》卷十八	41
	《程氏外书》卷四	8、9
	《程氏外书》卷十二	85、100
李籲	《程氏遗书》卷一	标题、10、33、48
	《程氏遗书》卷二上	205
	《程氏遗书》卷十九	31

(续 表)

人物	卷数	条目
李参	《程氏外书》卷四	标题
王岩叟	《程氏遗书》卷一	2、3、4
邢恕	《程氏遗书》卷一	57
	《程氏遗书》卷二上	96
	《程氏遗书》卷三	48
	《程氏遗书》卷十五	187
	《程氏遗书》卷十九	78
畅大隐	《程氏遗书》卷二上	156
	《程氏遗书》卷二十五	题目
	《程氏外书》卷十一	63
侯仲良	《程氏外书》卷七	9、46
	《程氏外书》卷十二	题目
范祖禹	《程氏遗书》卷十九	73
	《程氏遗书》卷二十二上	66
	《程氏外书》卷七	48
	《程氏外书》卷十一	26、53、57、59、77
	《程氏外书》卷十二	题目、13、15、117
吕希哲	《程氏外书》卷十二	题目、60
邵伯温	《程氏外书》卷十二	题目、14、15、20
田述古	《程氏外书》卷十二	113
侯世与	《程氏遗书》卷一	66
韩维	《程氏遗书》卷一	1、8、50、51、52
	《程氏遗书》卷二上	84、102
	《程氏遗书》卷十四	8
	《程氏遗书》卷十九	75
	《程氏遗书》卷二十一上	13、14、15、16、23
	《程氏遗书》卷二十二上	8
	《程氏外书》卷十二	91、98

关中学者

人物	卷　数	条　目
吕大临	《程氏遗书》卷一	41
	《程氏遗书》卷二上	标题、93、98、205、215
	《程氏遗书》卷十五	192
	《程氏遗书》卷十八	41、42、82、106、229、231
	《程氏遗书》卷十九	43、52、98
	《程氏外书》卷十一	49、73
	《程氏外书》卷十二	111
范育	《程氏遗书》卷二上	98
范镇	《程氏遗书》卷一	54
	《程氏遗书》卷二上	87
吕大钧	《程氏遗书》卷二上	98、204、205
	《程氏遗书》卷十	31
	《程氏遗书》卷十九	99
李之才	《程氏遗书》卷二上	125
吕大忠	《程氏遗书》卷二上	156
	《程氏遗书》卷十	27
薛昌朝	《程氏遗书》卷二上	156
吕大防	《程氏遗书》卷二上	203
	《程氏遗书》卷七	56
	《程氏遗书》卷十九	96
	《程氏遗书》卷二十一上	1、2
	《程氏遗书》卷二十二上	51
	《程氏遗书》卷二十二下	21
	《程氏外书》卷十二	28
林大节	《程氏遗书》卷二上	205

（续　表）

人物	卷　数	条　目
苏昞	《程氏遗书》卷一	5
	《程氏遗书》卷六	1
	《程氏遗书》卷十	标题
	《程氏遗书》卷十五	192
	《程氏遗书》卷十八	82、83、127、128
	《程氏遗书》卷十九	99
	《程氏外书》卷十二	107
潘拯	《程氏遗书》卷十五	193

谢良佐

人物	卷　数	条　目
谢良佐	《程氏遗书》卷二上	205
	《程氏遗书》卷三	标题、2、17、26
	《程氏外书》卷四	3
	《程氏外书》卷十九	51、78
	《程氏外书》卷十一	24、65
	《程氏外书》卷十二	标题、30、33、35、38、44、46、60、66、75、78、90、93、125、131

福建学者

人物	卷　数	条　目
游酢	《程氏遗书》卷二上	96、103、156、205、209
	《程氏遗书》卷四	标题
	《程氏遗书》卷十八	43
	《程氏外书》卷七	46
	《程氏外书》卷八	标题
	《程氏外书》卷十	4、30
	《程氏外书》卷十一	23
	《程氏外书》卷十二	64、75、122、125、140

（续表）

人物	卷　数	条　目
杨　时	《程氏遗书》卷二上	103、156、205、209
	《程氏外书》卷十	30
	《程氏外书》卷十一	9
	《程氏外书》卷十二	标题、64、106
林志宁	《程氏外书》卷十二	60

永嘉学者

人物	卷　数	条　目
鲍若雨	《程氏遗书》卷二十三	标题、23、24
	《程氏外书》卷十二	74、95、128
刘安节	《程氏遗书》卷十八	标题
	《程氏外书》卷十二	74
刘安世	《程氏外书》卷十二	74
赵彦道	《程氏遗书》卷十六	3、4
	《程氏遗书》卷十八	154
	《程氏外书》卷十二	87
周行己	《程氏遗书》卷十七	标题
	《程氏外书》卷七	13
	《程氏外书》卷十二	94、122

江南学者

人物	卷　数	条　目
唐　棣	《程氏遗书》卷二十二上	标题、1、3、10、12、14、18、19、22、32、35、45、46、47、48、50、63、69、70、71、96、97
	《程氏遗书》卷二十二下	6、34、35
周孚先	《程氏遗书》卷二十	标题
周恭先	《程氏遗书》卷二十二上	4、5、11、12、13、16、25、29、41、42、43、58、59、60、61、69、73、96、97

（续　表）

人物	卷　数	条　目
谢天申	《程氏遗书》卷二十二上	7、16、37、49、51、52、53、54、56、67、78
	《程氏遗书》卷二十二下	3
郑刚中	《程氏遗书》卷二十二上	26、27、28、29、31、33、34
范文甫	《程氏遗书》卷二十二上	22、91
	《程氏遗书》卷二十二下	25
	《程氏外书》卷九	5
	《程氏外书》卷十一	9
朱　定	《程氏遗书》卷二十二上	54
吕望之	《程氏遗书》卷二十二下	24
陈经正	《程氏遗书》卷二十一上	7
	《程氏遗书》卷二十二上	36、55、70、76
	《程氏外书》卷十一	37、65
陈经邦	《程氏外书》卷十一	74
潘　旻	《程氏遗书》卷二十二上	5、17、94

晚期河南学者

人物	卷　数	条　目
张　绎	《程氏遗书》卷十九	26、51
	《程氏遗书》卷二十一上	标题、9、21
	《程氏遗书》卷二十二上	21、24
	《程氏遗书》卷二十二下	6、23
	《程氏外书》卷十一	19、20、25、47、75、76
	《程氏外书》卷十二	70、71、82、86、93、101、108、121、129、147
尹　焞	《程氏遗书》卷二上	96
	《程氏遗书》卷四	3
	《程氏遗书》卷十七	6

(续表)

人物	卷数	条目
尹焞	《程氏遗书》卷十八	41
	《程氏遗书》卷十九	76
	《程氏遗书》卷二十一下	25
	《程氏外书》卷七	9、47
	《程氏外书》卷十一	7、19、20、47、66、67
	《程氏外书》卷十二	标题、44、67、68、69、71、74、76、77、80、83、84、87、93、94、101、104、107、108、113、114、115、116、118、119、122、129、147、148
孟厚	《程氏遗书》卷二十二上	57
	《程氏外书》卷十二	71、101
孟纯	《程氏遗书》卷二十二下	6
李处遯	《程氏遗书》卷二十二上	20、24、30、38、68
	《程氏遗书》卷二十二下	6
	《程氏外书》卷十	23
畅中伯	《程氏遗书》卷二十二上	92
范季平	《程氏遗书》卷二十二上	33
冯理	《程氏外书》卷五	标题
	《程氏外书》卷十一	46
郭忠孝	《程氏遗书》卷二十一下	25
	《程氏外书》卷十一	8
	《程氏外书》卷十二	81
王苹	《程氏外书》卷九	标题
	《程氏外书》卷十一	21、70
	《程氏外书》卷十二	标题、121
谢收	《程氏外书》卷十二	88
张杲	《程氏外书》卷二十五	标题
范冲	《程氏外书》卷十二	104
晁说之	《程氏外书》卷十二	136、149、151

其他地域

人物	卷数	条目
李朴	《程氏外书》卷十一	18
马伸	《程氏外书》卷十一	52
时紫之	《程氏外书》卷十一	标题
鲜于侁	《程氏外书》卷七	36
谢湜	《程氏遗书》卷二十一上 《程氏外书》卷十二	7 85
张闳中	《程氏外书》卷二十一上	18
谢愔	《程氏遗书》卷二十一上	8

主要参考文献

一、基本古籍

周敦颐:《周敦颐集》,陈克明点校,北京:中华书局,1990。

张载:《张载集》,章锡琛点校,北京:中华书局,1978。

程颢、程颐:《二程集》,王孝鱼点校,北京:中华书局,1981。

杨时:《龟山语录》,《诸儒鸣道集》本。

杨时:《龟山语录》,《四部丛刊》本。

杨时:《龟山集》,万历本,收于《宋集珍本丛刊》。

杨时:《龟山集》,万历本,日本九州大学附属中央图书馆藏本。

杨时:《杨时集》,林海权点校,北京:中华书局,2018。

谢良佐:《上蔡语录》,《诸儒鸣道集》本。

韩维:《南阳集》,《四库全书》本。

胡安国:《春秋胡氏传》,钱伟彊点校,杭州:浙江古籍出版社,2010。

陈渊:《默堂集》,《四部丛刊》本。

罗从彦:《罗豫章集》,《和刻影印汉籍丛刊·思想编》本,京都:中文出版社,1972。

胡宏:《胡宏集》,吴仁华点校,北京:中华书局,1987。

朱熹:《朱子语类》,黎靖德编,王星贤点校,北京:中华书局,1986。

朱熹:《四书章句集注》,北京:中华书局,1983。

朱熹:《朱子全书》,朱杰人、严佐之、刘永翔主编,上海:上海古籍出版社,合肥:安徽教育出版社,2002。

陆九渊:《陆九渊集》,钟哲点校,北京:中华书局,1980。

陈淳:《北溪字义》,熊国祯、高流水点校,北京:中华书局,1983。

王阳明:《王阳明全集》,吴光等编校,上海:上海古籍出版社,1992。

黄宗羲:《宋元学案》,陈金生、梁运华点校,北京:中华书局,1986。

脱脱:《宋史》,北京:中华书局,1977。

李焘:《续资治通鉴长编》,北京:中华书局,2004。

黄去疾编:《龟山先生文靖杨公年谱》,收于吴洪泽、尹波主编:《宋人年谱丛刊》,成都:四川大学出版社,2003。

毛念恃编:《宋儒龟山杨先生年谱》,收于于浩辑:《宋明理学家年谱》,北京:北京图书馆出版社,2005。

张夏补编:《宋杨文靖公龟山先生年谱》,收于于浩辑:《宋明理学家年谱》,北京:北京图书馆出版社,2005。

二、国内论著

陈来:《朱子哲学研究》,上海:华东师范大学出版社,2000。

陈来:《宋明理学》,沈阳:辽宁教育出版社,1995。

陈来:《中国近世思想史研究》,北京:商务印书馆,2003。

陈来:《朱子书信编年考证》,北京:生活·读书·新知三联书店,2007。

陈荣捷:《近思录详注集评》,上海:华东师范大学出版社,2007。

陈钟凡:《两宋思想述评》,北京:东方出版社,1996。

杜保瑞:《北宋儒学》,台北:商务印书馆,2005。

杜维明《〈中庸〉洞见》,北京:人民出版社,2008。

冯友兰:《中国哲学史》,《三松堂全集》,郑州:河南人民出版社,2001。

葛兆光:《中国思想史》,上海:复旦大学出版社,2001。

何俊:《南宋儒学建构》,上海:上海人民出版社,2004。

何俊,范立舟:《南宋思想史》,上海:上海古籍出版社,2008。

何乃川:《闽学困知录》,北京:社会科学出版社,2007。

姜广辉:《理学与中国文化》,上海:上海人民出版社,1994。

劳思光:《新编中国哲学史》第三册(上、下),南宁:广西师范大学出版社,2005。

刘述先:《刘述先自选集》,济南:山东教育出版社,2007。

刘京菊:《承洛启闽——道南学派思想研究》,北京:人民出版社,2007。

明溪县杨时文化研究会编:《杨时研究文集》,福州:福建人民出版社,2008。

牟宗三:《心体与性体》;上海:上海古籍出版社,1999。

牟宗三:《中国哲学的特质》,上海:上海古籍出版社,2007。

牟宗三:《中国哲学十九讲》,上海:上海古籍出版社,2005。

束景南:《朱熹年谱长编》,上海:华东师范大学出版社,2001。

束景南:《朱子大传》,北京:商务印书馆,2003。

田浩:《朱熹的思维世界》,南京:江苏人民出版社,2009。

吴震、吾妻重二主编:《思想与文献:日本学者宋明儒学研究》,上海:华东师范大学出版社,2010。

吴震:《朱子思想再读》,北京:生活·读书·新知三联书店,2018。

熊琬:《宋代理学与佛学之探讨》,台北:文津出版社,1991。

徐复观:《中国人性论史:先秦篇》,上海:三联书店,2001。

徐复观:《中国思想史论集》,上海:上海书店出版社,2004。

徐洪兴:《思想的转型——理学发生过程研究》,上海:上海人民出版社,1996。

徐洪兴编:《鉴往瞻来:儒学文化研究的回顾与展望》,复旦大学出版社,2006。

杨儒宾编:《儒学的气论与工夫论》,台北:台湾大学出版社,2005。

杨泽波:《孟子性善论研究》,北京:中国社会科学出版社,1995。

余英时:《朱熹的历史世界》,北京:生活·读书·新知三联书店,2004。

余英时:《中国近世宗教伦理与商人精神》,合肥:安徽教育出版社,2001。

余英时:《中国思想传统的现代诠释》,南京:江苏人民出版社,2004。

余英时:《人文与理性的中国》,上海:上海古籍出版社,2007。

曾亦:《本体与工夫——湖湘学派研究》,上海:上海人民出版社,2007。

邹永贤主编:《朱子学研究》,厦门:厦门大学出版社,1989。

卢连章:《二程学谱》,郑州:中州古籍出版社,1988。

卢连章:《程颢程颐评传》,南京:南京大学出版社,2001。

徐远和:《洛学源流》,济南:齐鲁书社,1987。

姜鹏:《北宋经筵与宋学的兴起》,上海:上海古籍出版社,2013。

高叶青:《范祖禹生平与史著研究》,北京:科学出版社,2018。

乐爱国:《朱熹〈中庸〉学阐释》,北京:北京师范大学出版社,2016。

陈忻:《宋代洛学与文学研究》,北京:中国社会科学出版社,2009。

黄思记:《二程书院教育活动寻迹》,北京:科学出版社,2017。
赵振:《二程语录研究》,北京:人民出版社,2015。
姜海军:《二程经学思想研究》,北京:北京师范大学出版社,2016。
彭耀光:《二程道学异同研究》,济南:山东人民出版社,2016。
文碧方:《关洛之间——以吕大临思想为中心》,北京:中华书局,2011。
邸利平:《道由中出——吕大临的道学阐释》,北京:中华书局,2020。
王宇:《师统与道统——宋元两浙朱子学研究》,北京:社会科学文献出版社,2019。

三、海外论著

包弼德:《历史上的理学》,王昌伟译,杭州:浙江大学出版社,2009。
岛田虔次:《中国近代思维的挫折》,甘万萍译,南京:江苏人民出版社,2005。
岛田虔次:《朱子学与阳明学》,蒋国保译,西安:陕西师范大学出版社,1986。
岛田虔次:《中国思想史研究》,邓红译,上海:上海古籍出版社,2009。
冈田武彦:《王阳明与明末儒学》,吴光、钱明、屠承先译,上海:上海古籍出版社,2000。
冈田武彦:《宋明哲学的本质》,《冈田武彦全集》,第8册,东京:明德出版社,2008。
高畑常信:《宋代湖南学研究》,田访等译,北京:人民出版社,2019。
沟口雄三:《中国前近代思想的演变》,索介然、龚颖译,北京:中华书局,2005。
荒木见悟:《明末清初的思想与佛教》,廖肇亨译,上海:上海古籍出版社,2010。
楠本正继:《宋明时代儒学思想の研究》,千叶:广池学园出版部,1962。
寺地遵:《南宋初期政治史研究》,刘静贞、李今芸译,台北:稻禾出版社,1995。
市来津由彦:《朱熹门人集团形成の研究》,东京:创文社,2002。
土田健次郎:《道学之形成》,朱刚译,上海:上海古籍出版社,2010。
小野泽精一、福永光司、山井涌编:《气的思想:中国自然观与人的观念的发展》,李庆译,上海:上海人民出版社,2007。
吾妻重二:《朱子学的新研究》,傅锡洪等译,北京:商务印书馆,2017。
Wm. Theodore de Bary, *Neo-Confucian Orthodoxy and the Learning of the Mind-and-Heart*, New York, Columbia University Press, 1981.

后　　记

　　本书的写作源于程门后学的研究设想。博士论文《两宋之际道学思想研究——以杨龟山为中心》完成以后，自己非常希望扩大研究人物，做出一部完整的"两宋之际道学思想研究"。然而在之后的阅读中意识到，两宋之际有完整文集传世的道学家，像杨时这样的仅为特殊的个例。另外在之前博士论文的写作过程中，反复阅读《河南程氏遗书》和《河南程氏外书》，发现其中包含许多二程弟子言行的记载。那么将二程语录，即《程氏遗书》和《程氏外书》中的相关人物分类索引，归纳研究，似乎也是一个可行路径。但是这样的工作时断时续，期间由于各种机缘，自己开始关注一些阳明学和日本近代儒学的资料，程门后学的研究不断拖延。

　　本书最后的写作始于2019年9月至2020年9月再次赴日本九州大学中国哲学史研究室的访学期间。尤其是2020年初新冠疫情爆发以来，日本高校同样停止教学，关闭图书馆，自己只能留在宿舍反复阅读随身携带的《二程集》，渐渐有了本书的各主要章节。9月份回国，经过两周的宾馆隔离，至年底最终完成剩余章节的写作。此时发现，本书的研究已经偏离预期，似乎成为了一部《二程语录》的研究著作。最终感谢杭州市社科院南宋史研究中心的资助，本书得以出版。

　　在复旦大学哲学学院的学习期间，受恩师吴震教授的指导，自己主要接受宋明理学的文献阅读和思想分析训练。2011年毕业之后，有幸入职杭州师范大学刚刚成立的国学院，在国学院何俊教授、范立舟教授的指导和各位同仁的帮助下,自己的视野从宋代思想领域扩大到宋代的历史和文学。尤其是定期参加杭州各位同道组织的宋史沙龙,大大增加了自己对宋代职官、制度和民俗等方面的了解,再看《二程集》《杨时集》等理学家材料,有了更进一步的认识。

  对以上各位先生的感谢以外,还要感谢数次赴九州大学学习研究期间,中国哲学史研究室柴田笃教授、南泽良彦教授和藤井伦明教授的帮助指导。另外感谢以吉田公平教授为首,小路口聪教授、早坂俊广教授、鹤成久章教授等组成的研究团队,疫情以前,与浙江省社科院钱明教授一起,几乎每年一次实施阳明后学的田野调查。参与其中,自己不仅意识到对讲学现场关注的重要性,同时更加注意对文本原典的细读。

  最后感谢父母和家人一直以来对自己研究工作的支持和包容。2020年初爆发的新冠疫情至今未见平息之势,由于近期疫情的影响,自己第二次接受宾馆隔离。在此时期,似乎只有坚守好学术本分,才能于心有安。然而本书的研究绝对称不上完全满意,只是期望以此获得学界的指正,作为今后学习研究的鞭策。

2021 年 11 月 30 日宾馆隔离中

图书在版编目(CIP)数据

人能弘道:二程语录与洛学门人研究/申绪璐著.—上海:上海古籍出版社,2021.12
(南宋及南宋都城临安研究系列丛书)
ISBN 978-7-5732-0230-7

Ⅰ.①人… Ⅱ.①申… Ⅲ.①程颢(1032—1085)—哲学思想—研究②程颐(1033—1107)—哲学思想—研究 Ⅳ.①B244.65

中国版本图书馆 CIP 数据核字(2022)第 000054 号

南宋及南宋都城临安研究系列丛书·专题研究

人能弘道:二程语录与洛学门人研究　　申绪璐　著

责任编辑	王　赫
出版发行	上海古籍出版社
	地址:上海市闵行区号景路159弄1—5号A座5F　邮编:201101
	(1)网址:www.guji.com.cn
	(2)E-mail:gujil@guji.com.cn
	(3)易文网网址:www.ewen.co
印　刷	上海颛辉印刷厂有限公司
开　本	787×1092毫米　1/16
印　张	22.75
字　数	327千
版印次	2021年12月第1版　2021年12月第1次印刷
书　号	ISBN 978-7-5732-0230-7/B·1248
定　价	98.00元

版权所有　翻印必究　印装差错　负责调换